老年社會學
Sociology of Aging

▶彭懷真◎著

序言　瞭解阿嬤與阿公面對的社會

　　這本書是從社會的角度看老人，更是從阿嬤與阿公的角度看社會。我晉升阿公已經六年多，孫子上小學、孫女滿兩歲，有權說說阿公的看法與想法，這是人生最美好的經驗，是真正的「成功」——成為阿公。

　　阿嬤的人生個個有精彩的故事，卻總是被忽視。以我的老伴來說，她十六歲離開緬甸的臘戌（Lashio）到臺灣讀書，二十三歲做母親，五十一歲當了祖母，為了瞭解她也為了探索無數女性的想法，我持續從事與性別有關的社會工作。2009年起，筆者應聘擔任行政院婦女權益委員會的委員，又擔任婦女權益基金會的董事，最關心的對象是「阿嬤」。

　　每一個人都與母親有最親密的連結，我的母親擔任小學老師到1955年，然後就沒有職場的身分，但她特別愛為自己印名片，也常送名片。名片上通常只有姓名、籍貫與住址。我那時覺得何必多此一舉，母親卻說：「大人物，不需要頭銜。」我母親是大人物嗎？她與無數老太太都是沒有職場頭銜的。母親在2006年被主接去時，有六個兒女，十四個孫子女，三個曾孫子女。但在多數的社會學書籍中，她與無數偉大的母親都被忽略。臺灣的公共政策鮮少考慮到這些年長女性的需求、想法、困境。我希望有更多人透過這本書，多認識阿嬤以及阿嬤的另一半，還有不做阿公阿嬤但也在變老的長輩。

　　更重要的，我希望讀者透過《老年社會學》認識臺灣的老人，本書是立足於豐富的社會學知識去分析「老年與社會」。1987年，我寫《進入社會學的世界》，這本暢銷書協助許多人進入社會學的豐富世界。日後，我針對高中生、專科生、大學生寫了不同的社會學入門書，每次寫，都希望有更多年輕學子輕鬆認識社會學。社會學太有趣也太有用，愈早瞭解愈好。我兒子唸社會系，女兒修社會學，我特別鼓勵年輕人一定要

懂「社會」，因為每一個人都生活在社會之中，都面對人際關係與各種社會組合。

這本《老年社會學》集中說明當代臺灣老人的角度，分析老年階段與社會的關係。切入點有四，分述如下：

◎第一是「當代的」：各項統計數據、研究報告、新聞事件主要集中在21世紀，尤其是第二個十年。

◎第二是「臺灣的」：雖然參考了美國、歐洲、日本、中國大陸等的資料與教科書，但主要以臺灣為主體。

◎第三是「社會學的」：立足點不是應用色彩重的社會工作或社會福利，也不是偏重個體的心理學，而是學理已經相當成熟的社會學，所以本書透過三十多個社會學理論、一百多個社會學專有名詞來說明。

◎第四最關鍵，是「老年的」。

我們都面對老人，也有很大的機會成為老人，老人所面對的人際關係、所參與的社會組合是什麼樣的呢？與成年人相同嗎？當然不同！但很可惜的，許多老年社會學方面的書籍都忽略了這根本的不同。他們只把老人當作是年紀比較大的一群人，不是獨特的主體。

有不少書籍敘述一位老人的故事，本書要探討多達兩百六十多萬的老人，這如此獨特而重要的主體，已經與臺北市或臺中市或高雄市的人口差不多，應該有專門的書籍詳加分析。我們不能說「臺北市與臺灣其他地方都一樣」，必須專門認識此人口群，集中說明老年，並且以老年的角度去看待社會。

老人並非被動接受社會的各種安排，更不是社會角落裡孤單無助的人們。這兩百多萬的前輩，走過漫長的人生旅程，目睹了社會變遷，經歷了各種社會互動，參與各式各樣的社會組織，是文化與社會價值的傳

承者。老人繼續創造文化、從事公民參與、推動社會關懷,在家庭、社區、企業、非營利組織乃至國家中,持續貢獻。

在歷史上,從來沒有這麼龐大又高水準的兩百多萬人。如此豐富'、如此動態、如此異質、如此變化;所以,應該有專門的書籍詳加介紹與說明。對臺灣社會而言,也從來沒有這麼多、並且會愈來愈多的老人,無論是政府、企業、學校、社區、家庭,都得面對此一前所未有的情勢;所以,應該有鉅視的分析,整體的介紹。對每一位超過六十五歲的朋友來說,至少還有十幾年甚至是二十、三十、四十年等在前頭,該如何在社會大環境中安身立命,也需要足夠理性又全面的剖析。

我帶著歡喜的心情與認真的態度扮演剖析臺灣老人與社會的角色,我廣泛閱讀、仔細整理、深入觀察、多方請教,一字一句編寫此書。如同每一位老人天天在人生路上努力前進,是如此緩慢、踏實,這本書的每一點內容也是如此謹慎又確實。

我是社會學的探索者,我探索的方式之一是透過社會工作的實踐,進入被遺忘者的生活世界中。2010年,電影《被遺忘的時光》感動了很多人。老人,常常是被遺忘的。所以我帶領中華民國幸福家庭促進協會的同仁持續辦理各種服務老人、推廣關懷老人的工作,例如五年來持續在各社區播放如《明日的記憶》等電影,並請專家解說。

老,將是無數人的明日,如何記錄今日以理解自己的明日,這是「老人心理學」的取向。記錄當前兩百多萬老人如何面對臺灣社會,這是「老年社會學」的重點。

序言從家母說起,收尾時想到家父,對老年議題深入研究的父親彭駕騂教授在2011年辭世之後,我想到了古代孝子需守孝三年的傳統,許諾三年內要編寫三本老人方面的書籍。2012年初《老年學概論》出版,2013年初《老人心理學》問世,這本《老年社會學》即將呈現在讀者面前。此種傳承與創新,不僅是家族裡的,更在知識上、觀念上與關懷的行

動上。感謝東海社工系研究生陳詩怡小姐與張婉茹小姐幫忙檢查全書內容。特別感謝持續關注老人議題的威仕曼出版社,使家父與我的著作得以美好與嚴謹呈現在讀者眼前。對葉忠賢發行人、范湘渝小姐及同仁的辛勞深致謝意。

彭懷真

序於2013年祖父母節前夕

目　錄

老年社會學 Sociology of Aging

老年社會學 Sociology of Aging

CHAPTER 1

老化與性別

第一節　從老太太的面貌說起

壹、老年女性角色豐富但常被貶損

　　對於熟悉的身邊人物，我們常常忽略、低估甚至漠視，尤其是對老年女性。檢視戲劇、歌曲、語言、電視，老年女性顯然都不受重視，甚至被負面處理。在電影與電視裡，她們鮮少出現，最常見的是老媽媽；在政壇、商業界、教育界，活躍的老年女性亦絕無僅有；醫師、律師、建築師、會計師等傳統以來受尊敬的工作者，也少有老年女性；帝王、英雄、宰相、大臣、將軍、企業家等，幾乎都是男性；而老年女性則總是以「太太」這個角色普遍存在於每個社會。

　　老化是在社會的架構之中進行，社會構成對老先生與老太太的看法與安排，並呈現在人際關係的架構中。例如，「妻職」有三個基本身分：丈夫的性伴侶與感情伴侶、母親與管家，地位常常是依照丈夫的職業而定。妻子的法律地位也依附丈夫，幾乎無法自主。

　　近代女性愈來愈能幹，女性在工作中獲得獨立，能夠承擔新的責任。各種男性的工作，現代女性幾乎都可以承擔。因而女性的議題受到重視，新女性也漸漸多了，在媒體與在社會上受到重視，許多妻子嚮往新的生活方式，不再以家庭為唯一的重心。離婚率上升，生育率下滑成了持續發生的社會現象。婚姻的替代方式多了，「太太」的角色只是一種選擇，而非必然的路徑。但是以老年女性為主體的戲劇節目，依然少之又少。事實卻是：老年女性遠多於男性，年紀愈大，女性與男性的人數差距愈大。老年女性是無數家庭的靈魂人物，是社區裡最重要的參與者，又是各種宗教與社工組織裡最主要的志工人口。

　　當代的老年女性經歷了急遽的社會變遷，她們比自己母親那一代活

得更久，面對更多的婚姻與管教問題。由於多數的職場生涯都很短，因此從工作中獲得的報酬有限。許多人都沒有職場的身分，享受退休金與福利的機會偏低。當然有些老太太富裕，但多數都財力吃緊。

Coyle（2001）認為，老太太們長期以來由他人界定自己的角色與形象，基本上是附屬的，主要是某某人的太太、某某人的媽媽，少有自己的個性、自己的想法。Haber（2001）歸納長久以來美國老年女性的角色有四個，即W：Witches（巫婆）、Widows（寡婦）、Wives（妻子）、Workers（工作者）。各種小說、影集、電影，常見關於巫婆的描述，講到老太太幾乎都是負面的。Markson（2001）則發現對老年女性的主要社會建構（social construction）可歸納為三個S開頭的字：sagacious（嗅覺靈敏的）、sinful（道德有爭議的）、superfluous（多餘不必要的）。這些顯然不是正面的字眼。也難怪在美國，多數的老太太不受歡迎，很辛苦又孤獨過日。「婆婆」的地位也不高，甚至是被刻意淡化的。「岳母」一詞則常被戲謔，是負面的人物。

在臺灣，女性的地位普遍低於男性。比較特別的是母親在子女心目中的地位並不低。如果拿掉「父親」的角色，多數的家庭依然存在，可持續運作。但挪去「母親」的角色，家庭立刻大受影響，功能式微，甚至解組。單親家庭多數是母親一方支撐家庭，三代同堂的家庭也多半是老太太領導全家。無數人都在父親過世後與母親同住，而共同居住時，這些老太太們依然貢獻心力、照顧家人。也有些老母親在不同子女的家庭各住一段日子，稱為「輪伙頭」。中華文化的環境使母親較有保障。當然還是有許多不奉養母親的人，也就是說仍有許多孤獨的老年女性。

老年女性更普遍的形象是「阿嬤」，這是一個辛苦又獨特的角色。在美國或英國的老年學之中，鮮少描述「阿嬤」。但在日本，島田洋七的《佐賀的超級阿嬤》（陳寶蓮譯，2006）是暢銷書，又拍成電影，感動許多人，因此又出了好些「阿嬤」系列書籍。無數讀者愛讀這些書，因為讀

者有類似的感受，他們可能是阿嬤帶大的。

在臺灣，「阿嬤」一詞有正面形象，甚至有時是家庭中最受歡迎的角色。「阿嬤」成為年長女性的一種說法，與「老太太」一樣普遍，還多了些親切。假期中到阿嬤家更是無數人愉快又難忘的經驗，阿嬤的智慧與生活環境成為兒孫最美好的回憶。即使只是過年時領阿嬤的紅包，都表示一種深刻的生命連帶。隨著雙薪家庭快速增加，女性加入職場的人數愈來愈多，很多孩子都由祖母、外祖母帶大。普遍的隔代教養現象使阿嬤的角色愈來愈重要。政府自2010年起規定8月的第四個星期日為「祖父母節」，又在2012年起推動「祖父母保母訓練與津貼方案」，阿公阿嬤接受訓練後擔任孫子女的保母，每個月可以領2,000元，這樣的安排，顯示了阿公阿嬤的角色不僅是家庭的也是公共領域塑造的。

阿嬤擔任孫子女的保母有如過第三次童年，第一次是自己的童年，在懵懵懂懂中成長；第二次與童年有關的經驗是做母親，但此階段多數年輕氣盛、心浮氣躁、欠缺經驗；第三次最珍貴，阿嬤不但照顧人，也檢視自己的人生，給自己再次成長的機會。當然，有些老太太並不擔任這個角色，原因主要是「沒機會」、「沒能力」和「沒意願」，只要缺少一項，就難以成為勝任的阿嬤。

各書店裡，最多的出版品是「旅遊」與「吃喝」，研究臺灣近年來以「阿嬤」為題目的書籍，幾乎見不到「老人與旅遊」的書籍。最多是與「吃」有關，如《阿嬤A拿手菜》（蘇明煌，1998）、《阿嬤的菜園》（陳珊珊譯，廣野多珂子著，2010）、《跟阿嬤學做菜》（好吃編輯部，2012）、《阿嬤的廚房》（黃婉玲，2012）、《阿嬤家常菜》（李鴻章、劉政良、張志賢，2012）等。由這些書籍看來，人們都承認：談到做菜，阿嬤是高手。不過，這些菜固然滿足家人與饕客的胃，卻忽略了她們為了做這些菜的辛苦。經年累月在又熱又悶的空間中烹調食物，絕對不浪漫。

　　第二類主題是描述人物，有些知名度高，如《寬勉人生：國際牌阿嬤給我的十堂課》（簡靜惠，2012）、《愛心阿嬤陳樹菊》（蒼弘萃，2011；陳湄玲、阮筱琪，2011）。也有些主題是各篇描述平凡人物的組合，如《阿嬤ㄟ調色盤》（胡志強文、王素英圖，2011）、《隔壁家的小腳阿嬤》（林羽穗，2011）。這些阿嬤經歷過的人生又苦又長，紀錄她們人生的文字在平凡中顯出偉大。另一個常見的主題與生活能力有關，如「養生」、「娛樂」、「教養」。長壽的人分享實際的經驗，鼓勵後生小輩仿效。

　　社會大眾總是覺得老太太又病又窮、需要依賴、孤獨無助。社會福利政策與社會工作專業也總是把老人界定為「依賴者」，老年女性是等待要被照顧的人。各界總是覺得老人需要社會的支持、家庭的支持，卻忽略她們在各方面對社會的支持，以及對家庭全心的付出。歸納政府育兒方案、各家庭經驗及上述書籍，顯示當代的老年女性形象就整體來說是正面的，因為有「阿嬤」這個角色。無數老人以親身經驗與生命故事來說明什麼是「健康老化」與「活躍老化」。她們的智慧、人生經驗、溫柔耐心，都是家庭與社會莫大的祝福。

　　美國與英國等西方社會也看重家庭與家族的來源，但與我們社會有些不同。他們留意某種姓氏的由來，也做各種旗幟與紀念品來表達傳承，對於顯赫或傳奇的家族有各種書籍甚至是博物館。但這些連結彷彿是與某種「儀式與法人」的關連，不那麼親切。相對的，我們社會看重的是「自然人」的連結，阿公阿嬤的稱呼本身就很親切，是可以自然互動的對象。即使有一天，老人家死了，他們的照片、牌位還在家裡，逢年過節家中吃大餐，還是會準備一些菜餚放在照片或牌位之前，彷彿他們還會來享用呢！其實，此時餐桌上所擺的美食可能正是老人家昔日教導該如何烹煮的。

貳、阿公及弱勢老男人

　　相對於老年女性，老年男性的形象沒有那麼高，也不太清晰。檢視出版的書籍名字，阿公常常和阿嬤一起出現，如《沒有電視的年代：阿公阿嬤的生活娛樂史》（林芬郁、沈佳姍、蔡蕙頻，2012）、《到阿公阿媽家過暑假》（林家羽譯，菅瞭三著，2012）。有些是古早智慧與經驗的紀錄，如《阿公的茄苳樹》（林滿秋，2011）、《阿公草》（陳南宏，2011）；有些是特殊人物，如《三角湧的梅樹阿公》（蘇振明，2011）紀錄三峽祖師廟的設計師李梅樹，《超級阿公》（盧家珍，2011）描述功學社創辦人謝敬忠。很特別的，與阿公相關的有許多適合兒童或青少年閱讀，如《阿公的小吃攤》（許正芳，2008）、《超級阿公》（邱玉卿，2008）、《阿公的八角風箏》（馮輝岳，2009）、《阿公的牛牛要出嫁》（李光福，2012）、《阿公的腳踏車》（夏嵐，2013）等等。藉著阿公的人生經驗，作者一方面記錄，也探索自己成長的軌跡。

　　整體而言，這些書籍都屬於正面的描述，對老年男性充滿感謝與懷念，這與大眾對老年的負面觀感，有很大的不同。畢竟，每個人都是由祖父祖母、外公外婆而來，不僅是生命的生理基因來自他們，更重要的是社會文化的傳承，自己的姓氏、性格、想法、優點、缺點等，都與這些老人密切相關。老人給予的不僅是某些金錢與物質等資本，還包括人際網絡的社會資本。

　　在社會福利的相關問題之中，婦女福利的議題與照顧責任、勞動市場、住宅政策、醫療制度、外籍監護工等都有關，但這些議題只與女性有關嗎？當然不是！男性也需要面對這些問題。部分弱勢的男性，在獲得及爭取資源的能力有限的情形下，同樣面對不少困難，在這些福利議題方面也有迫切需求。

　　在社會工作專業處遇的範圍中，家庭暴力、性侵害等事件產生了許

多受害受創者，有少部分是男性。在家庭婚姻的領域中，面對婚姻危機的，也包括丈夫。經歷喪偶痛苦的，不是只有女人。晚景淒涼的，不只是老太太……。許多男性也承擔強大的壓力，經歷各種痛苦（彭懷真、2013）。

但各種福利服務輸送系統不一定能接觸到這些人，他們也常常不是福利服務的目標人口群。當討論相關議題的時候，他們彷彿不存在似的，像幽靈人口。在公部門，沒有男性福利政策、沒有男性福利科、沒有男性福利服務中心、沒有政府出資設立的「男性權益促進基金會」，對此議題的討論也非常有限。學術領域裡，少有「男性福利服務」的論述；在人們行動的空間中，女性空間被擠壓的問題頗受重視，「弱勢男性」的空間卻少有人注意。在網路的虛擬空間中，女性網站受到重視，但是針對老年男性的網站卻很有限，少部分還可能給人不當的聯想。

1990年代起蓬勃發展的男性研究有一些主題較被注意。包括男性反暴力及性別歧視（Mainely Men Against Violence and Sexism）、男性終止暴力（Men Stop Violence）、男性反色情（Men Against Pornography）、男性需求改變（Men for Change）等均是男性研究的重點，西方的男性研究探討重父性父職，男性從事女人的工作，男性在婦女解放運動中的參與、男性氣概、男性性取向等議題。對福利議題則少有觸及。

社會學的研究注意到「邊緣人」（marginal man）現象。在社會人口中有些人的某些特質是彼此結合的，有些人只具有其中一部分的優勢，而另一些是弱勢的，他們屬於邊緣人。邊緣人一詞也可指參與兩個不同文化團體而產生左右為難或心理衝突狀態的人，這些人並不完全認同某一標準，也無法完全參加某一團體。一旦這兩個團體有某些衝突的價值或規範，便讓人無所適從。

依此概念，男尊、女卑不屬於邊緣人，但男卑則是，有許多老年男性處於「男卑」的困境之中。在高齡化的社會中，扮演照顧者的男性也面

對較多生心理及社會適應的狀況。在家庭中，女性作為照顧者較常見，男性作為照顧者則出現邊緣人的角色認同問題。如果真的規劃了男性福利服務，不論是救助、設施或機構，男性未必會積極使用。男人在社會化的過程中對於求助與求援的訓練顯然不足。對於加入某種網路時的被標籤過程中，既不習慣，也可能抗拒。他擔心自己除了弱勢之外，另外被加上某些可怕的標籤。為了抗拒即使只有很短暫、很微小的不愉快，這些男性多寧可選擇孤獨地生活著，抗拒接受服務。所以，雖然社會機制不拒絕男性的案主，包括一些婦女福利服務中心和家暴性侵害中心也接納男性，惟男性求助者仍可能相當有限。

女性主義老年學不僅關心老年女性，也注意到男性的困境（Calasanti, 2008）。男性為了顯示雄性特質（masculinity），可能壓迫女性，也使自己的健康受損，因此男性的壽命普遍比女性短。雄性特質製造了壓迫與不平等，男性為了顯示陽剛之氣，常造成人際關係的對立。男人設法使自己不斷控制別人，結果女性被壓迫，自己也受損，例如男性自己喝酒又勸女性也喝（彭懷真，2013）。

陽剛文化有一些信念：外觀的強健、攻擊性、男子氣、專業的成功、財富、異性戀、控制情緒。即使遇到創傷、悲傷、羞恥感，也要刻意壓抑情緒。無數男人被這樣的信念所害，又傷害其他人。「菁英男子」被認為是社會的中間分子，一個男性如果退出職場，不再是菁英，社會地位立刻顯著滑落。這可以說明為什麼退休男性的挫折感特別強烈，而且老年男性的自殺率偏高。

參、女性主義與性別主流化

在女性主義這個廣泛的學術領域中，有許多女性主義的理論與觀點（feminist theories and perspectives）。女性主義對老年社會學特別重要，

在所有人口群中，老年中的女性多於男性。性別是任何人根本的特質，終身影響社會參與。社會科學研究卻長期忽視女性，鮮少探討女性與男性的差別。女性只是籠統的概念，異質性大，母親、妻子、寡婦、未婚、再婚、同性戀、雙性戀、跨性別等都不同，有錢與貧窮、住在家裡或住在機構裡，也各有差異。相關的概念包括性別階層（gender stratification）、權力結構（power structure）、社會制度（social structure）、社會網絡（social networks）、提供照顧與家務工作（care giving and family work）、社會意義與認同（social meanings and identity）等。

從鉅視來看，女性面對的經濟或政治情勢與男性截然不同。歷史唯物論提醒生產工具是底層結構，女性通常無法掌控生產工具，因而總是受限，例如退休年金從未考量女性繁重的家務報酬。「家務有給制」總是被忽視，女性長期的付出卻無法得到合理的回報。

從微視來看，女性的人際互動與男性不同，通常比男性注意人際關係的女性是在什麼樣的社會環境中生活的？例如，在照顧與被照顧關係中性別是關鍵因素，無論是在正式或非正式體系，女性總是主要的照顧者，但付出心力後，得到的回報都偏低。至於家庭照顧絕不是個別家庭的議題，更應該是公共政策的重點。

女性主義老年學（feminist gerontology）探討性別關係何以成為一種形塑社會組織與兩性互動的力量，又如何造成兩性不同的生活機會。傳統的權力關係使男性獲益卻傷害女性的發展，男性受教育機會多、工作機會多、升遷機會多，女性則處處受限。如此累積到老年，女性普遍又窮又苦（Calasanti, 2008）。老男人與老女人在生理上的差異有限，生活條件卻差別很大。多數老男人享有退休金，擁有自由的時間去從事娛樂，只需負擔有限的家務，老女人常常得拖著病痛的身體操持家務並繼續扮演照顧的角色。在社會建構的體系中，女性若同時具有其他弱勢的身分，如族群、移民、低收入戶等，更為不利。

　　老年人口屬於「公共的」，「性別主流化」（gender mainstreaming）的觀念對探究老年十分重要。這是聯合國推行的概念，指所有政策活動均應落實性別意識，要求過去的政策、立法與資源需要重新配置、改變，以真正反映性別平等。性別平等是一種價值，而不是特定人口的福利，性別平等絕不侷限於婦女福利。性別主流化要求政府全盤檢討目前勞動、福利、教育、環保、警政、醫療等政策裡隱藏著的性別不平等，希望打造一個符合性別正義的社會。

　　性別主流化是全體人類的議題，攸關經濟成長、社會發展與人權保障，並努力追求資源分配的合理性，是以人為本的思考。承認男女有別，但選擇的自由應無差異。政府與人民要一起行動，但政府角色更重要。政府應在各個領域和各個層面上評估所有有計畫的行動（包括立法、政策、方案）對男女雙方的不同含義。使男女雙方的關注和經驗成為設計、實施、監督，和評判政治、經濟和社會領域所有政策方案的有機組成部分，從而使男女雙方受益均等，不再有不平等發生。納入主流的最終目標是實現性別平等。

　　Philips與Bernard（2000）探究老人的處境，提醒：(1)公共政策與實施絕對不是與性別無關的；(2)政策的議題與實施的反應須顯示某種改變；(3)政策與實施不應該建立在性別刻板化與迷思之上，更應注意到女性已經改變的形象；(4)公共政策與實施應尊重老年女性的發言權；(5)政策與實施應建立在強化老年女性的能力和正面形象上。

　　本書也運用性別主流化的觀點，反省現在的勞動、托育、人口與社會福利政策與老年人的關係，也檢驗現有的公共工程、大眾運輸與空間等的政策。例如既有的都市規劃，多半是為身強體健，或者有交通工具的人設計的。推著嬰兒車的阿公阿嬤、坐輪椅的老人能否通行無阻呢？整體而言，教育、環保、醫療等政策，還有很多違反性別平等與人權，對待老人還不夠友善。

第二節　透過理論分析

壹、理論與必須處理的概念

　　理論（theory）是社會學的基石，透過理論容易清楚瞭解現象，對老年與社會關係的探究尤其重要。理論是對於兩個或兩個以上的現象之間如何關聯作有系統的解釋，透過系統且合乎邏輯原理原則，用來解釋社會中與老人有關的現象。

　　理論是一套有系統的解說，說明兩個以上的現象是如何發生關聯。評量一個理論是否適當，主要有四個指標：(1)邏輯上：該理論是否嚴謹又有內在的一致性；(2)操作上：該理論是否經得起實證上的檢測；(3)經驗上：在實際應用上是否獲得支持？(4)實用主義上：在預測、控制或干預上是否可行又相關？

　　Waters（2000）認為，社會學理論所處理的最重要概念有以下八個，除了上述性別與女性主義（gender and feminism），還有以下七個方面，不同大師與理論派別在不同概念上各有強調：

1. agency（機構）：社會安排的意義與動機。這方面符號互動論、現象學、民俗方法論等特別注意。

2. rationality（理性）：追求個人利益的極大化（the maximization of individual interest）。這方面交換理論、公共選擇學派、理性選擇學派等有許多的解釋。

3. structure（結構）：決定經驗的私下模式（secret patterns which determine experience）。由派深思（Talcott Parsons）的結構學派主導，現代化與後現代化理論也對此概念有諸多詮釋。

4. system（系統）：支配一切的秩序（an overarching order）。這方面

涂爾幹的功能論是開端，派深思與新功能主義也有深入討論。

5.culture and ideology（文化與意識型態）：這方面從馬克斯、韋伯都看重，新馬克思主義、後現代主義也都看重。

6.power and the state（權力與國家）：馬克斯與韋伯也都注意此概念，有諸多論述。批判結構主義、實用主義等都注意此概念的探究。

7.differentiation and stratification（分化與階層化）：最重要的是現代化理論。

貳、老年社會學的重要理論

Bengtson、Elizabeth與Parrott（2008）為社會老年學各理論做了仔細整理。根據六種以老年學為主題的學術期刊：(1) *Journal of Gerontology, Social Sciences.*；(2)*The Gerontologist.*；(3)*Research on Aging.*；(4) *Journal of Aging Studies.*；(5)*International Journal of Aging and Human Development.*；及(6)*Aging and Society.*。統計這些學術期刊1990至1994年各項專論的主題，其中與社會老年學領域有關的理論，最多的是社會結構理論，其次是生命週期理論，第三是交換理論，第四是女性主義觀點，第五是現代化理論。其他有政治經濟學觀點、批判理論、社會階層化理論、活動理論、持續理論、撤退理論等。這三位作者還將各種理論分成微視、兼顧微視與鉅視、鉅視等三大類，某些理論出現的時間較早，屬於原始理論，另一些則是延伸出來的理論，整體狀況呈現在**表1-1**。

原始理論主要指社會原本就有該學派，延伸理論是針對老年學所累積出的社會學派別，這些理論在本書中會陸續介紹。另一種分類是Hooyman與Kiyak（2011）提出的。分為四個時代：

表1-1　社會老年學原始理論與延伸理論

分析的層次	原始理論	延伸出來的理論
微視	符號互動論	活動理論 持續理論 標籤理論
	發展心理學	生命週期 撤退理論 老年自我超越理論
	詮釋學派	社會解釋觀點
	交換理論	社會交換理論
兼顧微視與鉅視	結構功能論	年齡階層化理論
		次文化理論
	女性主義理論	
鉅視	經濟理性主義	政治經濟學派
	馬克斯理論 衝突學派	批判學派
	現代化理論	
	後現代化理論	

資料來源：整理修改自Bengtson、Elizabeth及Parrott（2008）與Hendricks
　　　　　（2008）。

1.最早期：角色理論、活動理論。

2.第一代：撤退理論、老年自我超越理論、持續理論。

3.第二代：符號互動理論、年齡階層化理論、社會交換理論、政治經
　濟學派、生命週期觀點。

4.第三代：社會現象學派、社會構成主義、社會解釋觀點、批判理
　論、女性主義觀點、後現代主義。

　　有關老化議題理論，可以透過「社會對個人」及「區分層次」有
所探討。如果從社會對個人的影響有所差異，大致可以分為偏向規範
（normative）、偏向橋樑（bridging）或偏向解釋（interpretive）等角
度。規範角度認為社會可以約束個人，橋樑角度認為這些理論說明個人如

何與社會結合，解釋則試圖說明社會影響個人的方法。另外可以從區分層次的角度，有偏向鉅視面或微視面或介於兩者之間。如此三乘三有九格，不同老年社會學的理論大致可以歸類到某個格之中，整理在**表1-2**。

在國內，邱天助（2011）將各種老年社會學理論分為：(1)微觀：包括角色理論、撤退理論、活動理論、持續理論；(2)中層：包括次文化理論、交換理論、社會環境理論；(3)巨觀：包括現代化理論、年齡階層化理論；(4)其他：批判老年學理論、政治經濟學理論、道德經濟學理論、女性主義理論、生命歷程理論、累積優／劣勢理論、後現代主義理論、老年協商理論、老年卓越理論。

看了這麼多理論的名稱，讀者一定頭昏腦脹。多數老年社會學導論將各種理論放在一起做整體介紹，如此各理論的重點及差異容易呈現。但如此做，難以解釋何種理論特別適合用在某個主題，也因為理論的堆砌可能讓讀者害怕老年社會學，甚至因此抗拒。本書規劃了十二章的主題，建議讀者能配合這些主題來說明理論。

本書將理論配合各主題，找尋最適合應用於分析該主題的理論，放在各章之中。全書介紹了多達三十幾種理論，如此做有幾個好處，首先是

表1-2　社會科學有關老化理論的分析架構

區分的層次	個人與社會的假定		
	規範	橋樑	解釋
鉅視	結構主義、現代化理論、老化理論	利益團體理論、制度理論	政治經濟
介於鉅視與微視之間	撤退和活動理論、社會階層理論	生命週期派別、女性主義理論	批判理論、符號互動理論、現象學、文化人類學
微視	角色理論、發展理論、理性選擇理論	交換理論	自我和認同理論

資料來源：修正自Bengtson, Elizabeth, and Parrott (2008).

更為豐富，包括許多本土的理論；其次是扣緊社會學主題，使某種理論與某個主題扣緊，分析某個主題時最適合用的相關理論；第三是針對理論有所討論與發揮，讓理論更有助於解釋現象；第四是減少原文的色彩，只對理論名稱及核心概念加上英文。對每個理論簡單介紹其意義、範圍與核心概念。至於該理論的歷史淵源與對該理論的批判，限於篇幅就不詳述，讀者若有興趣，可以根據所附的參考書目加以查詢。**表**1-3呈現本書介紹的老年社會學理論與篇章的關連。

表1-3　**各老年社會學理論與篇章名的對照**

篇名	章名	引述的理論
第壹篇　總論	第1章　老化與性別	社會結構理論 女性主義 性別主流化
	第2章　高齡化與社會變遷	社會變遷理論 角色理論
第貳篇　文化篇	第3章　文化與傳統	文化模式 恥感取向 鄉民性格 次文化論
	第4章　資訊化與全球化	現代化 全球化
第參篇　關係篇	第5章　家族化與關係	社會交換理論 社會交易資源理論 社會情緒選擇理論
	第6章　社區化與休閒	充權 利益－團體－政治理論 社區照顧
第肆篇　組織篇	第7章　社會化與生涯	年齡階層 生命週期理論 生命歷程理論 互動論 老年自我超越理論

篇名	章名	引述的理論
	第8章　組織化與進退	退隱理論 隔離理論 老人喪失理論 社會權能減退理論 活動理論 持續理論 職業角色理論
第伍篇　制度篇	第9章　制度化與宗教	社會解釋觀點 制度化
	第10章　商業化與機構化	後現代主義 交換理論 長期照顧 機構照顧
第陸篇 問題與因應篇	第11章　階層化與歧視	累積優／劣勢理論 階層化理論 結構依賴理論 社會衝擊理論 後現代主義理論
	第12章　公共化與政府	政治經濟學派 批判學派 道德經濟學

資料來源：作者自行整理。

參、以角色理論為例

　　社會學強調角色和角色扮演對於維持社會秩序具有重要意義。角色指相對標準化的社會地位，包含個人被期望或被鼓勵實現的特定權利與義務，如父親角色、母親角色（柯朝欽、鄭祖邦譯，2011）。角色的形成，來自於社會、文化的影響，只要個人的角色符合社會期待，認真扮演該角色，基本上不會有問題，倘若扮演不了社會期待的角色，便有可能會發生一些問題。

透過地位與角色，「個人」和「社會」產生連結。角色是依地位而來的行為模式，角色與地位是社會活動的兩面。地位是靜態或結構層面，決定個人在團體中的位置，可視為「體」；角色是動態或行為層面，規定位置擁有者在各種社會情境中應如何行為，可視為「用」（張德勝，1998）。

地位可分為規定（先賦、天生）地位（ascribed status）與贏得（成就、後天）地位（achieved status）兩種。前者是個人與生俱來或自然獲得的，如性別、種族、家族出身等，這些地位從小影響個人的行為和人際關係。後者是個人經過努力爭取得來的地位，如學歷、職業、社會經歷等，這些地位依靠個人的能力奮鬥而獲得。年紀愈大「規定地位」的重要性愈低，「贏得地位」愈來愈重要。

社會的本質是地位的網絡，也是角色的集合（role set）。當兩個人在互動時，互動的內容與方式不是隨便的、任意的，而有脈絡可循，當位置和角色界定清楚後，對彼此應如何進行互動及互動的內容，大致瞭然於心，因為有一套相應的規範，可制約雙方的行為模式，使人際互動得以順利且適當地進行。

個人在社會中的特殊位置影響社會調適和人際關係。人際之間的社會互動是地位在互動，而不是個人的互動；換言之，社會組織中的互動，是經由地位而達成的，人們各自在崗位上表現行為。老人在日常生活中，與許多不相識者互動，互動基本上是在適當的秩序下進行。角色是與某一特殊位置相關聯的行為模式，由社會規定其權利與義務，依其角色行事，盡應盡的義務，享應享的權利。

一種地位通常配合著一連串複雜的角色，稱為角色集合（role set）。如果想扮演稱職的角色，必須在各個角色中都用心，盡其職責，如此就可以有健康的性格和良好的人際關係。每一個人參與不同的團體，就面對不同的角色，而不只是面對不同的個人。

角色有其特徵，主要有以下五點（Nisbet, 1993）：

1. 角色是行為模式：行為模式大多是規定的，而且代代相傳。個人經由社會化過程而習得。

2. 角色具體表現規範：社會角色與規範的秩序密切相關，個人應如何行為由規範界定，行為得當與否亦以是否符合規範為衡量標準。

3. 角色是社會結構或互動的部分，也是構成團體的要素：一個角色如果不與其他角色發生互補或互換關係，便無法存在。例如丈夫與妻子、生病老人與照顧者等都是成雙成對的角色。

4. 角色具有合法性：人們接受合法角色的行為模式。

5. 角色含有義務的性質：義務是社會團體中權威系統的表現。任何權威系統依賴角色而產生作用，任何角色的履行效力都涉及扮演角色的義務程度。個人所感受的義務，就是他對於有關角色規範所要求的意識，使各種社會關係能建立與維持。

角色的形成除了家庭影響外，更來自社會、文化的影響，且包含許多被期待的權利與義務。社會對老人角色有一定的期待，當老人能察覺社會對自己角色的期待時，可能會調整自己以因應社會的期待。

角色期待（role expectation）是指一套行為模式，是他置身於社會生活中應表現的行動，也是社會期待他應表現的行動方式。當一個人佔有社會系統中的一個位置，其表現出來的角色行為要符合社會、他人的期望與要求。角色由一個對象或身分的期待所組成，這些期待可能來自主體對象，或來自他人，被期待的角色也可能是某個小集合的主體對象所共有。就像角色行為一樣，被期待的角色於被限制背景之下，人們需藉由定義這些角色所被期待的角色行為。

必須要提醒的，角色的期待可能是錯誤的，造成反功能（dysfunctional）。角色理論偏向功能論（functionalism），強調社會體系

各單位相互依賴及整個體系內整合與均衡。如相互拜年時贈禮可增進社會整合。社會體系內各單位具有相互依賴性及體系的整合。某些社會模式其實有負面或退化的後果，如假定女性的傳統角色是在家庭內，家庭的傳統分工造成「反功能」的表現。

 第三節　本書架構

壹、社會老年學與老年社會學

從教育部（2013）的「長期照顧人才培育報告」顯示，「老年社會學」是主要的科目之一。在大學部二年制長期照顧相關科系必修科目方面，最多的是「長期照顧管理」，其次是「老人政策與法規」，第三位是「老人活動設計與實作」，「老年社會學」居第四位。其餘較多的課程名稱則有「銀髮族事業經營」、「老年營養學」、「老人心理學」、「高齡者健康適能」、「老人照顧技術與實作」。大學部四年制方面的必修課程大同小異，比較特別的是「老年學概論」有許多科系開授，另外「老人照顧概論」、「老人生活環境規劃」等課程也很重要。在專科部，有「老年用藥概論」、「老人疾病概論」、「老年照顧概論」等課程。專門以老年社會學為主題的如弘光大學、開南大學、嘉南藥理科技大學等，另外稻江有「高齡社會學」、「族群文化與老人」、「社會變遷與全球化老人問題」、「老人問題及改善策略研討」等相關課程，也有些科系則是開「社會學導論」方面的課程。

從社會學的觀點，「老年」是一種人口的分類，是一種社會建構（social constructed aspect），是一個重要的研究領域。對老年來說，面對各種社會網絡（social network），受到各種社會力量所影響，如制度、組

織、機構與政府。

　　「社會老年學」與「老年社會學」有些差異。社會老年學（social gerontology）由Clark Tibbitts 於1954 年率先使用，試著敘述在老年學的範疇中，社會及文化對老化過程的衝擊，及這個過程對社會的衝擊，也探討老年人口的老化經驗與社會間交互影響的力量。更進一步分析老化的社會意涵。老年學在社會方面的研究，包含社會福利、社會工作、醫療保健、社會教育與社會救濟及其他。老年學在國家層次則研究法規、照顧組織等。

　　社會老年學基本上是老年學的一個領域，注意年老族群所面對的社會層面。老年學（gerontology）是研究老化與老年人議題的學科。主要包含下列幾個知識內涵：(1)老年的變化：研究老年階段的生理、心理和社會變化；(2)生物老年學：探究生物老化的過程；(3)老年科學：探究正常老化與老年疾病的差異及關係；(4)老年政策：探討人口老化對社會所造成的影響，包括養護、照顧、年金、津貼、保險和退休規劃等等；(5)應用老年學：以上這些知識在政策和方案的應用，包括巨觀的政策層面與微觀的實際措施（邱天助，2011）。

　　老年社會學則是Aging Sociology或Sociology of Aging，基本上是社會學的一個領域。是用社會學的概念分析老年。「社會老年學」的領域比較廣，包涵的主題比較多。例如在美國，Hooyman與Kiyak（2011）的《社會老年學》導論的重點是「社會老化」（social aging），提到社會老化的生物、生理、心理層面，也有專章處理老年的社會政策，基本上是從社會面看老年所產生的種種現象，主體是社會。又如在英國，Bond、Coleman及Peace（2000）所編的《社會老年學》用「在社會中老化」（Ageing in Society）當作標題，各章的主題除了導論之外，包括生物老化、心理老化、健康心理學、晚年生活適應、哀傷、死亡與臨終、退休社會學、居住安排、親密關係依賴與相互依賴、老年貧窮、對老年的想像等。其中一些

主題的社會學色彩較淡，本書限於篇幅，沒有專門的章節，濃縮在相關章節之中。

老年社會學的主體是老年人，探究影響老年的社會力量，分析老人如何成為一群社會人，不分析老人是生物人、生理人、心理人，也不處理社會政策與社會工作。

當然，老年社會學與社會老年學都是多元而廣泛的，是跨領域的學科。「老年社會學」重視「健康老化」與「活躍老化」，老年的病痛與死亡不是主題。老年人固然會生病，在必要時須獲得照顧，老年照顧、老人護理、臨終關懷等都是相關的主題，但本書不規劃專章專門處理。健康與活躍的老人還是居於多數，老年階段很長，需要被照顧與接受護理只是生活裡很小的一部分。相對的，老年還積極參與社會各種活動。

在美國，社會學的快速發展受到Mills（2006）提出的「社會學的想像」所影響，老年社會學要快速發展也需要有更多想像。長久以來，國內的老年學欠缺鉅視面的思考，常把老人當作個別的老人及弱勢的老人。老年在社會結構中，接受各種社會制度影響，參與各種社會組織，扮演各種社會功能，也面對爭取資源與世代差異的衝突。老年人需與其他人口群互動，也參加社會交換，更因為性別、族群、階層等的不同，面對各種考驗。

貳、老人不是問題而有活躍生命力

到底要怎樣剖析老年社會學呢？本書與多數相關書籍有不同的切入點，特別強調「老年不是問題，而是現象；不是被標籤的弱者，而是充滿行動力的參與者」。長久以來，多數老人書籍常將老人與病人畫上等號；把老人問題當作社會問題的主題；對老人標籤化是研究與論述的主軸。

　　邱天助（2011）分析有關老化的社會科學研究大致可以分為「問題取向」與「社會學取向」。前者強調老年或老化是需要解決的問題，後者偏向解釋老化的社會過程或年齡的社會建構。這兩種不同的研究取向一度造成社會學與老年學之間的緊張關係，造成老化研究在社會學領域的邊緣化現象。昔日有關社會科學的學術研究成果，問題取向顯然多過社會學取向。以應用為主的社會工作、護理、長期照顧等領域人才從各種角度探討「有問題的老人」及「老人的問題」，傾向把老人「問題化」。老人問題的探討當然很重要，但以偏概全，不足以呈現老人的全貌。

　　「老化」是普遍的生理現象，是每個人都會面對的現實，個人需加以因應。某些生理功能受損，需加以調整，但並不表示功能無法恢復，更不表示其他身體功能無法正常發揮。「有病治病」，但不應該把病擴大到決定一個人的所有層面。每一位老人都可能有某些疾病纏身，但老人並不等於病人，老人還是社會人、文化人、社區的一份子、國家與世界的公民。刻意將老人與病人劃上等號是偏見，將老人與非老人嚴格區分甚至對立，是偏頗更是不合理的。

　　當社會有愈來愈多的老人，高齡化現象也就出現，並且愈來愈明顯。「高齡化」是普遍的社會現象，是社會變遷的趨勢，社會需加以因應。但不宜由「社會病理」的角度看待此現象，更不應該對老人「標籤化」。社會學注意社會整體，如社會結構、功能、衝突、變遷等。老年是龐大的人口群，受到文化、制度、組織等影響，也以各種方式貢獻社會。刻意強調老人需要照顧、救助、資源，忽視老人各方面的社會角色，是許多學術研究與公共政策的重點，但不足以展現老人的全貌。

　　對無數的家庭來說，老人是精神領袖，將家人凝聚使家庭不至於崩解。老人在實質上也出錢出力出智慧，協助子女或孫子女。對無數社區來說，老人是活動的參與者，有時還是規劃與執行者。老人對社區也可能出錢出力出智慧，使社區更適合居住。對無數組織來說，負責人、管理

者、全職工作者、部分工時、志工，都有老人的付出。對於商家來說，老人是消費者。對於學校而言，老人可能是老師、職員、學生、學生家長。對於宗教體系，老人更不可少，沒有老人的參與及捐贈，宗教組織難以持續。對國家來說，老人是公民，老人納稅與繳交規費使國庫的收入增加，老人在文化傳承中是靈魂人物，老人投票常使政治多了些穩定的力量，多數高齡化的國家政局都趨向安定。

從應用來看，高等教育的整體發展愈來愈重視應用，所以有些社會學系直接命名為「應用社會學系」。通常應用會針對特定人口群或場域，其中「老年社會學」發展最快速，專門的書籍、期刊、研究、學會、協會陸續出現，專門從事老年社會學的人才漸漸增多。有些學系已經不再教基礎社會學而是直接講授老年社會學。

老年社會學曾經只是家庭社會學的一部分，講授家庭社會學的老師只用一部分的時間說明老年的情況。隨著高齡化日益明顯，專門開家庭社會學的比較少，老年社會學成為熱門的課程。這門課偏向應用，專門的理論不太多，主要借用社會學理論，正在快速發展與累積。

各種知識領域彼此相關，如同親人的關係。社會學與社會工作如同兄弟，前者以理論為主，後者是應用的專業。社會學的堂兄弟是心理學與人類學，這三個領域是行為科學的核心學門。稍微遠一些的親戚是政治學、經濟學、行政學等，這些是社會科學的主題。更遠的還有歷史學、管理學等。

對老年社會學來說，最接近的是老年學。堂兄弟可說是老人社會工作、老人心理學、老年文化人類學、老人生理學。表兄弟有家庭社會學、宗教社會學、醫療社會學、經濟社會學等，因為老人普遍要參與家庭制度、宗教制度、醫療制度、經濟制度。社會變遷、社會階層化、社會流動等主題，對老人社會學也很重要。性別研究、生涯發展、角色、文化等貫穿在各老年社會學的議題之中。

參、全書的安排

　　本書作者佩服與尊敬老年，認為老年擁有的智慧超越零散的知識，更遠勝於日新月異的資訊。老年的統整遠勝於個別的成就，多數老年在傳統中持續進步，絕不是無助無奈的人群。2012年，本書作者出版《老年學概論》，最後一篇的主題是「統整」。2013年出版《老人心理學》，以正向心理學的角度說明老年的「心」是多麼豐富。2014年《老年社會學》的問世，分析老年在各種社會力量中的生存及參與。

　　這系列教科書的編寫，是精心設計出來的。作者在剛進入21世紀時應內政部邀請負責「社會福利基本法」的研擬，瞭解德國人的法律制訂如同火車的安排，火車頭就是基本，然後每一節車廂在外觀是類似的。社會福利基本法如同火車頭，連接著兒童、少年、婦女、身心障礙者、老年、新移民等不同人口群。

　　這系列的火車頭是《老年學概論》，接著從微視面說明《老人心理學》，然後是本書，從鉅視面的《老年社會學》，日後希望繼續將相關主題有所介紹。每一本書以相近的架構呈現，彼此關連，但內容不重複。

　　首先，《老年學概論》全書十二章，分屬六篇。前五篇以英文的ABCDE為篇名，主題分別是：第一篇Aged and ageing—老人與老化；第二篇Body and mind—身體與心智；第三篇Career and living—生涯與居住；第四篇Do and learn—工作與學習；第五篇Empowering—自我與家人充權，最後一篇以Holistic—統整的人生來收尾。

　　其次，《老人心理學》全書還是六篇、十二章。在簡介老人心理、生理、精神醫學等基本概念之後，依序說明老人的：人心——自我與人格；心態——態度與價值；心思——認知與學習；心性——習慣與上癮；心意——記憶與失憶；心智——智力與失智；心情——情緒與壓力；心病——心憂與心死；心愛——家人心理；社心——人際心理。每一章的主題

都有「心」字，因為是「心理學」的範圍。

2014年，這本《老年社會學》問世，作者繼續寫六篇，除了總論外，分別是社會學最重要的主題：文化、關係、組織、制度、問題與因應。十二章各章的標題都有一個「化」字，化是一個過程，是漸進的過程，如同老人的老化是過程。針對每一章的「化」，各標題中還有一個直接相關的概念。這十二章的主題是：

1.老化與性別
2.高齡化與社會變遷
3.文化與傳統
4.資訊化與全球化
5.家族化與關係
6.社區化與休閒
7.社會化與生涯
8.組織化與進退
9.制度化與宗教
10.商業化與機構化
11.階層化與歧視
12.公共化與政府

從第2章起，每一章都有三百多字的引言，介紹全章的特殊性、主題與重要性。各章均在12,000至15,000字之間，都是三節。每一節都是老年社會學不可不知的子題，因此這本書有三十六個子題。為了說明每一個子題，各有三項，每節大約4,000至5,000字的說明、解釋、分析、論述。只要能詳加閱讀，不僅可以掌握老年社會學的全貌，對「社會學」的主題與核心觀念也可以全盤認識。各章必要時配合圖表說明，全書有將近三十個圖表。在引述方面，若直接引述加上引述作者與年代，如果是政府的法令

與規定，除了統計資料，原則上不另外加註。參考書目分為官書資料、中文資料、英文資料、雜誌與報紙資料、網路資料等。

本書整理了老年社會學不可不知的名詞，以中英文對照的方式呈現，如果讀者都記住了，要理解英文的社會學導論就容易多了。全書介紹三十幾個理論，說明老年社會學的全貌，日後看到任何相關的現象，都能迅速掌握思考的架構與分析的重點。即使讀者沒有讀過社會學的入門書，只要跟著本書的引導，就可以輕鬆進入老年與他／她們所處的社會環境中。對於自己所生活的社會，也能更認識。

國內外的相關書籍多數是編輯而非一位作者所寫，由頗有聲望的學者號召各領域的專家一起完成，能撰寫各領域的都是該領域頂尖的學者。但是，每個學者有不同的寫作方法、關注焦點、探討方式、引用資料的方式，即使主編功力再高也難以統整。主編要刪減、修正、調整，有時也為難。有些書籍偏重國外資料，翻譯的色彩重。同時能兼顧「編、寫、譯」的，絕非易事，卻是我要努力的重點。也蒐集國內各項官方數據來呈現各項老年的狀況，希望編寫出讀者喜歡看、看得懂、能迅速掌握重點的導論。

這本《老年社會學》是寫給誰看的？作者撰寫此書時，想要對哪些人訴說、解釋與分析呢？

首先，阿嬤與阿公被忽略、被漠視，少有人真誠、真心面對她／他們的真實與完整。因此，最希望寫給願意瞭解阿嬤與阿公的朋友，希望大家都能看完這本書。

其次，已經進入社會學或社會工作領域的朋友，「老年社會學」是特別值得探究的獨特學門，也是未來最有發展性的學科。

第三，制訂各項與老人有關的決策、非營利組織的主管、服務老人的工作者、媒體工作者。對老人社會福利服務、老人教育服務、老人保險服務、老人財務管理服務、老人休閒旅遊服務及其他相關服務管理；居家

服務員、照顧服務員、喪禮服務員、國民體能指導員、老人保健師、健康
管理師、領隊人員、導遊人員、保險人員等從業人員，也有幫助。

　　第四，各老人福利學系、社會工作相關系所，與老人健康有關的護
理、復健等科系，與老人教育有關為成人教育系所，與老人保險、財務管
理有關如銀行保險、財務金融相關系所，與老人休閒旅遊服務有關有觀光
休閒、運動休閒與休閒管理、餐旅服務等相關系所的師生。

　　當然，已經進入老年階段的前輩，即將進入老年的同輩，常與老人
互動的晚輩，相信這本書對您也大有助益。

CHAPTER 2

高齡化與社會變遷

老年愈來愈多，對社會而言，通稱為「高齡化」。在整體高齡化的趨勢中，老年卻是高度異質的人口，需精準分析及描述。社會學常借重統計數據進行探討，唯有正確的數據才可正確推論，仔細的研究也得建立在仔細的統計之上。首先介紹一些人口統計的概念、分類、指標，有助於瞭解臺灣的高齡化。其次，社會學研究的本質就是比較，對老年人口可以從時間演變、空間差異乃至性別各自有所比較。對老人的健康狀況、教育程度、經濟狀況、婚姻及家庭狀況，均有所說明，這些數據是各主題分析探討的基礎。

社會學最早就分為「社會靜學」與「社會動學」，前者從結構面分析，後者注意社會變遷。結構面的組織、制度等有專篇論述。本章強調老人的角色是在社會結構之中，接著探討角色的緊張，提醒「社會變遷」的重要性，分析老年在社會所扮演的角色及角色衝突。

第一節 高齡化

壹、老人是高度異質的組合

年齡不僅是生理的，更是社會的，社會定義的年齡比身分證上的年齡更有意義。Sontag（1972）分析各種證照、各種表格都需要填寫年齡，把年紀當作門檻，限制某些不符合年齡者的人不可以參加。Philips（2000）就提出對照顧老人者的常見迷思：(1)認為老人是同質的群體；(2)不易找到照顧人力；(3)家中的女性照顧者取代就業市場裡的正式聘用人力；(4)照顧者在多種角色中矛盾及難以平衡。這樣的迷思，在社會上隨處可見，就以「老人是同質」這迷思來說，明顯錯誤。

老人人口是異質的，例如：按照「有沒有作父母」、「有沒有繼續工作」、「有沒有照顧更年長的人」等指標來區分，就有八種人口群。某些人這三者都有，又要奉養父母又有子女，也繼續工作。有些人具備兩種身分，有些人只具備一種，有些人又不是父母、又無子女、也不再工作。Evandrou、Glaser及Henz（2002）研究英國社會，發現人們在即將進入老年階段時，人數最多的前四位依序為：第一，有父母又有工作；第二，有工作但不是父母；第三，三種角色都沒有；第四，有父母但已經不工作了；其餘的類型都很少。

若以婚姻及家庭狀態來分，主要有「仍在婚姻狀態中」、「鰥寡」、「分居」與「單身」等。不同婚姻狀態者的所得有很大差異，Ginn及Abber（1991）發現，老年男性的所得比女性高，仍在婚姻狀態中的人屬於高所得者多過單身者，單身者的所得又多過離婚或分居者。

Kamo及Zhou（1994）研究移民到美國的中國老人與日本老人，變項包括：在何地出生、移民的時間、在家使用的語言、受教育的年數、勞動市場的參與狀況、所得、是否有身體的障礙、年齡、婚姻狀況、居住在城市或鄉村等等，一一加以測量。由這項研究顯示，對老年的研究要相當精細，才可呈現出不同老人的差異。

研究不同國家的老人在特定指標上的不同也是老年社會學的重要角度，Zimmer、Chayovan，以及Lin與Natividad（2004）比較臺灣、泰國與菲律賓三地的老人在身體功能上的差異，發現一些社會指標均有不同，尤其是社會經濟地位指標（indicators of socioeconomic status）與老人的身體機能有密切的關係。影響社會經濟地位最主要的是教育程度、所得狀況、居住在城市或鄉村。實證資料顯示，無論是臺灣、泰國或菲律賓，高所得、高教育程度的老人在身體健康狀況都比較好。

單以工作狀態來看，也可以分成「已經退休很長一段時間」、「剛退休」、「仍然在工作」，另外探究工作的意願，如「還想繼續有完

整的工作」、「希望完整退休」或「希望有部分時間的工作」（Moen,
2003），研究還發現：

1. 在經濟不景氣時，聘用單位會希望員工早些退休，即使才剛過50歲
   已有大批人口退休。某些政府的年金與保險政策鼓勵人們提早退
   休。
2. 即使法律反對歧視老人，多數聘用單位還是不願意雇用超過50歲的
   人。即使有強烈的意願，年過50歲的求職者很難找到全職的工作。
3. 多數的社會福利只提供給全職工作者，部分工時者很難享有同樣的
   保障。
4. 雖然有很多人加入了志工的行列，但從事志工者在社會地位上無法
   與全職工作者相提並論。照顧子孫、從事家務者也是如此。

Moen（2003）研究就業市場對中高齡者的人力聘用，發現50歲以上
面對的整體情況是：退休制度愈來愈混亂、職業生涯愈來愈彈性、聘用愈
來愈不確定。每個人有自己的意願、能力及想法，但環境未必能配合。人
們有各式各樣的需求，但政府未必加以考慮。所以，Platman（2003）認
為「求人不如求己」，唯有自己規劃、自己努力，才可在就業市場繼續找
到舞台。外在的政府政策、聘僱單位的做法、社會的氣氛等因素，都不如
個人的努力。在臺灣，能夠繼續在就業市場活躍的老人多數是「自己拼出
來的」，若受雇於政府或企業，難以持續展現才華。

年齡原本是客觀的數字，哪一年生、現在幾歲等都很清楚。但是人
們對年齡的態度未必都客觀，Sontag（1972）發現，若詢問「非私人性
的年齡」時，例如填表格、申請執照或信用卡、辦理護照，人們比較誠
實。但在人際之間互動時，人們未必會講出確實的年紀，而會配合情境增
加或減少幾歲。如果直接被詢問：「你／妳幾歲？」時，女性比較可能少
說幾歲。在搭乘交通工具時，有些人明明年紀不大卻有人願意讓座，另有

些年紀超過65歲了也不願意坐在博愛座上。

貳、臺灣整體高齡化現象

　　社會學研究強調科學方法，本章主要引用量化的資料，量化研究假定社會現象是客觀的、可藉由科學檢驗，透過架構的引導來進行。在各種方法中，先採用「檔案資料」（archives data），主要是政府及民間各機關的業務統計資料。政府的人口普查、經濟統計、公報等皆是可用的資料。這一方面，臺灣有相當豐富的研究資料。次級資料分析法又稱作再次分析法（secondary analysis），是利用現有的資料或二手資料，做再次的分析。檔案資料分析作法是透過各種關聯性資料的蒐集、檢索、歸納與分析，藉以釐清相關資料間共通的現象，並設計命題論證其間的因果關係。

　　大家都知道「臺灣在變老」，65歲以上占總人口比例持續攀升，但忽略臺灣變老的速度非常快。2011年底時人口老化指數（aging index，65歲以上人口數除以0至14歲人口數乘以100）為72.20%，老年人口依賴比（old dependency ratio，65歲以上人口數除以15至64歲人口數乘以100）為14.70%，分別較1993年增加43.96及4.22個百分點。2012年底時，65歲以上計有2,600,152人，占總人口23,315,822人的11.15%，也就是說，每九個人就有一位老人。

　　我國在2013年11月19日發生一件人口學上特別有意義的現象，就是「女性比男性多」。在2012年底時男性11,673,319人占50.07%，女性11,642,503人占49.93%，性比例為100.26（每百女子所當男子數）。因為男性死亡率較高，加上近年大陸、外籍配偶移入人口增加，導致性比例快速降低，女性因而比男性多。

　　老化指數持續攀升，2012年底時65歲以上老年人口對0至14歲人口之

老化指數進一步升到76.21%，也就是說，老年人口與幼年人口之比約為
1：1.3；2016年老年人口數將超過幼年人口數，老化指數超過100%。

老化指數為76.21%高嗎？是偏高的。因為全世界是30.77%，開發
中國家是20.69%。比我國高的有：日本184.62%、德國161.54%、英國
94.44%、法國89.47%、加拿大87.50%。比我國低的有：澳洲73.68%、
紐西蘭70.00%、南韓68.75%、美國65.00%、中國大陸56.25%、新加坡
52.94%、馬來西亞18.52%、菲律賓11.43%等。

人口學裡將65歲以上人口達到總人口7%的比率定為「高齡化社會」
（ageing society）；到14%則為「高齡社會」（aged society）；到20%就
成為「超高齡社會」（super-aged society）（內政部，2012A）。我國將
於2017年增加為14.0%，正式進入高齡社會，於2125年再增加為20.1%，
約有481萬餘人，邁入超高齡社會。比臺中市、南投縣、彰化縣所謂的
「中彰投地區」加起來的人數還多。

衛生署國民健康局（2011）公布臺灣老化地圖顯示，嘉義縣、雲
林縣、澎湖縣已經是「高齡縣」，南投、苗栗、臺東則只有女性人口達
「高齡人口」（≧ 14%）水準，只有五個縣市老年人口少於10%；至於全
臺最年輕的縣市依序為：桃園縣、新北市、臺中市、新竹市、連江縣。若
男女分開來看，則男性人口尚無任何縣市超過14%，女性則除嘉義縣、雲
林縣、澎湖縣三縣以外，尚有南投、苗栗、臺東已經是「高齡人口」。新
北市平溪區則是全臺最老的鄉鎮（區），老年人口達25.8%，全國已經有
二十三個鄉鎮（區）是「超高齡社區」，每四至五位居民當中就有一位是
老人！

至2156年，老年人口預估有764萬人，占總人口比率將超過三分之一
（經建會，2008），大約等於2013年時臺北市、新北市、基隆市的「北北
基」人數。相較於歐美先進國家有五十至一百年的時間因應準備，我國由
高齡化社會邁入高齡社會僅二十四年，由高齡社會轉變為超高齡社會更縮

短為八年，我國人口老化的進程將愈來愈快。

2012年我國國民0歲平均餘命是79.45歲，較2011年之79.15歲增加0.30歲。男性0歲平均餘命：76.16歲，較2011年之75.96歲增加0.20歲。女性0歲平均餘命：83.03歲，較2011年之82.63歲增加0.40歲。與世界主要國家比較，我國較美國高1歲，比歐洲先進國家約低1至3歲；若與亞洲鄰近國家比較，則高於中國大陸、馬來西亞、菲律賓，低於日本、南韓、新加坡。

參、初老、中老、老老

在1993年我國老年人口超過7%，在此將1993至2013年這二十年的老年人口，按照年齡5歲組重新統計挑選1996、2001、2006年至2013年6月，加以呈現。另外，特別以該年齡組的人口相當於臺灣的那一個縣市或行政區來對比，以顯示高齡化的趨勢。也就是說，臺灣65至69歲這5歲的76.8萬的老人比整個雲林縣的71.0萬多出5.8萬；70至74歲的比苗栗縣多出12.5萬；75至79歲的與南投縣相近，80至84歲的與基隆市的人口相近，85至89歲的人口與屏東市相近，90至94歲的與臺中市神岡區相近，95至99歲的老人比連江縣（馬祖）的人還多。即使百歲人瑞也有2,662人，遠多過高雄市茂林區的人口。

如果所有老人與五都相比，人數接近臺中市的268萬或臺北市的267萬或高雄市的278萬，比臺南市的188萬要多。

這個表格裡的數據提供了很多線索，例如年紀愈大，增長速度愈快。65至69歲，二十年間僅成長23%。到了80至84歲組，已經成長181%，90至94歲組，更成長458%，百歲人瑞更多達7倍。因此，在臺灣，每天去醫院的人比去電影院的人多，死亡的人數有時比出生的人還多，老人家比大學生還多，超過桃園縣加上新竹市的人，又是原住民加上

新移民的2倍半。

由於老年人數眾多,有人戲稱:44歲以下為青年,45至59歲為中年,60至74歲為年輕老年人,75至89歲為老人,90歲以上為長壽老人。但在社會學中,仍以政府的各項統計為準。

不同時代出生的就有不同的成長經驗,老年人都經歷了劇烈的社會變遷。1949年國民政府遷臺那一年之前出生的,到2014年都已經進入老年階段。大致說來,可以分為三個年齡層:

1. 1940至1949年生的:在**表2-1**中的65至74歲的有145.6萬人,屬於「初老」。生在二次大戰與戰後動盪時期,童年多數在不理想的生活環境中,但進入就業市場後,通常有很好的機會,容易儲蓄與累積財富。子女數以三個或四個居多,子女也多半孝順,因此這批老人多數生活無虞。

2. 1930至1939年生的:75至84歲的89.5萬人,屬於「中老」。那時生在中國的,正面對日本的侵擾,生在臺灣的則屬於日據階段,家庭大都艱困,公共衛生情況差。接受正規教育很不容易,少有人獲得高學歷,高所得與高儲蓄者有限。結婚後生育率高,平均子女數超過四個。能夠在惡劣情況之下活到75歲是少數了。

3. 1930年以前出生的:目前都超過85歲,有28.9萬,屬於「老老」階段。同輩多數已經過世,本人與配偶的健康多數不理想,需要更多的照顧與協助。

從年齡結構的觀點,應考慮針對不同年齡層的老人有不同的公共政策,在就業、經濟安排、居住安排、年金保險、照顧服務等,都不能「一概而論」。

表2-1　老年人口按照五歲年齡組區分及演變

年／月	65-69歲	70-74歲	75-79歲	80-84歲	85-89歲	90-94歲	95-99歲	100歲以上
1993/12	624,985	421,222	247,103	135,716	47,089	12,237	2,069	380
1996/12	671,468	490,537	293,422	156,180	60,055	16,336	3,027	583
2001/12	656,027	591,347	398,637	207,848	88,205	25,222	4,948	1,123
2006/12	737,193	586,672	491,500	294,363	126,836	40,384	8,137	1,944
2007/12	748,863	597,005	495,565	310,951	137,363	41,807	9,576	1,962
2008/12	762,519	609,541	494,896	331,096	147,409	44,605	10,281	1,873
2009/12	764,075	627,518	496,030	349,408	159,031	48,364	11,221	2,001
2010/12	736,850	648,886	497,209	364,105	173,270	53,396	12,066	2,111
2011/12	724,538	669,950	498,980	373,442	186,330	60,206	12,662	2,141
2012/12	747,480	682,956	509,783	378,576	198,883	66,290	13,585	2,599
2013/06	768,219	688,163	516,077	378,804	204,585	68,274	13,955	2,662
相當於行政區的人口	雲林縣 710,991	苗栗縣 563,976	南投縣 520,196	基隆市 377,153	屏東市 207,862	臺中市神岡區 64,534	連江縣 13,110	高雄市茂林區 1,839
2103/06 vs. 1993/12的倍數	1.23	1.63	2.09	2.81	4.34	5.58	6.74	7.01

資料來源：整理自內政部多項人口統計資料。

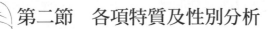

第二節　各項特質及性別分析

　　女性老人比男性老人多，從女性主義剖析老人是不錯的角度。綜觀美國與英國的出版品，「女性主義」的專書在1970年代起風起雲湧。「女性觀點的社會學」在1980年代漸漸被提出，獨自發展出專門的領域。1990年代起，「老年社會學」的專書陸續問世。「女性觀點的老年社會學」被提出，但以專論為主，如Arber及Ginn（1994）。到了21世

紀，「女性與老年」的各種專書一本一本發行，如Bernard、Judith與Davis（2000）的《老年女性》，Coyle（2001）的《女性與老年》，Calasanti（2008）的《女性主義老人學及老年男性》。透過這些書籍使本書的撰寫更多注意到兩性的差異，更加留意女性的觀點。在臺灣，還沒有「女性主義觀點的老年社會學」專書，未來幾年應該會出現吧！

　　調查性研究（survey research），是以問卷調查收集資料，進行統計分析以描述其狀況。獲取資料的方式是以結構式問卷作為測量工具收集資料，於資料回收整理後，將有效的問卷予以分類整理，統計方法很多，主要用次數分配及百分比（frequency distribution percentage）呈現。依照研究變項中，屬性出現的次數以次數分配表及百分比資料來呈現，使資料能一目了然。

　　對老年人的調查很不容易，有些老人因為失智或失能，無法作答。有些老人難以聯繫，有些老人無法充分理解所詢問的題目。因此由政府進行調查的資料，格外珍貴。在260多萬的老年人口中，有幾個方面的數據特別具有社會學分析的參考價值。

　　政府每五年進行一次大規模的老人調查，最近一次是2009年的。主要項目包括：(1)基本資料：如年齡、性別、身分、教育程度、婚姻狀況、子女數、宗教信仰等；(2)居住狀況；(3)健康狀況；(4)就業狀況；(5)經濟狀況；(6)社會活動狀況；(7)對長期照護保險的看法；(8)理想居住方式與日常活動狀況；(9)日常生活與自我照顧能力；(10)日常生活感受；(11)經濟保障狀況；(12)對老人福利措施之瞭解及需求情形與看法；(13)對進住老人福利機構、老人公寓、老人住宅、安養堂或護理之家的意願情形與看法及需求情形；(14)對老年生活的期望與擔心問題；(15)老年生涯規劃。訪問的對象除了一般住家之外，另外對共同事業戶，如長期照顧機構、安養機構、榮民之家及護理之家裡的老人也進行調查。經過抽樣，總樣本數5,520份（普通住戶共計5,006人，共同事業戶為514人）。

以下針對內政部進行的「中華民國98年老人狀況調查報告」資料加以說明，有助於瞭解臺灣老人的全貌，尤其是兩性之間的比較深具意義。

壹、健康狀況及教育程度

在健康狀況方面，個人身體結構及功能隨時間進行而累積的變化，稱為老化（aging），是正常又不可逆轉的持續性過程。正常的老化並不是疾病，但老化造成身體很多功能的改變，因而可能產生不同程度的障礙（林麗惠，2006；黃富順，2008）。在調查時，老人覺得目前健康與身心功能狀況「良好」占52.21%、「普通」占19.02%、「不好」占27.15%。就性別而言，男性覺得目前健康與身心功能狀況「良好」比例為56.24%，較女性48.45%高。女性覺得自己目前健康與身心功能狀況「不好」占32.64%，較男性21.28%為高。

女性老人對於生活較容易有負面的感受，尤以女性常常「睡不安穩」的比例較高。女性老人對目前整體生活表示滿意比例較男性為低。女性老人患有慢性或重大疾病比例高於男性，男性老人表示目前健康身心狀況「良好」比例較女性為高。女性老人最近一個月曾經看過病或住院比例為七成，平均看病住院次數為2.32次亦較男性的2.03次為多，但男性老人過去一年平均住院天數15.5天較女性多2天。女性老人日常生活起居活動自理有困難的比例為22.12%，高於男性的12.10%，比例接近2倍。各項工具性日常生活活動能力，女性老人無法從事者比例均較男性略高，女性被評為輕度失能者比例為5.7%，較男性來得高。各級失能程度項次或人數比例女性均多於男性。

另根據衛生福利部（2013）長照推動情形整體成效及未來規劃的資料，以年齡來看，65至74歲的失能率為7.29%，男性6.91%、女性7.61%；

表2-2　老人的教育程度

民國98年6月

單位：%

性別	總計	不識字	自修、私塾或小學等識字者	國（初）中	高中（職）	專科	大學校院及以上	不知道／拒答
總計	100.00	22.04	40.10	10.79	13.01	5.64	7.33	1.10
男	100.00	8.71	39.99	12.14	17.76	8.41	11.70	1.29
女	100.00	34.50	40.20	9.52	8.57	3.05	3.24	0.92

資料來源：內政部（2012）。

75至84歲的失能率20.44%，男性17.55%、女性23.20%；85歲以上的失能率達48.58%，男性39.11%、女性56.22%。

在教育程度方面，情況呈現在**表2-2**。以自修、私塾或小學等識字者占40.10%為最高，不識字者占22.04%居次，高中（職）者占13.01%再次之。就性別而言，男性國（初）中以上教育程度者比例皆高於女性；女性教育程度為不識字者比例為34.50%，是男性8.71%的4倍。男、女性教育程度為自修、私塾或小學等識字者比例相當，分別為39.99%及40.20%。高中（職）程度，男性是17.76%是女性8.57%的1倍多；專科程度者，男性有8.41%，女性只有3.05%；大學及以上者，男性有11.70%是女性3.24%的3倍多。

由此可知，如果只看小學程度的，會以為男性與女性的差不多。其實，兩性的教育程度差距很大。

貳、經濟狀況

經濟來源整體狀況請看**表2-3**。首先，主要經濟來源的前兩位是來自「子女奉養（含媳婦、女婿）」及「政府救助或津貼」。因男性老人目前有工作者比例高於女性，家計負責人仍以男性居多。男性主要經濟

表2-3　老人的主要經濟來源

民國98年6月

單位：重要度；%

性別	自己工作或營業收入	配偶或同居人提供	自己儲蓄、利息、租金或投資所得	自己退休金、撫卹金或保險給付	子女奉養（含媳婦、女婿）	向他人借貸	政府救助或津貼	社會或親友救助	其他	不知道／拒答
總計	7.91	5.23	14.93	17.37	48.29	0.06	29.66	0.40	0.05	0.28
男	11.28	2.49	16.08	26.63	37.87	0.10	26.36	0.35	-	0.28
女	4.75	7.80	13.86	8.70	58.04	0.02	32.75	0.45	0.10	0.28

資料來源：內政部（2012）。

來源來自「自己的工作或營業收入」、「自己的儲蓄、利息、租金或投資所得」、「自己的退休金、撫卹金或保險給付」之重要度高於女性，而女性老人主要經濟來源來自「配偶提供」、「子女奉養（含媳婦、女婿）」、「政府救助或津貼」之重要度高於男性。男性為自己保有動產或不動產者比例為59%，高於女性的46%；兩性保存之資產型式皆以「房子、土地或其他不動產」及「存款」為主。

　　在此項調查中顯示：老人自己保存儲蓄或財產占51.97%，沒有保存占43.81%。自己及配偶或同居人皆無保存占18.02%。有保存者之資產保存型式，以「存款」占40.15%最多，其次為「房子、土地或其他不動產」占30.24%。就性別而言，男性有保存資產者的比例為58.73%高於女性的45.66%；男性自己有保存各式資產比例均較女性為高。男性的保存型式以「存款」方式比例為45.61%，高於女性的35.04%，以「房子、土地或其他不動產」方式比例為38.28%，高於女性的22.72%。

　　老人平均每月可使用生活費用為13,830元，男性平均每月可使用的生活費用為15,407元，較女性的12,012元高3,395元。83.71%老人不需要提供

子女或孫子女經濟支援，需支援比例約占10.57%（含經常支援3.80%、不定期支援6.77%）。約有2.48%的老人表示需要但沒能力提供支援。就性別而言，男、女性在支援狀況方面差異不大。

參、婚姻及家庭狀況

家庭組成的情況見**表2-4**。以三代家庭者占37.86%為最高，兩代家庭者占29.83%居次，僅與配偶（同居人）同住者占18.76%再次之。屬兩代家庭者以與配偶（同居人）及子女同住者占13.91%較高，屬三代家庭者以與子女及（外）孫子女同住者占36.98%較高。

表2-4　老人的家庭組成情形

民國98年6月

單位：%

性別	總計	獨居	僅與配偶（同居人）同住	兩代家庭				
				計	與配偶（同居人）及子女同住	僅與子女同住	與父母同住	與（外）孫子女同住
總計	100.00	9.16	18.76	29.83	13.91	11.76	1.22	2.94
男	100.00	7.94	25.62	29.24	17.98	7.75	1.49	2.03
女	100.00	10.31	12.35	30.37	10.10	15.51	0.97	3.80

性別	三代家庭				四代家庭	僅與其他親戚或朋友同住	住在共同事業戶		
	計	與女及（外）孫子女同住	與父母及子女同住	與父母及（外）孫子女同住			計	安養機構	長期照顧機構
總計	37.86	36.98	0.84	0.05	0.78	0.82	2.79	0.89	1.90
男	32.01	30.67	1.24	0.10	0.80	0.68	3.70	1.51	2.19
女	43.33	42.87	0.46	-	0.75	0.95	1.94	0.32	1.62

資料來源：內政部（2012）。

兩代家庭者，男性17.98%較女性10.10%高；僅與子女同住者，女性15.51%較男性7.75%高；女性三代家庭者比例為43.33%較男性32.01%來得高，其中女性與子女及（外）孫子女同住者比例為42.87%，較男性的30.67%為高。男性僅與配偶（同居人）同住比例為25.62%，高於女性的12.35%。

四代同堂的家庭很少，兩性比例相近（男性0.80%、女性0.75%）。住在安養機構的，男性1.51%是女性0.32%的5倍。住在長期照顧機構的，男性2.19%略多於女性1.62%。

至於老人希望的理想居住方式，以「與子女同住」者占68.49%最高，其次為「僅與配偶或同居人同住」者占15.57%，其他各類居住方式皆在一成以下。就性別而言，女性希望的理想居住方式為「與子女同住」者比例為74.13%，較男性62.46%高。男性認為「僅與配偶或同居人同住」者比例為22.10%，較女性9.46%高。

第三節　老年如何面對社會變遷

壹、社會的基本概念

一、意義與特徵

廣義來說，社會（society）是人際關係與各種結合的整體，一切人與人的關係，無論是直接的或間接的、有意識的或無意識的、互相的或敵對的，都包括在「社會」這個名詞之內；狹義來說，是指特殊的和比較具體的結合。凡是人們的集體，有共同的觀念、態度和行為習慣，共享共同生活基本要素與條件，通常是個人所屬的最大團體。一個社會之中有組織人們的集合體，在一個共同地區內生活，在各種團體中合作，以滿足基本需

要。有共同的文化，並且在功能上是特殊的複雜單位。社會一詞，主要是指社會關係的體系。老人在漫長的生命中與各方面的人物建立及維持各項關係。

Schaefer及Lamm（2001）認為，社會具有幾個特徵：(1)是比較大，人數較多的集合體；(2)具有相對的自主權；(3)集合體中的人們擁有代代相傳的文化遺業；(4)每個人在社會結構的關係中與其他人來往互動；(5)人們居住在相同的疆界之中，與外界有所區隔。老人繼承了代代相傳的文化，在相當清楚的關係結構中與人互動，是社會裡重要的安定力量。

社會要持續的基本要素有五：(1)成員之間的溝通，沒有一個社會沒有語言；(2)貨品和服務的生產分配；(3)保護成員的安全；(4)安排成員的生老病死；(5)控制成員的行為。老人使用當地的語言，加入生產與消費的活動，接受社會的規範，希望社會能保護自己的安全，生病時能得到醫治，無力生活時能得到各方面的照顧。

二、社會的分類

雖然社會有上述的特徵與要素，各社會還是有差異，這些差異說明社會變遷的狀況，老人身處其中，要適應各種變化。對臺灣老人衝擊最大的是美麗寶島在很短的時間中由鄉民社會轉變為都市社會，從農業社會到工業社會，而都市化是伴隨工業化而來的，鄉民社會重視傳統，都市社會則為現代的。

鄉民或傳統的社會規模範圍小，人數很少，成員多半面對面互動，與其他社會在地理上有相當的距離，在經濟上以自給自足為主，具有高度整合的文化，各制度之間有密切關係。鄉民社會成員的生活不是各自獨立的活動，而是一個大的活動當中的一部分，具有強烈的社區意識，即認同團體、凝聚在一起的意識。鄉民社會中的行為，基本上以家庭為中心，是傳統的（traditional）與私人性的（personal），成員之間均懷著強烈的連

帶意識，稱為具有同質性的機械連帶（mechanical solidarity）。這個同質性的連帶意識存在於基本的社會結構中，這樣的連帶關係主要是以集體意識作為基礎，人與人之間相似性程度很高（Denis and Devorah, 2009）。

傳統社會運作的基礎是「共同」，範圍小，組成分子少，有共同意志而不強調個人特性，社區的整體利益占優勢，宗教力量大，民德與民俗勢力強，有血緣關係和地緣關係等自然的連帶。現代社會運作的基礎是「結合」，範圍比較大，組成分子的個人意志強，私人利益占優勢，媒體很重要，時髦和風尚影響力大，團結以契約為根據，強調財產私有。

臺灣多數地方已經是都市社會了，當代社會建立在進步的工藝技術與高度發展的知識基礎上，範圍大、異質性高、社區意識不強。高度的都市化與工業化，所需原料與市場依賴其他地區供應，且各種人才歸屬在複雜的生產與分配的體系之中。由於高度專業化，每一個人的地位與角色是特殊的與窄小的，通常基於訓練與經驗，大多數的角色是贏得的而非規定的，是以異質性為主的有機連帶（organic solidarity）。社會的集體意識並不強烈，是微弱、模糊的，連帶關係中個人意識較集體意識突出，個體性也較高。

依據風俗約束力大小，社會可區分為神聖的和世俗的。神聖社會用各種方法對其分子加以控制，抗拒新奇的事物，認為舊有的或傳統的事物最有價值，阻礙甚至反對革新。這種社會通常在地理、心理及社會各方面是孤立的、小型的；社會關係是以血統、友誼及鄰里為主要根據，沒有嚴謹分工存在，生產方面實行學徒制，老人地位重要。世俗的社會則相反，人們受的教育程度高，對新奇事物的抗拒力低，對生活各方面的變化樂於接受，社會流動性大，工作專業化，個人主義及國際主義盛行，法律與理性占有重要地位。整體而言，老人所處的臺灣社會持續朝向世俗，由一元而多元，由控制到開明，動態變化。

貳、社會變遷的概念與研究方法

社會變遷（social change），從狹義解釋，是指有關社會結構的重要轉變，包括社會規範、價值體系、社會制度、社會關係等的改變。從廣義解釋，社會變遷是個人、家庭、團體、組織、社會乃至人類整體在各個層次、各種社會現象上的改變。對老人而言，社會變遷造成人際互動與社會關係的劇烈改變。

變遷是一個很複雜又很細微的現象，社會變遷的研究主要牽涉到：(1)研究分析的單位；(2)因果關係的建立；(3)要說明的變遷範圍與程度；(4)時間；(5)變遷的方向；(6)計畫變遷或非計畫變遷。在臺灣，中研院社會學研究所持續進行「社會變遷基本調查計畫」，近年已進行到六期。調查的範圍廣泛，例如第一次調查報告中就有宗教行為、傳播行為、經濟態度與金錢行為、宗教行為與態度、人際關係與溝通、休閒活動與態度、教育價值與態度、家庭功能、道德觀念、生活感受、心理需求、心理健康、求醫行為、民主價值量表、政治行為與態度、家庭結構、就業狀況、居住環境等指標（中研院社會學研究所，2010）。

在與老人特別相關的家庭主題是第六期第三次調查的重點，有關家庭的指標包括：家庭結構與背景、家庭價值、性別角色、婚姻觀、生育價值、奉養與居住安排、代間交換與支持、代間關係品質、教養方式、親職感受、親子衝突與因應、家務分工、家庭決策、婦女工作與就業、婚姻調適與滿意等（中研院社會學研究所，2013）。

這樣的調查研究方法是選出具有代表性的一群人（稱為樣本），系統地蒐集民眾的行為與態度。並自調查的對象中，依科學原理，抽選一部分的人加以調查，而以此部分的資料推估整體情況。全部資料就是母體（population），抽出作代表的一部分則是樣本（sample）。從這些母體中，依地區或其他方式選出的一部分，就是樣本。樣本調查可以節省經費

和時間，而如果抽樣的方法符合科學原理，也符合母體的特性，則結果就可靠。利用選樣法，雖然會造成誤差（error），但誤差是可以計算出來，所以不致於損害調查結果的準確性。

為了探究老人在社會中的狀況也採用以下研究方法（Jamieson and Victor, 2002; Settersten and Angel, 2011）：

1. 內容分析法（content analysis）：是以報章雜誌、書籍或電訊等資料的內容來做客觀和系統性分析。常用的資料是報紙與雜誌的內容，從這些內容，可以比較不同的老人政策，也可以觀察與老人有關的議題。

2. 區位學方法（ecological research）：用社會基圖（social base map），研究社會現象在空間之分布與動向的基本設計，此方法注意地理現象與人文現象。

3. 實地觀察（field work）：也稱為觀察法或田野工作。實地觀察老人的實際生活狀況，以瞭解其問題的方法。

4. 敘事研究（narrative research）：「敘事」是過去特定事件的故事，這些故事有某些的特質。敘事有明顯的開始與結束，也可以由論述中抽離出來，而不是一個固定式的事件。這是訴說的方式，任何使用或分析素材的研究都可以用來作為敘事素材的資料，包括文獻探討、日記、自傳、會談、訪談等所獲得的口述生命故事等。

5. 生活史和生活史法（life history and life history method）：老人的社會歷史或心理的紀錄，可從面對面的訪問、信件或文件中獲得。生活世界（life-world）指日常對現實的看法中的「自然態度」，包括「不僅是經歷過的『自然』世界……還有社會世界」，社會現象（social phenomenology）的主要任務是揭示這種社會生活的「自然情境與行為者社會能力」的基礎。生活世界被視為當然的日常特性

是最突出的。「知識的庫存」（stocks of knowledge）和社會行為者對日常行動所用的「詮釋模式」（interpretive schemes）。

老人的人生伴隨著臺灣快速的變遷，對於社會變遷的看法應多加探討。老人因為人生經歷豐富，人生的道路走了好久，特別有體會。一百多年來，臺灣社會經歷了許多獨特的經驗，有人以「臺灣奇蹟」來形容。怎麼解釋這些變化呢？

有些看法可用Moore的概念來歸類。例如多數老人認同進化的角度，又分為：(1)單線進化論，變遷持續以穩定軌道持續進步，但在實際社會現象中並不存在；(2)階段式進化論，認為社會進步並不是持續不斷的，而必須有某種「突破」（breakthrough）才可帶來新的變遷；(3)不等速進化論，認為人類歷史固然是漸進的，但速度並不均等；(4)循環式進化論，有高低不平的變動，但基本的變動方向是朝上、是進步的，認為人類文明史基本上是「成長—發展—成熟—衰退」的循環過程；(5)枝節型進化論，強調社會的多元，有的進步、有的停滯、有的退步；(6)複利式成長論，認為社會現象的成長有時像存款上的複利，如滾雪球般愈滾愈大。工藝技術的發明可能也有此種變遷狀況。

也有些抱持倒退論的觀點。認為人類文明的黃金時期已過，目前是不進反退。另一些老人認為人類文明並沒有任何顯著的進步，日光之下並無新鮮事，變遷只不過是重複以往已發生過的事。

參、老人的角色緊張與衝突

在劇烈的社會變遷中，無數老人面對角色緊張（role strain）與角色衝突（role conflict）。文化傳統的五倫，包括父子、君臣、夫婦、朋友、兄弟，近年來加上個人與群體間建立合理關係的「第六倫」，也就是「群己關係」。群己關係要求人人守本分，做合乎道德的行為；並非要犧

牲自身的利益，而是要求不侵犯別人的利益。

很顯然的，這樣的價值與人際關係未必適用於快速變遷的21世紀，老人面對著各式各樣的角色緊張與角色衝突。多數現代人的角色都在增加，不同角色各有職責，都要承擔義務，常出現角色緊張，甚至是角色衝突。角色衝突又可分為兩種類型，即單一角色內衝突（conflict within a single role）與角色間衝突（conflict between roles）。角色內衝突，是個人履行角色時對情理難以兼顧，或兩個以上團體對同一角色有不同的期待，無所適從。

角色衝突的原因，十分複雜，主要有以下八項（彭懷真，2012）：

1. 履行角色的條件準備不足。角色是「活到老，學到老」的，個人在一生中每一階段的經驗是另一階段的有效準備，若未適當準備，就易形成下一階段的角色衝突。
2. 社會要求不一致。社會對個人行為要求或角色期待往往不一致。例如在安養機構中希望老人能自主，卻又壓抑老人的自主性。一個老人處在不同的機構中，各社會機構之內和機構之間的要求互異，易造成角色衝突。
3. 社會變遷迅速，價值觀念瞬息變異，社會缺乏指導角色權利與義務的一致標準。
4. 角色人格與真正人格衝突。每一角色需要一連串的人格特質，這些人格特質若與個人真正的人格特質不相符合，無法調適，就造成角色衝突。例如照顧孫子孫女，須依照政府所規範的標準又要考慮兒子媳婦的感受，如果照顧者的真正人格缺乏應付的條件，對於履行的角色就無能為力，或不願意在複雜關係中委曲求全。若無法離開，也得面對「角色與真我」差異的考驗。
5. 個人占有兩個或多個地位，角色的責任或義務可能產生衝突。

6.不能或不願付出爭取成就地位的代價者，容易造成角色衝突。

7.處於兩個不同文化系統或兩個不同社會團體邊緣的邊緣人
　（marginal person），常感覺不知何去何從，對任一文化難於抉
　擇，亦是一種角色的衝突。例如60幾歲的人，說老不老，卻也不年
　輕，常感覺矛盾。

8.不同角色間無法順利轉化或轉移。例如，接受一種新角色，必須放
　棄舊角色的關係或權利與義務，若不願放棄則可能妨礙全面接受新
　角色。這種現象在剛退休時最容易出現。

　　角色衝突的個人會有什麼樣結果？問題的關鍵在於個人是否將角色
衝突內化。對於角色衝突，有的人不知道，有的人知道而不受其干擾，也
不感覺來自社會不同層面的壓力，因而既不痛苦亦不緊張。如果他無法瞭
解不一致的存在，自然就不會遭受角色衝突的痛苦；如果瞭解自己正處於
不相配合的角色中，但仍未感受到困擾，也不會有角色緊張。但是，如果
個人將衝突內化，就會感到緊張，結果也可能引起行為不正常、犯罪或
生病。

CHAPTER **3**

文化與傳統

在所有社會學的主題中，最貼近老人的是「文化」。透過文化才可能認識老人，少了老人也無從認識文化。老人都是「文化人」，老年階段承載著豐富的文化，又創造出新的文化。

文化是老人所有社會行動的準繩。小到每一個動作裡都有文化的痕跡，大到200多萬老人的共同之處也是文化。最小的文化單位是「要素」，許多要素串成結叢，各結叢組合成文化模式。

臺灣老人生活環境的文化模式舉世無雙，主要是中華文化的底，加上一些日本文化、美國文化。中華民族以農立國，人際關係最重要，待人處事注重「禮義廉恥」，尤其是「恥感」。農村孕育的鄉民性格是多數老人的核心性格。生活節奏與習慣處處是深厚的農業文化，如看重農曆年勝過跨年活動；家族是命脈，為了光宗耀祖而打拼，財富主要留給兒子；看重命運與風水，愈到晚年愈訴求與大自然合而為一。

吃在中華文化具有全面影響力，人口就是用「嘴」的數目來算的。講到吃，老年人的手藝具有壓倒性的優勢。其他三百六十行，老人的經驗與技術都是寶。在多元化與全球化的時代，老人依然創造文化，是重要的貢獻者。

第一節　文化是老年的準繩

壹、文化模式

文化（culture）包括在社會中所有的知識、信念、美術、道德、法律及習慣等，是人們在社會中所習得能力的整體。文化塑造了老人的生活方

式、工作退休、金錢使用、價值態度（Vierck and Hodges, 2005），文化是廣泛的，其中「文化模式」對老人的影響非常深刻。文化模式（cultural pattern）指文化各部門所構成的全形，亦即相關的文化要素（cultural element）構成文化結叢（cultural complex），各文化結叢是經過有秩序的整理後所得到的文化全貌（黃道琳譯，2011）。不同的社會有不同的文化模式，不同的社會根源於不同的「文化基礎」（cultural base）（Macionis, 2008）。

　　老人經歷到不同的文化模式，在年幼到成長的階段，面對有相當差異的文化模式（Denise, 2010）。年輕時主要是我國固有的文化模式，文化結叢如農村經濟、家族主義、祖先崇拜和注重倫理，但當代的模式則受到美國文化的影響，美國文化的模式主要特徵是資本主義、工商都市社會、個人主義、核心家庭、民主政治和注重科技。

　　文化內容主要有物質文化（material culture）與非物質文化（nonmaterial culture），前者指人們所創造出來與使用的器物，小自筷子、大至101摩天大樓等。年輕世代比較重視物質文化的影響力，強調「物質」「存在」，「生產方式」的力量為下層結構（infrastructure），認為物質在人類歷史具有決定性的作用。老人則通常注意到「形而上」的思想、風俗、價值、信念等非物質文化的力量。非物質文化包括兩種成分：規範文化（normative culture）和認知文化（cognitive culture）。規範文化指用來約束人們社會互動的規則與標準，包括民俗、民德、法律等。認知文化則是一個社會所擁有，為大家所共享和瞭解的思想實體，包括語言、象徵、知識、信念與價值等（林瑞穗譯，2006）。例如邱天助（2007）從符號學的觀點進行西門町老年人文地理學的探討，是具有本土性的論述。

　　物質文化和非物質文化在變遷方面速度不一，常常是物質文化先改變了，而非物質文化則改變得慢。Ogburn及Nimkoff（1955）物質與非物質文化特質不等速的變遷所造成的差距稱之為「文化差距」（cultural lag）。在臺灣，由於社會變遷特別快速，處處可以見到「文化差距」及相關的紊亂現象，讓無數老人感嘆難以適應。

Murdock（1949）致力於不同民族的比較研究，發現下列特質幾乎是每一個人類社會都存在的；這些文化特質分為以下五類：

1. 有關宗教的：如神明、來世論、信仰治病、魔術、宗教儀式、靈魂觀、超自然干預。
2. 有關年齡時間的：如年齡、曆法、親屬排名、節慶、用餐的時間、青春期習俗。
3. 有關婚姻家庭的：如求婚、家庭組織、亂倫禁忌、繼承法、親族團體、親屬排名、婚姻、婦女生產、生殖器官的禁忌、產前規矩、產後的療養、性的禁忌、餵奶等。
4. 有關社會關係的：如社會組織、好客、愛開玩笑、社會地位不同、勸解糾紛、財產權處理、探訪等。
5. 其他。

這些文化特質的內容，都是經驗所累積出來的，如果要問哪一種年齡的人最瞭解，答案當然是「老人」。老人與文化緊密相關，但老人未必只呈現主體文化的內容，老人適應環境的狀況較年輕人困難，因此會導致老人之間的互動較老人與其他年齡者互動較多，老人與老人較容易談得來。從次文化論（subculture）的角度，老人因為生理機能逐漸衰退，成為一群弱勢團體。老人常被排除於勞動市場之外，並剝除了某些重要的社會角色，加深了與社會的隔離，這樣次文化的出現其實帶著無奈與困境。

老人的價值、觀點、態度與行為，與傳統比較接近。五倫的思想在長輩的心中是常態，也使每一個人在此架構中有了位置，然後按位置去判斷。朱岑樓（1972）說明：「人生不能離開群體，有群必有倫。人倫就是正常的人際關係，人際關係種類繁多，五倫是綱本。一本立，萬事通。

倫是類、比、序、等，類而相比、等而相序。」所以，君臣、父子、夫婦、兄弟、朋友等基本關係要以「親、義、別、序、信」來互動。五倫有如社會結合劑（social cement），將個人的手段與社會的目的連結起來。

用五倫去判斷是保守而安全的作法，長輩多接受「不貿然行事」的中庸觀念。某個人被評量時，一方面需考慮所作所為是否合宜，同時得考慮對方的關係網絡。如果某個人對上不忠心，對父母不孝順，即使成功了，也不會得到好的評價。相對的，一個人守本分、有禮貌、是孝順的，即使沒有顯赫的成就，也會獲得好評。黃光國（1988）分析儒家文化指出，人生最重要的職責是對雙親盡孝、照顧與自己有親密關係的人。家庭內人際關係的維持和增進是人生的目標，而不是手段。

貳、恥感取向

要瞭解老人的文化態度（cultural attitude）才知道老人如何看這個世界。人們的態度由社會文化陶冶而成，是後天學習的，是社會文化的產物。態度的形成與文化傳統、家庭環境、學校教育等因素都有關。老人的文化基礎展現在對自己與對他人的看法，與年輕世代有很大的差別。文化來自前人的智慧，各經典傳遞昔日的智慧。全世界最暢銷的書籍是《聖經》，《聖經》中有五卷是智慧書：約伯記、詩篇、箴言、傳道書、雅歌。無數人都因這些作品得到莫大的安慰。詩篇中寫的最多是大衛王，箴言與傳道書裡充滿對人生的提醒，主要都是由所羅門王所整理。箴言蒐集了六百多句許多哲人的智言慧語，以對照、類比來表達，有許多內容是中東與埃及的格言，彙集了道德和宗教的教訓，立身處事都可以受益，包括如何長壽。對朋友忠誠、對人謙虛、處事周到。

在我國也有許多格言顯示文化的智慧，有些格言對「老」是負面的，如「操心易老」、「生氣催人老，歡樂變少年」、「笑一笑，十年

少;惱一惱,老一老」……。傳統中國人的性格是淡泊、安靜、隱藏、平常,許多讀書人都以此當作人生修養的目標。平日就安靜少動作、不急躁、不爭取名利、不追求財貨,不結黨營私,如此在家族中多些和平、鄰里社區間少有衝突。無數老人都喜歡這些傳統的性格,期待安穩度日。

以規範(norms)來看,規範是社會公認的行為標準,提示人們哪些可行哪些不可行、適當和不適當行為的共同準則,也指在人際關係上遵循的準則。如敦親睦鄰、兄友弟恭、尊敬長輩等都是中國社會強調的倫理。在某一文化環境中長大的人,在生活習慣、言行態度及價值觀等方面,傾向於接受本土文化,此種狀況稱為「文化心向」(cultural set)。朱岑樓(1972)分析罪感社會(guilt society)促使人們培養罪感取向的人格(guilt-oriented personality),恥感社會(shame society)促使人們培養恥感取向(guilt-oriented personality)的人格。

罪感社會來自西方,西方受到基督教與天主教的影響,注意「罪」,罪是人未能達到上帝的標準。西方社會的發展是重視法律,年輕人與成年人漸漸愈來愈注意法條,法律是一種重視形式規則的規範,在乎的是「有沒有犯罪」,發展出來的是「罪感文化」。

黃光國(1988)指出,儒家根本沒有原罪的概念,所謂的「罪」是冒犯傳統權威、父母、祖先、上司,以及違反風俗或傳統儀式或社會秩序。個人修養德性的目的是在追求今生今世的長壽、健康和財富,以及身後不朽的名聲。中國文化傾向「恥感文化」,古代經典一再把「知恥」作為為人處世的最後底線,而「禮義廉恥」以「恥」字作為歸結。道德在乎的是「有沒有羞恥」,會在乎別人怎麼說、怎麼看、怎麼議論。以外在社會因素和標準規範所制約、支配,由別人左右著自己的行動。長輩們的一舉一動常常考慮他人的看法,每次外出都得慎重。

我國受到儒家的影響,注意「恥」,恥是考慮其他人反應之後的作法。恥感取向緊緊控制一言一行、一舉一動,心中時時有他人的存在

（而不是「上帝」的存在）。在行動時，腦中首要的考慮並非「什麼是什麼」（what is what）此種事實的問題，常考慮「誰是誰」（who is who）的問題。對不同的人有不同的評量標準。恥感文化依靠外部的強制來行善，「恥感文化」社會的人依照外人的觀感和反應來行事，是注重廉恥的一種文化心態。

若他人對自己行為的反應和評價不佳，作為主體道德良心的超我便會產生恥感。一個人感覺自己的行為是他人所敬仰，為群體所欽佩，以產生榮譽之感。「千夫所指，無疾而終」的羞恥心是恥感文化維持社會倫理的重要方式。但此種觀念在21世紀，已經不再普遍。

參、鄉民性格

許多人會覺得老人家「食古不化」，這種觀點有待商榷。人們有一種以本身文化標準來衡量其他文化優劣點的心態傾向，通常以自己團體的行為、信念、價值和規範，認為是唯一正當的生活方式，並以這些標準來評判他人，此種現象稱為「文化中心主義」（ethnocentrism），老人可能有，年輕人也可能有。文化是每一天有形或無形支配影響人們的規則。規範的內容屬於文化的元素或文化的要素，規範是共享的行為法則，指導個人在某種特定的情況之下，何者該為、何者不該為，是個人在特定情境中必須遵循的行為標準。價值藉由規範滲入行動之中，因此規範是實現團體目標的工具和人們行為的藍圖。老人通常都在藍圖的範圍內做選擇，以符合外界的期待。

規範可分為非制度化與制度化兩類：前者是民俗（folkways）與民德（mores），後者是法律（law）。民俗是一個團體中普遍的、比較標準化的習慣行為或活動方法，賞罰規則不明確、規定不嚴格。民俗也可以視為人們日常生活中不假思索的風俗和習慣。民德則是含有正當的、福利觀念

的民俗，指明哪些行為該為或不該為；通常違反民德的行為是不被允許的。民俗與民德自然形成，沒有正式的機構來執行，實際上是由公共習慣所形成、維持與實施的。法律則是嚴謹的規範，由國家制訂。老人比較注意民俗與民德的力量，視之為生活的準繩。

規範反映社會的價值，又透過符號及語言來傳遞，這些都屬於「認知文化」。價值是人們判斷行為和選擇目標的準則，也是團體所分享的文化理想。每個社會所著重的價值不盡相同，有的特別看重整潔，有的著重誠實，有的強調自由、民主和平等。例如，美國社會有以下的主要價值取向，包括：成就與成功、活動與工作、人道主義、效率與實際、進步、物質享受、平等、自由、順從規範、科學與理性、國家至上、愛國主義、民主、個人主義等（文崇一、蕭新煌，1988）。

魏吉助（1999）分析臺灣人的風俗與節氣，無數人看農民曆過日子。中研院社會學研究所進行「社會變遷基本調查計畫」中在價值觀方面，特別注意父權制、父權概念、性別角色、集體主義、內團體傾向、對權威的服從、避免風險等指標（中研院社會學研究所，2008）。我國的傳統價值，是以尊重四維八德的道德價值來謀求社會的和諧。在認知方面，以儒家傳統為主，形成個人或群體的人生觀和宇宙觀；在經濟方面，重視農業，發展家族資本；在政治方面，強調權威，保障統治階層的利益；在社會價值方面，主張追求功名以取得向上爬升的機會；在宗教價值方面，用泛神及祖先崇拜以達天人合一的境界；在成就取向方面，鼓勵人們能成為官員、仕紳或地主（費孝通，1946；文崇一，1972）。

在重視民俗與民德的規範要求下，培育了老人的主要性格。孫隆基（1990）探討中國文化的深層結構如何塑造了人們的性格與想法，他發現：「社會」對「個人」具有權威主義的籠罩，人格是自我壓縮的，「個人」觀念並不發展。曾炆煋（1972）等從人格發展的觀點分析我國的普遍性格，與西方人民比較，我國人民在各方面的特點如下：

1. 對自我的觀念：在人前不炫耀自己，不過份主張己見，力求謙虛。按照環境作自我反應，是「環境取向」，不作自我的絕對主張。
2. 人與人的關係：透過人情關係，作連續性相互依賴。尊重權威，按照上下角色決定權力所在。力求在家庭裡維持良好關係。
3. 人與宇宙的關係：認為人只是環境的一小部分，宇宙有一定的道理，人必須學習去適應而非征服。
4. 對時間的態度：懷古、重傳統，不喜歡變化，力求連續與恆久。
5. 對行為的要求：容易妥協、反對極端，主張中庸，不公開表露情感。

多數長輩符合這些描述，根據這些特點來觀察老人的行為會準確一些。「孝」之一字在尚書出現九次，詩經、論語十七次，孟子二十七次。孔子與曾子用對話來詮釋「孝」而成的孝經，在開宗明義章說出了孝有「至德要道，以順天下，民用和睦、上下無怨」的功效（蔡漢賢，2010）

老人從事農業的比例較高，比起年輕世代有較濃厚的「鄉民性格」（peasant personality），費孝通稱傳統中國的本質是「鄉土」，鄉土孕育的性格與西方文化孕育的截然不同。我們常常看到許多長輩謙和待人、態度從容，難怪如此長壽又優雅。長者們受到中華文化裡儒家所影響，充滿「仁」的觀念。文崇一（1972）分析這種態度的要素有：(1)節制自己，遵守社會規範；(2)處處替別人設想，己所不欲勿施於人；(3)用謙和的態度去建立人際關係，如愛人、恭敬、寬大、誠實等。因此在社區、在社會福利機構、在醫院、在宗教體系，常有無私奉獻的高齡志工，熱心助人。

許多老人的行動看起來緩慢，處事瞻前顧後，其實是考慮周全之後的決定。文崇一（1972）稱之為「以處境為中心的集團主義」，包含道德

規範、家族主義與地方主義。「處境」（situation）就是情境，老人考慮情境後再採取適當的行動，既要符合道德規範，又要顧慮家人與鄰居的感受，當然是保守的。

第二節　傳統決定老人的生活節奏

壹、新年或農曆年？

生活形式（life forms）是以語言為基礎的多樣性社會實踐，構成了社會生活的特徵，所有的社會行動（social action）都與語言和社會脈絡有關。社會學的主要任務是對特定社會，或社會運動的特殊信念與實踐做出意義性理解與解釋。任何人的生命歷程都在文化的架構之中，老人漫長的生命歷程更是天天受到文化的影響與塑造。老人生命的舞台是在文化的環境裡，從內在的想法到外在的行動都是文化建構的。任何的人際關係都是義務與情感的連結，又受到習俗及社會化的約束。

就以「過年」這充滿文化意義的活動來說吧！每逢12月31日，無數年輕人參加跨年的活動，老年人則多選擇按照日常的習慣，按時就寢。但到了農曆年，老人就特別看重。老人家的生活都是文化，未必都是現代社會裡的。老人未必看日曆，多數常查閱農民曆，未必看時鐘或手錶，但每天都知道怎麼過，每天的、每週的、每月初一十五的，都有該配合的活動。

近年來，跨年與耶誕慶祝活動似乎有取代農曆年的重要性的趨勢，西洋節日熱鬧程度遠超過中秋與端午等傳統節日。農曆春節代表一種舊的傳統，如果用新舊的概念，年輕人喜歡新，並不喜歡舊，新裡面有新鮮有新奇，有如全球化的一個浪潮，所以跨年活動在全世界都成為一個很重要

的活動。農曆年則代表了原有人際關係的緊密連結，而這個緊密的連結正是現代人比較抗拒的，因為現代人喜歡的是「相交滿天下」，並不見得要「知心有多人」，覺得透過網際網路，在不同的部落格裡面，不同的互動系統中能夠參與，就很好了。農曆年裡主要是與舊有的親友連結，常常是甜蜜的負荷，要考慮到很多負荷，這負荷是親人關係中複雜又動態的恩怨。

　　跨年則是「集體行為」，充滿歡樂與感官娛樂。農曆年等中國節日則是「家庭行為」，以親情為重，親情固然溫馨，且無可取代，卻也總有些緊張與壓力。愈來愈多人不喜歡過農曆年，中秋與端午也未必回家，就是為了抗拒面對家人的壓力。農曆年等傳統節慶維持著「天長地久」的長遠關係，表現的是家族綿延。跨年則是參與「曾經擁有」的短暫相聚，表現的是現代甚至是後現代的連結，輕薄短小、暫時相遇、無需負擔。參加跨年，不必付出太多，既可享受各種聲光效果與歡樂場景，也可抒發焦慮、宣洩感情、尋求新經驗，有嘉年華會和搖滾音樂節的味道，可以忘形地表現自己。過農曆年、中秋或端午，則要付出時間與精神，擔心自己的表現，面對種種血緣關係，讓許多年輕人心生抗拒。

　　許多老人會認為，雖然跨年是歡樂的，但是欠缺深刻的愛，無法真正取代過農曆年。輕薄短暫的人際關係絕不能取代一生一世的家人關係，至於他們的子女或孫子女則未必認同這樣的想法。他們可能約了去泡湯，去吃個下午茶，用其他的方式來過年，規避緊張的家人關係。

　　當代老人生活在「中西合璧」的文化環境中，這樣的情況稱為「涵化」（acculturation），接受新文化特質而將其併入本身原有文化的過程。在東西文化長期交流後，一個文化將另一個文化引用過來，並加以融化使用的過程，持續適應（adaptation）對於新環境重新認知，並使自己納入。老人在對社會文化環境中能不感覺困難，其行為表現不自覺地符合社會文化的要求，這稱為文化適應（cultural adaptation）。

貳、財富及傳承

當代老人多數重視「開源節流」，開源靠多工作，節流則須少花錢。H. Kahn（1979）分析儒家思想的文化特質，促成人們獲得經濟上的成功，這些特質包括：(1)家庭內的社會化過程，特別強調自制、多接受教育、學習技藝，尤需以嚴肅的態度對待工作、家庭及義務；(2)協助個人所認同的團體；(3)重視階層，視之為理所當然；(4)重視人際關係的互補性，增加知覺到的公平感。

絕大多數的老人在這樣的文化薰陶中成長、努力、付出，成為社會安定的基石。臺灣在戰後的快速發展，成為「東亞四小龍之一」，與長輩昔日持續的付出密切相關。「多給、少拿；多賺、少花」的信念與作法，讓家庭財富得以累積，使國家經濟得以有足夠的財力支撐（Kahn, 1979）。

根據儒家文化，黃光國（1988）發現，財富既是維持個人尊嚴的基礎，又是追求人格完美的重要手段。節儉的目的就是要儲蓄錢財，以支應生活中婚喪喜事的各種開支，並博得人們的尊敬。在這種考慮今世的功利主義（worldly-minded utilitarianism）之下，中國人發展出一種錙銖必較的算計心態（calculating mentality），力求自給自足的克勤克儉。

對老人而言，一輩子辛苦打拼的目的是讓自己在家族的歷史中留下好名聲，對上能光宗耀祖，對下能照顧子孫，自己的享受並不重要。努力付出是希望能多留些財富給子孫，而不是捐出去。這與西方的觀念不同，在美國，捐款最多的排行榜與富豪排行榜有很高比例是同一批人。有錢人捐款龐大，以各種方式捐助。例如比爾蓋茲將絕大多數的財產都捐出，他和巴菲特還到世界各地鼓勵富翁不將財富留給後代。但在臺灣，富豪即使捐款，最常見的是捐到自己企業所成立的基金會，多數人還是把大批財富留給子女。相對的，像臺東賣菜的陳樹菊這樣平凡的菜販倒是很大

方（蒼弘萃，2011）。還有許多榮民省吃儉用一輩子，大大方方盡其所能捐款，愛心極大。

多數人相信「各人自掃門前雪，莫管他人瓦上霜。」這樣看來是自私的心態，但可能是符合現實的安排，每個人的資源有限，無法只為他人而犧牲自己。多數老人在金錢「只出不進」的限制中，通常保守，對於外人的關懷通常採取「差序格局」的方式進行，優先考慮家人（尤其是兒子），然後按照關係的親疏近遠，給予資源協助。

參、風水及世家

有人會覺得老人家的禁忌（taboo）特別多，這些是風俗習慣禁止去做，且帶有神祕意味的行動。以《風水世家》連續劇來看，該劇收視率高，播出時間長，顯示了某種社會意義。無數的老人持續收看，注意著劇情的演變，顯示老人對這方面的注意。製作單位將「風水」與「世家」結合，透過兩者之間的微妙關係，創造高收視率。

「一命二運三風水四積德五讀書」是流傳已久的觀念，很多人對此種說法並不反對。讀書固然可貴，還是要廣結善緣、積德處事，也認為要尊重風水，如此或許可以有比較好的運氣，進而知天命。黃光國（1988）解釋：儒家追求「天人合一」的境界，又包容陰陽五行之說，以及由此衍生出來的算命、卜卦、風水、中醫、中藥等，使我國保存了一些道家的「巫術花園」（magic garden）。

風水是中國人一種傳統的宇宙觀，對自然與社會存在關係提出看法。李亦園（2010）整理人類學大師de Groot的看法如下：「風水是一種擬似科學的系統，被認為可以教人在何處及如何建造墳墓、廟宇及住屋，以便祖宗、神明和生靈可以在自然庇護下各得其所。這種觀念普見於典籍，認為世上的人都生活在天地的絕對支配勢力之下，每一個人要保持

所期望的幸福，就必須與這一力量調和。」

　　風水是「神秘生態學」（mystical ecology）的一部分，生態學的重點是人與環境的關係。風水多了些神秘的色彩，主要可分為「陰風水」與「陽風水」。陰風水（墓地）與孝的觀念密切相關，認為父母與長輩的墓地安排要配合自然環境，如此逝去的長輩可以保佑自己及子孫。陽風水是房屋、廟宇等的生活場所配合的自然環境，考慮到空氣、水流、土地等因素。

　　風水只是中國基本的宇宙觀系統中的儀式性手段，它之所以長久持續於現代社會之中，因為它滿足了人們的認知欲望。這是藉著本身的力量以維持社會與自然，以及人際之間和諧關係的儀式行為（李亦園、楊國樞編，1972）。

　　尊重風水然後安排各種秩序，在考慮風水時的儀式行為成為家族綿延的表現。子孫安葬了長輩之後，掃墓等追思活動一方面表現孝道，一方面成為家族成員共同參與的活動，可凝聚家人關係。在活動中，老人的地位明顯高於晚輩，老人是家族延續的指標，在快速變遷的大環境中，這樣的家族活動凸顯老人的地位。

　　「世家」的意義主要有三：(1)歷史學中關於諸侯的傳記：如司馬遷《史記》中有〈魯周公世家〉、〈齊太公世家〉等；(2)門閥：魏晉以後對門閥的俗稱；(3)頗具聲譽的家族。在傳統社會裡，能夠成為「世家」，家族的地位高於一般人。但在這部電視劇裡，就沒有這麼明顯的意義。

　　《風水世家》是民視接替《父與子》的連續劇，顯示「父子倫常」依然是臺灣社會的主軸，但增加了部分女性的角色。老媽媽是家族的靈魂人物，她所生的兩男一女各自又生兒育女，另有幾個家庭彼此之間有各種恩怨情仇。兩位風水師發揮催化角色，但不是主角。這些家庭中只有浩大集團、鍾家算得上比較顯赫。在臺灣，歷史不如傳統中國長遠，世家的規

模難以與諸侯、門閥相比，無法一概而論。

由林耀華著，宋和翻譯（2012）的《金翅：兩個傳統中國家庭的興衰故事》一書，是以小說題材呈現人類學研究的書籍，所探討的是在福建鄉下的兩戶人家的興衰過程，兩家都是先從貧困中發達，但其後一家卻日漸衰落，另一家儘管遭逢考驗、也曾中落，卻始終能夠克服、中興。對於這樣的故事，許多人喜歡附會於「風水」，以「風水」或「德行」說明一個人為什麼會發達、或為什麼會衰微。「金翅」就是風水寶地的名字。但是，黃東林家族的發達果真憑恃於福地「金翅」嗎？若是，同樣擁有好風水「龍吐珠」的張芬洲又為什麼會步步走向衰敗呢？

作者林耀華提出的答案是「人際關係」，他將中國社會複雜的人際關係網絡形容為「橡皮筋」和「竹子」的關係。這樣複雜緊密的關係網絡或系統，就像一捆用橡皮筋綁著的竹子，只要隨機抽出一根竹子，都影響其中的均衡。每個人都影響系統，系統也會反過來影響每個人。在一般的情況下，系統是處於平衡狀態，但如果受到外界的刺激，就會產生相應的反應，而等到刺激除去，則又重新回復到平衡的狀態。但有時候，外界的刺激過大或時間過久，系統也有可能會無法回復到原先的平衡，只好靜待新的平衡。平衡狀態又不可能永久保持，改變乃是一連串的過程。各家族裡的生活就是在平衡與不平衡之間擺盪著。這道理，年長者比較瞭解，總是奉行。

是什麼力量使系統得以「平衡」呢？首先，是系統中的人際互動如果能維持常態、彼此合作，就可以處於均衡的狀態。其次，均衡還需要彼此的適應，而人的適應能力又受到技術、活動、符號和習慣等文化因素所影響，文化因素對於人和環境、他人的互動，十分重要，能互相適應就能夠維持系統均衡。

各種外在力量破壞系統的均衡，如物質環境改變就會促進技術的改善，進而影響系統中適應的關係。又如技術的改變、個人的改變與外在系

統的改變。外在系統的改變除了會改變系統內的人際關係，也常波及這個系統的所有其他成員。

在作者林耀華的著作裡，他歸納出一個中華文化的道理：黃東林的個人適應能力較佳，在不同時期結識了不同系統的人，人際關係處理得較好，同時對於新技術保持開放心態，持續努力，因而有了與張芬洲家族截然不同的「命運」。

第三節　老年創造文化

壹、吃喝中展現文化

Benedict（黃道琳譯，2011）分析最主要的文化基礎有五：(1)文化遺業（cultural heritage）：是前人所累積並傳遞下來的各種文物或典章制度；(2)發明（invention）：所有新文化的創造與發明；(3)採借（borrowing）：透過文化接觸與傳播，借用其他社會的文化；(4)前三個來源的修正（modification）：將文化遺業、發明和採借三部分加以修正以改變文化的某些形態，截長補短來配合自己的社會狀況使用；(5)涵化（acculturation）：社會將新文化特質融入自己生活中的過程。文化經由創新（innovation）或傳播（diffusion）而來。老人承接了種種文化遺業，又創造出新的。

老人不僅承繼文化與傳統，在文化薪傳中扮演關鍵角色，更以各種方式締造新的文化形式。最明顯的，「民以食為天」，在無數的家庭之中，老人家以做菜來傳承文化。阿嬤的菜伴隨著人們成長，在重要節慶這特別具有文化意義的時刻，「節慶食物」隱藏著各種文化要素，呈現秩序和比喻。如：(1)過年時吃年糕顯示年年高；(2)歲末的湯圓顯示團圓；(3)

清明的草仔粿；(4)七月半普渡用的粽子是關照好兄弟……，各種米食做出美食，更加入了深刻的愛心。

有些阿嬤主要做給家人，又會多做些分給家族的晚輩，再多做些給鄰居好友，是一種文化的傳承，也是人際連帶的工具。每一種食物，老人家細心準備，以包粽子來說，事前準備的功夫不少，首先買粽葉、洗粽葉、擦拭粽葉；糯米或煮或炒；各種內餡（鹹粽裡的花樣可不少）；綁粽子；煮粽子。即使要吃了，還是有很多花樣，甜的、鹹的各有不同調味料。

食物不僅是食物，配合著時節，充滿文化儀式的意義。Spiro（1966）認為，儀式與宗教信仰的持續是因為它滿足了三種欲望（desires）：(1)認知的（cognitive）：人們對於宇宙存在及社會事實企圖作合理解釋與滿足瞭解的欲望；(2)實質的（substantive）：人們對於克服日常生活中身體的、營生的、社會的所遭遇到的困難；(3)情感表達的（expressive）：對各種動機和驅力做合宜的宣洩與表達。在重要的儀式中，可以表達這些欲望。

貳、文化靠老人薪傳

「中華文化藝術薪傳獎」自民國82年起選拔，得獎者多數是老人。獲獎者在藝術、地方戲劇、戲曲、民俗工藝、綜合技藝、民族音樂、民族舞蹈、客家文化等領域有傑出表現，令人欽佩不已。在不同行業中，各有傳奇人物，讓後生小輩佩服。老人家的文化薪傳在「三百六十行」中都有，大致可分為：農業、作坊、商店、飲食、瓜果、小菜、攤販、花鳥、修補、娛樂、文化、服務、醫藥、交通、員工、苦力、巫術等。單單以農業來說就有：耕田、鋤草、腳踏車水、手推車水、牛拉車水、割稻、板網、捕魚、牧牛、養鴨、叉青蛙、捉棉花、紮棉花、採桑葉、剝蠶繭、紡紗、殺豬、狩獵、樁米、磨墨、繡花、成衣舖、湖絲阿姐、糊宮

扇、燈籠坊、草蓆坊、竹窗坊、竹編坊、草鞋坊、刀刺手腕、養豬（藍翔、馮懿有，2005）。

文化是政府所重視的，因此有「文化獎」的設置，不但行政院已經頒了三十幾屆，總統府也有各種的文化獎。各項文化獎的得主多數是年紀大的，超過65歲的占了很高的比例。

再看看諾貝爾文學獎的得獎名單，榮獲此殊榮的多數年紀頗大，平均年齡比起物理學、化學獎的得主要高出許多，經濟學獎得主的平均年紀比物理、化學的高，但比文學獎得主年輕。中央研究院院士是學術界人士都羨慕的目標，每兩年選舉一次。院士選舉分三組（2014年起增加工程組），每次當選名單，數理組的多半年輕，人文組的年紀則偏高，生科組則在兩者之間。可能的原因是數理看重創新的研究成果，人文學科則需要長期累積。

不僅在學術殿堂老人十分重要，在民俗文化的傳播上，無數老人都傳承了老祖宗與自身的經驗。對於大自然、人際關係等，常常能提出智慧的見解。為何如此呢？政策分析大師林布隆（Lindblom）指出，有學問的人很多，知識淵博的人有很多，但年長者總是能將知識以淺顯的方式，變成更為有用。在政策制定的過程中，林布隆教授的策略是發展「有用的知識」，將社會科學中的專業知識應用為能解決社會問題的決策（張世賢，1982）。許多老人表達能力好，總是能以清楚又明確的語言，配合絕佳的記憶力，將專業知識轉化成有用的知識。

專業知識要成為有用的知識，歸納林布隆教授的觀點有四個重點：合乎價值觀念、令人相信折服、盡量謀慮周詳、力求一針見血。年輕時，知識往往只在課本中，隨著年歲漸長，知識與生命經驗結合，漸漸累積出智慧。如同法國歷史學家布勞岱（Braudel, 1981）所說：「文明是過程而不只是情境，是航程，而不是港口。」文化不是固定的點，而是綿延的過程。老人家的人生經驗長、旅程久，累積的智慧多了。

民間的諺語常來自長輩的經驗，因此有「不聽老人言，吃虧在眼前」的說法。長者的話有獨特的味道，例如前司法院院長林洋港先生過世時，各界追悼，人們想到的盡是阿港伯的有趣。許多長輩的話，讓人難忘，人們品味他們所說的，還是津津有味。老人言詞的有趣，主要來自生活而不是來自課本。照本宣科、照稿子念，無法吸引人，分享生命經驗時，對方拉長耳朵。趣味來自土地而不是打高空的官話。趣味來自開朗的人，自己彆扭，說什麼都不對勁。趣味來自瀟灑，少了對權力的在乎，才可能有趣。趣味來自互動，只顧著獨白，聽眾沒興趣，願意傾聽及回應，滿堂彩。

阿港伯精彩的語言很多，稍加分析，有些來自比喻，如「法令多如牛毛」；有些來自古書，如「不忮不求」；有些來自想像，如「鐵窗業蕭條」；有些來自狡辯，如「司法像皇后的貞操」；有些來自多種語言的混合使用，如「臺灣國語」。共同之處是「意料之外」，不是按照預期的方式說明，讓聽的人難以預測。稍加品味，覺得特別。至於是否嚴謹周全、合情合理，就不是那麼重要了！

有趣的話出自有魅力的人，有魅力的人是：活力、真誠、樂於互動、對狀況敏捷、願意忍受挫折、容易適應環境並調適心境，然後自然自在說話、口若懸河、善於說服、有創造力、能整理概念進而說明。

參、多元文化的貢獻者

文化的特殊是社會分工的產物，常隨著年齡、種族、性別和職業而有所不同，有些文化的表現是某些特別的團體才有的。在一文化中，社會大眾普遍參與的成分，可以稱為「主體文化」（dominant culture），也有選擇性的參與，或是在特殊情況參與的文化，這種選擇性和特殊性參與的結果，常會產生次文化（subculture）；次文化指的是，某一團體的行為

模式，除了與大社會共享某些價值、信念和規範外，團體有一些有別於大社會的獨特之處。次文化主要有民族的、年齡的、職業的、區域的、宗教的、社會階層的與偏差的等七種類型。「老年次文化」漸漸受重視，在許多國家已成為社會科學研究的題材。

近年來，以老年人的說明為主要材料的研究及論述漸漸增加，「回想法」成為關心老人、鼓舞老人、記錄老人的重要方法（矢部久美子著，2002）。在正式學術研究中最廣泛運用的是「口述歷史」，這是一種搜集歷史的途徑，該類歷史資料源自人的記憶，由歷史學家、學者、記者、學生等，訪問曾經親身活過歷史現場的見證人，讓學者以文字筆錄、有聲錄音、影像錄影等，作為日後學術分析的材料。在這些原始紀記錄中，抽取有關的史料，再與其他歷史文獻比對，讓歷史更加充實、更接近具體的歷史真實事件。

在漫長的歷史中，人類為了生存而不停地運用各種形式的精神或物質工具改造環境，而這些改造後的環境又成為人類所要面對的新情勢。就像滾雪球一樣，文化不斷地變遷，而且變遷的速度也愈來愈快。在不同的地理區域、不同種族中，文化變遷的過程不斷發生，每個文化各有其價值與特色，當不同的文化存在同一個社會中時，這個社會就是一個多元文化的舞台。

臺灣顯然是一個多元文化的場域，老人是臺灣多元文化的參與者及貢獻者。在族群方面，有中華文化、閩南文化、客家文化、原住民族文化和新移民文化等。臺灣包容了中國、日本、美國等地的文化，又因為新移民的加入，使得東南亞國家的某些文化逐漸融入這個社會。

在宗教方面，有佛教文化、道教文化、基督教文化、天主教文化、一貫道文化、回教文化和民間信仰文化等。例如天主教傳到臺灣以後因瞭解臺灣人慎終追遠的情懷，入境隨俗同意信徒拿香紀念祖先，而基督教宣教士則利用提供醫療、教育、社會服務等協助來傳教。各種宗教信仰，各

有不同的文化表現，帶給臺灣老人多元而豐富的面貌。

　　不同的性別、年齡層、地區等方面，也都展現著不同的文化內涵，共同構成臺灣多彩多姿的多元文化風貌。這些不同的文化有所差別，但並無優劣可分，唯有秉持認識、接觸、承認、尊重、包容、欣賞與學習的態度，來相互對待，才可使臺灣的各項文化，獲得更順利的發展。多元主要來自差異，差異一方面呈現多元的面貌，但也可能產生一些衝突。這些衝突帶來了很多的傷害，需要以瞭解、包容、接納與妥協來化解。

CHAPTER 4

資訊化與全球化

在所有社會學的主題中，老人最疏離的可能是「資訊化」，但老人也必須因應身處社會中處處資訊化的考驗。出生在20世紀上半葉的人，在進入21世紀的第二個十年裡，經歷了都市化、現代化與全球化的種種刺激。這些變化持續而快速的運轉，讓老人目不暇給，有時難以適應。

資訊科技與網路帶給老人截然不同的處境，習慣面對面溝通的老人如今處處靠網路，從實體到虛擬，雲端主導著資訊的傳遞。推陳出新的傳播媒介雖帶來新鮮感，卻也帶來壓力。從鄉村到都市，從與大自然為伍到必須常和陌生人群打交道，從靠經驗到接收新訊息，老人面對是動態而複雜的社會。

工業與服務業取代了農業，成為經濟活動的主軸。都市取代了鄉村，成為老人主要的生活空間。龐大的安養組織取代了精緻的家庭，成為老人可能得因應的冰冷體系。西方所帶來的一波波流行時尚取代了傳統習俗，念舊的老人有時感嘆自己趕不上時代的步伐。

全球化的浪潮將老人帶到世界性的軌道中，天涯若比鄰，世界已經是地球村，老人要如何在地球村中立足，也是考驗。有些老人善用各種浪潮，爭取發言機會，推動各種改革，使社會多了些進步的動能。

第一節　資訊化

壹、老年因應資訊科技

在各種文化的力量中，資訊化的衝擊最大，這股浪潮與全球化浪潮結合，改變了世界，也影響了老人的生活。如今的老人比起自己的父

母，使用更多資訊科技產品，也面對更強大的全球化考驗。

　　字典的修正注意到高齡化現象，很多人卻忽略。例如全球最知名的《韋氏大字典》每十年就有一個更新版，2003年的第十一版收錄了大約一萬個新字和定義，這些新字反應社會變遷的趨勢，也挑戰人們某些自以為是的想法。例如一般人的想法中，過去十年最重要的改變是「科技」，尤其是「網路」。但科技類的新字只是第二多的，最多的則是「健康與醫學」類的，約有兩千五百個新字，其中三分之一又與年齡直接有關，足以顯示有關高齡化的諸多現象成為此次大字典修正的重點。到了2013年，這個趨勢更明顯，因為戰後嬰兒潮（1945年以後出生的）大批大批地進入老年期，而且普遍會在高齡階段待上好長好長的時間。

　　但忽略老年的現象隨處可見，即使在應該最敏感的媒體中也是如此。例如廠商重視廣告，廣告經常會有既炫又有創意能吸引年輕人的點子。不過《紐約時報》的專題分析（Eduardo Porter, 2013/05/01）：真正有影響力的廣告應優先考慮老年人，因為他們最有時間看廣告，並且有相當的財力可以購買廣告促銷的東西。又如平面媒體努力經營年輕人口群，把報紙雜誌弄得花樣多，也設法把電子報做得很熱鬧。同樣的，行政院主計處（2004）在有關國人運用時間的統計數字顯示，年輕人的可支配時間有限，只有很少的時間注意這些文字；相反的，已經退休的人最有意願和時間看報、看雜誌，他們卻發現上面的字普遍太小，而且編排的花樣太複雜，常常找不到自己要的內容。

　　電視廣播設法吸引年輕的觀眾聽眾，某些製作群以為用更辛辣的話題和更酷的呈現方式就能有好的收視率或收聽率。事實上，能夠讓長輩認同的好節目足以穩住固定人口群，而這些閱聽人往往是沉默的。例如廣播的聽眾通常穩定，年長的聽眾通常按照規律聽某些特定的頻道與特定的節目。如果製作節目與播出廣告能多考慮這些現象，會得到固定的聽眾。

　　漸漸要進入老年的嬰兒潮人口群多數是務實的，面對的首要問題是

身心的健康，最擔心的是自己、配偶與父母的健康，最直接感到困擾的不是政治或科技，而是各種身體、心理、人際、工作的壓力和隨之而來的疾病。所以，醫院裡的門診人數不斷增加，溫泉和SPA人潮洶湧，醫藥新知的新聞及節目廣受歡迎，健康方面的雜誌及講座愈來愈多……，編字典的當然也注意到這種趨勢。

多數上了年紀的人都關心在生命中的每一天能否過得更好，至於媒體經常報導有關政治的選舉、股票的漲跌、瘋狂的採購、美食或美景，其實只是少數人的偏愛。對於健康這件大事和疾病這種最頭痛的困擾，許多老人已經主動出擊，積極行動，靠各種努力去尋求更好的未來。提供健康服務的各種職業，也必須更專業化，精益求精地回應大眾的需求，因而發展出許多新方法、新作法，其中有些概念被編入新版的辭典字典中，也在各大學及研究機構中被深入討論，並進一步被廣泛應用。

就像醫院某些科別又分為小的科別，以方便民眾就診，另有包括台大醫院在內的醫療機構為長輩設計了整合的門診。新字新詞可以把過去籠統的作精準的說明，對整體的現象作較為仔細的解釋，把約定俗成的概念拆解為細緻的內容。對老人照顧的服務已經分成日間托老、養護服務、護理之家等等。其中老人養護（assisted living）是在2003年被《韋氏大字典》收錄的新字。2013年該字典的十二版問世時，關於老人養護又有一些更細、更精準描述的字詞。

高齡化的時代在過去十年中非常明顯，未來還會加速。只是好多人，如廠商、政治決策者等面對此趨勢的反應，比多數老人的動作要緩慢。

貳、資訊社會方興未艾

　　2013年5月1日《紐約時報》有篇文章，主題是「科技的好處很難量化」，Eduardo Porter（陳世欽譯，2013）分析新聞工具的演進實在驚人，如今各種報導文章更透徹。新科技參考補充性的相關資料及分析，輔以互動圖表、影片及幻燈片，將更快傳給更多讀者。但若以衡量一國經濟狀況的最重要標準（國內生產毛額，GDP）的貢獻而言，資訊科技促成的這種新價值卻貢獻不大。不過這些價值貢獻不僅限於新聞工作，資訊科技未能造就可衡量價值也是重要因素；1987年，曾獲諾貝爾獎的美國經濟學家索洛說出了如今十分有名的論述：「電腦無所不在，唯獨不見於有關生產力的統計數字中。」官方統計數字顯示，在過去的二十五年間，資訊科技與通信業產生的附加價值始終只占全國經濟總產出的4%左右。

　　這些數字卻大大隱沒了科技與時下數位裝置為人們創造的福祉。GDP只計算人們購買的商品與服務的價值，卻不及於消費者免費得到的經濟改善價值。GDP不計入人們透過臉書分享資訊，或透過谷歌、維基百科搜尋資訊的收獲，也不計算開車族使用谷歌地圖、消費者上網購物省下的時間。谷歌首席經濟學者華里恩說：「每一個人幾乎都能接觸全人類的知識。一個搜尋引擎平均每年約可為美國勞工創造500美元的價值。全體勞動人口合計，每年達650億美元。」

　　2002年起，各種免費網上服務為消費者創造的剩餘價值（美國消費者付費衍生的額外價值）每年增加340億美元，若視為「經濟產出」，約可為GDP年成長率增加0.26個百分比。五年來美國人用在網路上的時間增加1倍。以位元加密的資訊在經濟產出中的份量一定會愈來愈重，它的許多價值幾乎不須成本即可取得。這樣的變化，使當代老人過著與他們的父母截然不同的老年生涯。

　　社會學的主題也因為資訊化及全球化而有了新的面貌，未來「資

訊社會學」乃至「網路社會學」的重要性勢必增加，相關主題如網絡身分、網絡社會行為、網絡人與人的關係、網絡社會群體、網絡社會組織、網絡社區、網絡社會秩序、網絡社會問題等（李英明，2001；郭玉錦、王歡，2005）。

各項資訊與網路議題挑戰社會學的原本假定及理論，甚至使社會學的課程跟著調整。在此先回顧社會學的發展史，最常將社會學分類的方法是「理論」與「應用」。從理論來看，社會學的發展從法國學者孔德開始，有三位大師為社會學奠基，馬克斯、涂爾幹與韋伯被稱為古典社會學的靈魂人物，所以很多社會學系都開設「古典三大家」的課。接下來，美國、歐洲、我國都有許多論述與學派，有一門「社會學理論」的專門課程加以介紹。不過，有些社會學入門課已經不再講三大家，甚至不再講社會學理論。多數的授課情況是古典三大家被併入社會學理論了。在社會學的各領域中，有些學門興起，有些學門則沒落。

社會學有多達三十四種的專業領域（分支），從臺灣社會學家自己填寫的專長中，蘇國賢（2004）加以整理，我再依據他的初步資料將三百多位社會學家的專長領域依人數多寡大致分為四級，從這些整理中也可以瞭解社會學的豐富領域及眾多分支：

1. 人數最多（超過15%），依序是：社會學理論、政治社會學、組織社會學、文化社會學、社會工作／政策。
2. 人數次多（在10%至15%），依序是：經濟社會學、勞動／職業／工作、性別研究、發展社會學、東（南）亞區域研究、社會研究方法、社會階層、教育社會學、量化方法、資訊／環境／科技。
3. 人數較少（在5%至10%），依序是：族群、家庭社會學、一般社會學、都市社會學、歷史社會學、全球化、社會心理／符號互動、宗教社會學、社會運動、人口社會學、社會網絡、科學／知識社會學、藝術社會學。

4.人數最少（不到5%），依序是：老年／青少年／生命歷程、法律社會學、社區研究、犯罪學／偏差、醫療社會學、人口遷移。

上述資料是剛進入21世紀時的資料，近年來有兩門新興領域發展快速，一個是「老年社會學」，另一個就是「資訊社會學」，老年人口快速增加，資訊日益重要，進而成為社會運作的主要力量。有些學校的社會系直接稱為「資訊社會學系」，資訊社會學漸漸取代傳統社會學，涵蓋社會學理論，如同社會學理論在20世紀涵蓋古典三大家。另外，「家庭社會學」已經進一步細分，如性別研究、老年社會學等，各大學以老人為名的科系超過二十五個，「老年社會學」已經是許多系所的重要課程。

參、雲端與虛擬關係

書店之中，《老人如何用電腦》、《老人如何用iPad》這一類書籍擺在顯眼之處。對老人而言，還沒有「駕鶴西歸」上天堂之前，已經上了資訊科技的雲端了，「生活在雲端」已經是必然的。成長速度超過高齡化的是臉書、APP、Line等的使用者。原本大家都生活在工具「有線」、時間「有限」的限制中，如今智慧型手機、平板電腦等工具使大眾從有線與有限轉變為無線與無限。原本可能有些無聊、無趣的老年生活，因為這麼多新興科技而變得更有趣、更有意義。

Google執行長施密特在2006年「搜尋引擎策略大會」中首度提出「雲端伺服器」的概念與商業模式，Gmail、Hotmail等網路電子是初期的雲端應用，APP更是發展快速。單是Apple iOS App Store的下載量到2013年1月就超過四百億次。老人不再LKK，要吃喝玩樂，靠APP找資訊是愈來愈普及了，遊客可以丟掉厚重的旅遊書，用觀光局App「旅行臺灣」就有最新的消息。政府透過雲端運算統計每一筆衛星定位資訊，就知道哪些景點、民宿、餐飲特別受歡迎。

　　許多老人當年才剛跟上MSN時代，這個工具在2013年3月關站了。愈來愈多人加入Gamer（遊戲玩家）世代，加入各種新興資訊科技消費者的行列。老人用iPad查資料、在臉書打卡、用What's App傳照片，紛紛成為積極的參與者。老人原本是資訊科技忽略的人口，漸漸轉變為重要的參與者及消費者。

　　一百多年前，電影問世；五十多年前，電視逐漸流行；以嬰兒潮世代來說，上大學時電腦還不是必修課程，不過近十年來，電腦、網路、手機已成為平常的個人隨身產品，媒體與通訊的更新速度不斷加快，其他各類科技也日新月異，這些進步在帶給人們生活便利的同時，也改變了老人對於時間和空間的感受，以及人和人之間的距離。

　　現在社會，年輕人要跟上時代，都得花上不少力氣吸收資訊和學習；而對這個時代的老人而言，身處於資訊快速的社會中，若無法接受、跟上或適應時代的變化，會產生被孤立的感覺，這是許多老年人在現今社會的困難及挑戰。根據教育部智齡聯盟的資料（2013/07/11查詢），老人使用電腦的障礙原因主要有：第一，認為使用電腦對自身沒有幫助；第二，沒有足夠的動機引起興趣；第三，知識不足，沒有適當管道讓他們獲取這些資訊；第四，價格問題，他們覺得電腦太高價；最後，長輩對硬體科技容易產生恐懼感。

　　資訊工具對老人是否友善？是否方便？黃誌坤、王明鳳（2009）研究上網環境對老人是否友善。例如老人用手機，身體機能紛紛出現視力下降、聽力下降、手抖、身體疲勞、睡眠品質差等現象。所以手機要適合老人使用就需做到：大螢幕、大字體、大鈴音、大按鍵、大通話音。此外，手機的輻射值已經逐漸被人們所重視，老年人較年輕人對手機輻射的反應更敏感，所以老年專用手機的輻射值必須比正常的手機要低。

　　針對視覺障礙，臺灣大學職能治療學系毛慧芬老師就建議：廠商應在產品設計上進行改善。第一，放大視覺訊息，例如產品說明書；第

二，改變顏色的對比；第三，透過其他感官來彌補視覺的不足；第四，字體太小的問題是最常見的，可以透過調整軟體、選擇合適的鍵盤和螢幕、或使用放大鏡和擴視機等視覺輔具來解決。另外，可以放大圖示、修改主題背景和顏色、使操作界面儘量單純，軟體和硬體都是可利用的輔具。螢幕反光常使老人家看到白色眩光而影響清晰度，此時可選擇經特殊處理的螢幕或調整亮度、加上濾光鏡來改善（教育部智齡聯盟，2013/07/11）。

1980年代個人電腦興起時，當代的老人正在就業市場打拼。進入成年階段的後期，蘋果先是推出iPod，再來是iPhone、iPad，全球進入「行動時代」，世界漸漸告別了PC時代。政府為了協助老人跟上這個趨勢，弭平數位落差，實現「無障礙資訊社會」（barrier-free information society）的理想，主動與許多非營利組織合作，為老人辦理「縮短數位落差課程」。

數位落差（digital divide）是因資訊通訊科技取用與否所產生的斷裂缺口。數位落差的現象在性別、年齡、教育程度、都市化程度、種族、職業、收入、區域、國別之間等因素皆存在著程度不一的狀況。例如老年人擁有電腦及網路的比率、上網率及應用能力比較低。政府應鼓勵各地民間社團或地方機關辦理強化老人數位能力的課程，提供民眾上網訓練，以提升民眾網路應用技能，課程內容以使用電腦、上網、收發電子郵件、電子化政府應用（例如e管家）等為主。已經有成千上萬的老人接受這些課程，加入資訊使用的行列。

臉書的朋友數目、社會支持眾多等，都有助於幸福感。英國的一項研究發現，臉書朋友數多者，腦部處理情緒的杏仁核灰質區密度高。透過臉書找回失聯的朋友與同學也帶給老人很多快樂。北一女中1981年畢業的同學在2011年時聯繫，主要是透過臉書或google，在1,190位同學中，找到1,171人，成功率高達92.8%。（《聯合報》，2011/12/18元氣週報）

　　因為資訊化，老人增加了虛擬關係。根據教育部智齡聯盟的資料（2013/07/11查詢），國外老人使用電腦最常見的動機是聯繫親友，再來是觀看影片，如此可省去上電影院的花費（長輩通常對省錢的行為很感興趣）另外還有上網搜尋健康或教育相關知識，而進行文書處理的只占一小部分。從國內統計看來，發現結果大同小異，例如查詢醫療資訊、閱讀感興趣的醫療報導，約占了六成，其他還有收發電子郵件、看股票基金行情等等。另外，和子女親友聊天也是動機之一。

　　許多老人使用各種資訊科技是為了與兒女、孫子女、外孫子女聯繫，強化與家人、朋友的互動。同時，網路給予老人機會去建立「虛擬關係」。在生活中，老人面對更大量的資訊和更複雜的選擇，在生活中的食衣住行育樂各層面也都處於「資訊愈多，抉擇愈難」的狀況。有眾多可以吃的東西與方式，又有無數的服裝可以挑選，消費者可以親自去購買，也可以打電話要求外送，也可上網訂購。

　　關係網絡與互動也改變了。人際關係的本質是「面對面的溝通」（face-to-face, FTF），包括臉部表情與肢體動作，是動態而豐富的。相對的，電腦媒介溝通（computer-mediated communication, CMC），如MSN、Skype、手機簡訊、臉書等，則是截然不同的經驗。面對面時，人們要「察言觀色」，也學習到溝通、協調、忍讓、妥協等重要的人際功課，這也是老人所習慣的。但在網路之中，人們接觸到的是另一套的互動，網路中互動的特性是澈底地「個人主義」，使用者的自我意識強，追求個人的興趣，且差異很大，每個人用自己最喜歡的方式在網路社群裡生活與學習，共通處不多，而追求歡樂是最普遍的現象，互動強調好玩。外在體系的約束力有限，難以澈底管制。

　　郭玉錦、王歡等（2005）分析，生長在網路風行的時代，網路提供了新的管道，包括建設性的資訊、多元性的建議，可以使人們在某種匿名情況下尋求協助。但也有各種考驗使老人面對新的困擾，除了愈來愈常見

的網路詐騙之外，在資本主義蓬勃發展和資訊取得如此便利的今天，多數人的問題不是弄不清楚外在狀況，反而可能是弄不清楚自己的需求。生活在當代的最大問題，不是如何獲得訊息，而是如何處理訊息。如何「削減實境」（diminished reality），例如阻擋廣告、過濾垃圾訊息、減少虛擬的人際關係。接收網路資訊與人際關係者彷彿在「增強實境」（augmented reality）之中被洗腦，欠缺有內容的、互利的溝通。

在知識的體系中，老人的優勢是更有智慧，年輕世代的優勢是掌握資訊。年輕人容易見樹不見林，老人判斷全局的能力較強。各項新興資訊產品使當代老人擁有歷代老人所沒有的新奇經驗。

第二節　現代化與都市化

壹、現代化

從現代化論探討老人，發現工業化及都市化程度愈來愈高，造成老人的地位逐漸下降。近代文明有巨大而全面性的社會變遷，稱為「現代化」（modernization）。經常被提到與現代化有關的概念如：官僚體制、理性化、世俗化、異化、商品化、去脈絡化、個人主義、客觀主義、普世主義、渾沌、大眾社會、工業社會、多樣化、民主化等。現代生活普遍出現心理的異化疏離、道德的淪喪、無根的感覺、聯繫感不再緊密、共同價值觀的喪失、享樂主義等（Victor, 2005）。這些多半是老人不認同的變化方向。

從功能論的角度，現代化是全球性的現象，西方和非西方社會都朝向這一條路走，已現代化者更現代化，正在現代化者會繼續現代化，未現代化者會朝著現代化的途徑邁進。「現代」所展現的進步、活躍、平

等、富裕和國家的獨立自主，確實很吸引人。

現代化的含義廣泛，不過最常被提到的有四點：

1.工業化：工業生產由勞力的運用到以機器生產為主。
2.都市化：人口紛紛由農村遷至都市，居住於都市的人口激增。
3.科層化：社會中的組織趨向理性，目的在使生產效率提高、管理效能增加。
4.西方化：西方的經驗在近代文明中的確居於關鍵的地位，西方在前述現代化的三個重要指標上也早有成果，而且所謂現代化的社會結構特質，或現代性（modernity）的人格特質都有強烈的西方色彩。

老人未必喜歡這四個趨勢，反而可能充滿抗拒。但時代的浪潮如此，老人通常必須接受與適應。現代化的社會應有哪些特質呢？以下分析這些特質及老人所面對的考驗：

1.持續的經濟成長率，在生產和消費量上都持續成長。老人的生產與消費力都不是主要的人口群。
2.在政治上，人民的政治參與率提高。老人的投票率不低，但擔任要職的機率低。
3.在文化裡有理性的規範。傳統和宗教式的規範力量下降，但傳統與宗教仍對老人有強大的影響力。
4.社會移動的增加。移動的增加是人們在物理上、社會上、心理上等自由的象徵，老人則是移動性低的人口。
5.在心理上，強調理性和效率，稱之為「現代性」，對老人的影響不如年輕的人口群。

派深思（Talcott Parsons）是功能論的大師。他認為行動是：(1)獲取目的的行為；(2)發生在社會環境（social environment）之中；(3)受到社會

模式的約束；(4)牽涉到行動者的動機（motivation）、能力（ability）。老人在社會中長期奮鬥，懂得如何在社會環境之中適度表現（Turner, 1974）。派深思的五組模式變數可用來解釋現代化社會的特質，亦即朝向：情感中立（affect-neutralism）、自我取向（self-orientation）、普遍性（universalism）、成就取向（performance）和功能專門化（specific）。老人則傾向相反的五個特質：重視情感（affection）、集體取向（collective-orientation）、特殊性（particularism）、先天特質（quality）和功能擴散性（diffuseness）。

貳、都市化

一、都市與鄉村的對比

德國社會學家杜尼斯曾用 "Gesellschaft"（利益社會或結合社會）與 "Gemeinschaft"（共同社會）來作對比，以突顯現代社會與傳統社會的差別（陳雅馨、黃守義譯，2010）。現代都市正是 "Gesellschaft" 的代表，居民的關係傾向於表面化、片面性及短暫性。在現代都市中，傳統的約束力減弱、道德規範式微、受剝奪的人口眾多，但是都市仍因其強大生命力而吸引人。

人口集中就形成都市，「都市化」（urbanization）被認為是20世紀最重要的社會變遷指標。都市處處與傳統農業社會有明顯差異。都市地區人們大多從事工業、商業及服務業，是人口不斷增加和稠密的地方，能提供較佳的服務及各類不同的娛樂，吸引外地人口的移入。都市的優點如：就業機會多、生活多元、購物多選擇、交通便利、公共設施完善等。但缺點是：人口密度過高、空氣污染、物價較高、人際疏離、噪音等。這些優點，主要是對青壯年人口，老人未必在意，但某些關鍵的優點適足以吸引老人選擇在都市居住。

　　「城」與「鄉」的概念須依經濟活動性質、人口密度、地理位置而定。「鄉村」指農業人口比率較高之地區，因此鄉村與農業可說是一體的兩面。鄉村地區從事農業人口眾多，農民依靠土地謀生，關心氣候的變化。主要的農業活動是耕作水稻、種植蔬菜花卉、飼養家禽。一個鄉村景觀可以看到農田、田野、農舍和簡單道路。各戶農家離得相當遠，這些獨立的屋舍形成分散的聚落型態，人口和車輛比都市少。鄉村優點是接近自然、人情味濃、空氣新鮮、比較安靜等，缺點主要是地理位置較為偏遠、就業機會少、交通便利性差、弱勢族群較多，公共建設相對不足等。

二、老人在意都市的醫療服務

　　自1800至1982年，全球的人口增加5.3倍，同一時期，居住在都市中的人口由2,170萬上升到18億，增加約84倍。在20世紀開始時，臺灣只有40萬人居住在都市，占當時總人口的14%，當時全臺灣最大的都市，人口還不到10萬人，民國100年時，全臺灣居住在都市裡的人口已超過總人口數的70%，有1,400餘萬人住在都市。各都會區（包括直轄市與其他五市）就業機會吸引年輕人口，其便捷性也吸引了老年人口。

　　依照老化指數，北部、中部地區分別為69.14%及75.28%較低，金馬及東部地區則分別為94.45%、94.18%較高；若按縣市別觀察，以嘉義縣127.68%最高、澎湖縣113.61%次之、雲林縣110.10%居第三，而以桃園縣51.11%、新竹市51.90%、臺中市56.40%較低（內政部，2013）。

　　常有人認為：「年紀大了，住在鄉下比較輕鬆，鄉下的空氣好，鄰居都認識，比較好照料。」但忽略了一個關鍵：年長者最重要的需求是健康方面的服務。臺灣的醫療供給有明顯的城鄉差距。在醫療資源方面，以每萬人平均西醫人數作為衡量標準，直轄市與其他五市的密度高，每萬人有28位西醫，其他地區則以花東二縣的每萬人17位西醫人數最高，以中部

各縣的每萬人10.7位最低。新北市醫療資源豐富，平均每家醫院的服務人數只有約1,000人。位於南部的嘉義市就不同了，雖然人口不是最多，但平均醫院服務人數高達2,000人，幾乎是新北市的2倍。大醫院、診所集中在都市，臺北市街上診所開得比超商還要密集，但是偏鄉民眾的求醫路依然坎坷。臺北市、新北市是全臺醫院診所最密集的地區，光是一條捷運新店淡水線就連結台大、馬偕、新光、北榮四家醫學中心（衛生福利部，2013）。

都會地區醫療機構數（包括公立及非公立醫院診所）逐年增加，雲林、屏東、花蓮、連江縣明顯減少，其他縣市增減幅度不大。都市鄉下醫療資源不公平，直接影響居民健康及壽命。就民國100年零歲平均餘命而言（衛生署，2012），以臺北市82.70歲最高、新北市80.46歲居次，高雄市之77.97歲最低；男性方面，以臺北市之80.18歲最高，高雄市之74.92歲最低；女性方面，亦以臺北市之85.25歲最高，高雄市之81.35歲最低。五直轄市在兩性、男性及女性零歲平均餘命，皆呈現自北而南依序遞減的情形。觀察各縣市零歲平均餘命，以新竹市80.45歲最高（男性77.36歲、女性83.75歲）；而以臺東縣為74.36歲最低（男性70.64歲、女性79.05歲）；花蓮縣75.70歲次低（男性72.17歲、女性79.90歲）。住在臺東縣的人，比住在臺北市的人，平均少活了8.2歲。

偏鄉民眾常因為交通不便，就醫意願偏低，導致當地民眾的健康情況惡化，癌症死亡率偏高。許多住在鄉下和離島的民眾，因為大眾運輸工具不方便，看個病得要花好久的時間等車。急重症的病人，常須轉送大醫院救治。

未來的社會，一方面是「高齡化」，同時是「都會化」，各都會區將比現在的都市範圍更大、人口更多，而其他地區的發展將跟著改變，使臺灣有不同的面貌，臺灣老人也將有不同的生活方式。

參、快速改變帶來困境

三十年是一個世代（generation），三十年對一個人來說，實在很長很長，絕大多數人都活不到三個世代，所以一個世代非常重要。

首先，看看社會的整體狀況，2014年的資料還不可能完整，因此用2012年的為準。回到三十年前是1982年，那時臺灣已經有相當成熟的官方統計資料，所以我們可以找到一些數據。

表4-1　透過社會變遷指標檢視自己生命歷程

指標	指標	1982年	2012年
社會面的變遷	平均壽命（男、女）		
65歲以上人口數（占總人口百分比）			
個人面的變化	主要身分		
原生家庭狀況			
己生家庭狀況			
每月大約所得			
主要人際關係			
首要角色與地位			

資料來源：作者自編。

一位1900年出生的人比起1800年出生的人更可能成為老人，20世紀的醫療水準顯著提升，經濟發展速度加快，人們容易享受長壽。但1900年生的人面對的社會變遷與現代化速度比1800年的更大、更明顯。20世紀的社會變遷程度遠超過19世紀，21世紀仍然以極快的速度在改變。遽烈變遷對多數老人並不好，老人通常傾向穩定而非變遷，快速的改變使老年在商業活動中居於劣勢，使老人邊緣化，使老人的社會地位下滑。

在穩定的社會中，老人因為擁有的經驗與智慧受到肯定，又因為昔

日的付出受到尊敬。但在資本主義快速轉動之下，老人難以在就業市場中維持優勢的地位。科學和技術日新月異，人們必須學習各種新的技能才不會被淘汰，老人未必能符合這些要求。單單是資訊科技的日新月異，就使無數老人挫折。

當然，老人的地位與現代化的關係不是截然相反的，有些老人在現代化的過程中依然擁有良好的地位。有些社會、社區或職業裡的老人比其他老人有利。例如農業、飲食業、傳統技術等現代色彩比較淡的職業，老人地位較高。

媒體往往注意到改變的部分，但老人常生活在未劇烈改變、甚至是沒有太大變動的情境中。媒體頻頻報導新訊息與新花樣，老人則可能認為：「日光之下，並無新事。」社會變遷影響廣泛，某些人口群在變遷的過程中比較吃虧，甚至是被犧牲。例如城鄉的差距拉大，臺北、高雄都有捷運，但許多地方連公車都沒有。

不斷有客運車路線被停駛，老人特別需要客運代步，但這些人的聲音微弱。即使是金錢流動，基層民眾也很辛苦。金融機構的分布非常不平均，很多鄉鎮沒有一家銀行，村里沒有郵局的情況也普遍。許多簡易郵政代辦所也走入歷史，偏遠地區的民眾要辦理郵政業務，困難重重。金融機構當然會打算盤，要將本求利，所以賠錢的就收起來不做了。報紙上如此寫著：「寧靜山區的落日時刻，今後將不再有大眾運輸工具經過。」在社會變遷的浪潮中，很多交通路線、郵政代辦所都不在了，對老人產生莫大的影響。

第三節　全球化

壹、意義及指標

　　老人從20世紀活到21世紀，目睹最重要的現象是「全球化」，這是20世紀主要的特徵，更是21世紀人類社會的最強大動力。部落格（blogs）、群體智慧（collective intelligence）、網播（podcasts），社交網路如臉書（facebook）、網路服務（web services）、知識網路如維基（Wikipedia）等的普及，人人都是全球經濟市場中的一員。

　　全球化（globalization）指全球聯繫不斷增加，經濟市場以全球規模作為發展基礎，各國之間在政治、經濟上都緊密連結，處處牽一髮動全身。各國文化互相交流、模仿，個別國家的文化特色愈來愈少，全球的大都市市容及商品標誌愈來愈像。全球化主要是經濟利益的考量，資本主義國家為了節省成本而到其他勞力成本低、物價低的國家去設廠，接著跨國企業再把物品行銷到世界各地（蔡繼光、李振昌、霍達文譯，2000）。

　　全球化對個人的經驗和日常生活造成深遠的影響。現代資訊和科技溝通突飛猛進，文化生活受到世界市場影響的程度甚於昔日。Giddings（2010）分析，現代性特點在全球規模上的快速散布使三種獨特的現代性運作成為可能：

1.時間和空間的分離，時間與空間都可以重新定義。
2.各種社會體系都要因應全球化的挑戰。
3.社會關係重新安排，各種社會關係都面對新的情勢，網際網路與各種通訊工具改變人際關係的形式。

　　當代老人在未成年時，想要瞭解其他國家的文化，想要嘗試新潮流

行的東西，得經過冗長的過程。現在只要上網，人人都可以查詢最新的資訊或時尚。這種幾乎無時差的訊息，讓各種審美觀、價值觀迅速呈現眼前。在政治、社會、經濟和文化關係紛紛發展成全球性的規模，已經對老人的日常生活造成深刻影響。

人人都在全球化也就是資本主義的架構中娛樂、接受資訊、學習、購物，都接受廠商精密的安排。資本主義的核心價值是「賺錢」，賺錢靠「規模」，規模的產生依賴「交換」，而且是「大量交換」。資本主義是「換來、各取所需」，本質則是「巧取」。從商品的構想、定價、推廣到服務，都精心設計，不斷增加價值，也不斷累積利益。

從文化多元性的角度來看，不同文化之間的差異性不該被抹殺，更不必用單一主流文化來淹沒其他各具特色的文化，尤其是老人承載著傳統的特殊文化更應加以尊重及珍惜。世界各文化體系之間應並立互容，交流融合。在包括奧運、世博、WTO、WHO等方面交流的同時，各文化卻仍能保有其特色，並獲得其他不同文化的尊重。秉持此種精神的文化全球化，不僅消極上可避免異質文化之間可能的敵對和衝突，積極上更可實現「文化地球村」的理想。

全球化製造了一個全新的舞台，包括每一位老人，世界中的每一個人都是這個舞台的演員。全球化的帷幕已經拉起，這場戲不會中途停止。但是多數老人偏向「在地化」，在全球化的時代，「思考全球化，行動在地化」（Think globally, Act locally）是最核心的信念。老人一方面是在地的，更是全球的。美國前眾議院議長歐尼爾說過一句名言：「所有的政治都是『地方政治』。」真正的「地方」是什麼？主要是「個人的」，所有個人的，都是政治的。老人的個人，都受到公共政治的影響，也都應該是重要的參與者。

Giddings（2010）提醒：「認為全球化只和世界金融秩序之類的大系統有關，這個想法是錯的。全球化不只是關乎『別的地方』所發生、遙遠

而與個人無關的事情，它也是個『在此地』的現象，影響著生活的私密面與個人面。舉例而言，關於家庭價值的論戰正在許多國家進行，這看似與全球化的影響無關，其實不然。許多地方的傳統家庭體系正在變形。」老人通常希望與家庭有緊密的連結，如果家庭的功能式微，對老人將是很大的傷害。

貳、接受普世價值

各地方雖然有不同的價值，但在地球村逐漸形成天涯若比鄰的21世紀，人們逐漸發現有些價值是共同的，必須優先重視，因此形成了「普世價值」的觀念。所謂的普世價值，是指人類共同認可的價值判斷標準。世人在歷經兩次世界大戰的折磨後，為了維護世界和平，在1945年有了聯合國，之後又陸續成立許多國際組織。透過聯合國等國際組織的溝通協調，「人權」、「環保」及「反對恐怖主義」已成為當代的普世價值。

第二次世界大戰結束後不久，聯合國大會全體會員在1948年共同簽署通過了人類史上最重要的人權文獻——世界人權宣言，宣言中主張所有人類不分種族、膚色、性別、語言、宗教、國籍、財產、出生、政治或其他見解等任何區別，都應該享有言論和信仰自由，並且生活在免於恐懼和匱乏的世界。這樣的信念對老人很重要，畢竟所有的老人都應該免於恐懼和匱乏。

為積極迎向高齡社會，聯合國於1991年通過「聯合國老人綱領」，提出獨立、參與、照顧、自我實現、尊嚴等為老人基本權益保障之共同目標。20世紀末至21世紀初，健康與福祉已被聯合國認定為與老人有關的兩大議題。世界衛生組織（WHO）於2002年提出「活躍老化」（active ageing）為核心價值，認為若想使老化成為正面的經驗，必須讓健康、參與和安全達到最適化的狀態，以提升老年人生活品質，這也是目前國際組

織擬訂老人健康政策的主要參考架構。我國政府制訂許多照顧老人的政策，目的也在落實此一理念。

參、提出議題及推動訴求

歌頌全球化的人認為全球化可以解決世界很多問題，譴責全球化的人將汙染一直到貧窮等的問題歸咎於全球化。反全球化與全球化的發展相伴相生，在知識層面上，反全球化處處展現對全球化的質疑，也批評西方國家主導的全球化所引起的不良後果。在實踐層面上，多處出現集會遊行進行抗議示威活動，也有些是透過網路進行，雲端已經成為促成社會改變的動能。

即使網路普及率愈來愈高，網路資訊的擴散並非對所有年齡層、階級、種族、性別、地域都一視同仁；在現實生活中的弱勢者，進入網路世界的門檻也較高，比如說連線費用、線路普及程度、上網所需的軟硬體及技術，老人可能無力負擔，結果造成社會運動的訴求對象，反而與運動有隔閡。另外，網路使用者有其慣性與偏好關注的議題，因此網路上的社會運動只吸引到同質性高的一群人，而無法擴張其動能。

網路裡的言論表達及回應不一定具有同步性，斷裂的議題討論無法凝聚網友共識，公共政策議題的討論也將因此而被稀釋。網路言論結構與閱讀性的限制也造成網路言論的簡化，無法以完整的篇幅產生有效的論述對話。另外，網際網路的匿名特質，提供網路言論更大的開放空間與多元特性，容易造成某些網路使用者言論的不理性化，也就無法做出有效的訴求。再者，特定社會運動的議題，常須以特定政治與政策目的作為行動的目標，一時性社會事件的網路討論，無助於喚起共識與目標，反而造成反效果。例如網路的匿名性及實際空間的距離，會造成社運組織者與網友或社會大眾間的不可靠性，這是網路社會運動最大的問題所在。而社會運動

者對此仍往往得尋求最基本的社運聯絡管道。

　　針對資源動員，社會運動畢竟是社會人群的組織化過程，其中面對面接觸的互動、溝通、折衝與說服都是不可或缺的關鍵過程，這些不可能為遠距離的單純符碼閱讀所取代的。針對社群團結，網際網路多元分散的架構雖然有助於強化內聚力，但是卻也容易將反論述（counter-statement）侷限於次文化的角落，難敵大眾傳媒塑造社會廣泛主流共識的普及與滲透力。網際網路上進行的陳情、抗議，因為可以大量複製而且隱匿於大眾視聽之外，對於權威中心（例如政府、政黨與資方）往往難以產生壓力。

　　社會既存在靜態的結構，又存在動態的變遷。如此，社會不斷變動，各種制度與組織隨之調整，家庭與團體跟著變動，人們也需要因應。不過，個人與社會也是兩面的，社會持續影響甚至是塑造個人，個人也會主動地努力，無數個人都是充滿力量的，也可能產生集體行為與社會運動去影響社會。

　　這一代的老人出國的次數、購買外國產品的機會、接觸的外國人、瞭解的各國資訊等等，都是前所未有的。雖然如此，有些老人並不喜歡全球化的浪潮，很想回到單純的昔日，但，回不去了！

CHAPTER 5

家族化與關係

在老年階段，社會關係主要就是「家庭」，生命的重心就是「維持關係」。在大眾歌頌家庭對老人如何重要時，社會學的角度不僅看重「情與孝」，也分析「理與利」，老人與家庭之間相互交換、交易資源，子女付出孝順的多寡包涵功利的考慮。

在家庭這個系統之中，各種親密關係與連結持續的、動態的在變化，夫妻、親子、祖孫乃至其他家族裡成員的互動，可說是充滿張力。「白髮吟」令人羨慕，「少年夫妻老來伴」卻未必是常態，「黃昏散」倒是愈來愈多。「三代同堂」、「子孫孝順」等傳統形式不再是多數，「另類婚姻與家庭」也是許多老人的選擇。兩百多萬老人、漫長的老年生涯，當然會呈現多元的情況。在社會快速變遷時，家庭受到衝擊，老年階段的家庭關係有較大的不確定性。

當身體老化，軟弱、疾病、行動不便、生活能力下降等考驗接踵而至，老人需要他人的支持與照顧，家人依然是主要的照顧者卻不是必然的選擇。當人老了進而病了，對家人的關係產生微妙的衝擊，有時是感人的照顧，有時是痛苦與壓力，甚至是悲劇。當家庭成員的平均數減少，當子孫不斷因應社會考驗而更加忙碌時，老人應該接受各種社會資源，離家安養成了可能的選擇。

第一節　關係基本概念

壹、理論

最能夠解釋老人關係網絡的社會學概念是「交換」，交換是微視面的觀點，說明人與人之間的互動情況，有三個理論最適合，分別是社會

交換理論（social exchange theory）、社會交易資源理論（resource theory of social exchange）及社會情緒選擇理論（social-emotional selectivity theory）。與這些理論密切相關的核心概念包括：社會成本與效益（social costs and benefits）、社會資源（social resources）、社會互動與接觸（social action and contract）、互惠規範（reciprocity norms）、社會權力（social power）、利他主義（altruism）等。

一、社會交換理論

社會互動就是交換行為，交換是維持社會秩序的基礎。人是自利、自我中心的，考慮「成本—效益」，具有酬賞概念，會期待社會的贊同，此種觀點是「交換理論」。交換理論有六個主要命題（Ritzers, 1989）：

1. 成功命題：在一個人所做過的行為裡，若其中某一特定行為獲得酬賞，則該行為會重複出現。
2. 刺激命題：如果在過去的時間裡，某一特定刺激狀況的出現曾帶來酬賞，則當目前所發生之刺激狀況愈類似過去之狀況時，類似以往的同樣行為就愈有可能重複出現。
3. 價值命題：如果某種行為所帶來的成果對一個人愈有價值，則他愈有可能去做同樣的行為。
4. 剝奪—滿足命題：某一特定的酬賞若在不久前便時常獲得，則該酬賞的價值降低。
5. 攻擊—贊同命題：如果常遭受到不公平待遇，就愈可能表現出憤怒的情緒，甚至試圖攻擊。
6. 理性命題：當一個人在挑選可能應用的途徑時，他會選擇一種能帶來較高價值的結果，以及能獲得該較高價值結果的行動。

每一個人都在扮演某些社會角色，配合角色的演出進行交換。老人與子女、孫子女的互動，固然有親情，也有「理性抉擇」（rational decision-making）的考慮。如果老人的資源愈多，子女與孫子女愈願意盡孝道。資源不僅是金錢財務上的，社會支持、人際網絡、資訊、技術等都有助於強化人與人之間的關係。家人之間的互動當然有濃厚「利他」的色彩，人們最願意為家人付出，但如果能加上「利己」，親情連帶就更強。

老人擁有的資源逐漸減少，會考慮如何善用資源去交換，也會強化與某些人的互動又減少與另一些人的互動。能夠給予自己支持的，老人樂意多互動。交換的雙方常常有不公平的情況，若持續不公平，付出的總是比獲得的少、成本總是高於效益，關係就會減弱。現代社會的老人有各種管道交換資源，有更多選擇的機會，不一定只把資源給晚輩。所以很多老人大筆捐助宗教單位或社會福利機構，樂於擔任志工，卻不一定給子女金錢、不一定為子孫做飯。「互惠」是交換的「規範」，也是規則。家庭中有種種需要，老年人最瞭解這些需要及該如何滿足需要。

在居住方面最能說明交換理論的真實。三代同堂容易與「足夠的財力」容易同時出現，富裕的長輩比較可能要求子女同住（同一棟樓或附近）。某些沒什麼錢的老人用多做家事、照顧孫子女的方式，來維持自己的地位，這在民間社會俗稱為「輪伙頭」。

不同世代的家族成員為何會或不會交換資源，關鍵因素有：(1)家庭義務的規範程度；(2)基於親族關係的利他程度；(3)互惠對等的程度；(4)對感恩的規範；(5)道德的義務；(6)情緒上的親近性；(7)不同世代連結功能的差異等。

有些人際互動偏向工具性，多數職場裡的關係都是如此。家人間的關係基本上是情感性的，但也可能加上其他的因素，如權力、財富等。男性通常在職場裡奮鬥幾十年，熟悉工具性的關係運作，一旦退休，生活

重心在家庭裡，以情感性關係為主。即使有工具性關係也不再如以往重要，心理變化較大。相對的，女性原本就熟悉情感性關係，進入老年後的變化比男性要小。

二、社會交易資源理論

與社會交換理論相近。很多嬰兒潮世代的人們都感嘆自己是最後一代孝順的人，而這個想法假設了現今50歲以下的人，對父母不再會盡孝。事實上這樣的看法有待商榷，因為孝順不是簡單的行為，背後有許多值得進一步檢視的因素。孝順固然是一種付出，但從社會交換資源理論的角度，孝順也帶著某種期待獲得回饋的心理，也具有交易的色彩。從特殊性來看，孝順是「情」的付出、是特別的，不可能對其他人有同樣的付出。孝順常提供具體的服務或財物給上一代，有時也提供訊息，使父母因為有充足的訊息而生活得更容易。

如果兩代之間或祖孫之間各自有一些可以交換的，互動依然密切，年輕一輩孝順的機率比較大。例如上一代仍有相當的財富，又用心照顧自己及子女，雙方有濃厚的親情，孝順是自然的表現。如果上一代或祖父母對小輩不在乎、不用心、疏於聯繫，要期望孝順就勉強了。由於離婚率上升、未婚生子、經濟等因素，有些年輕人是祖父母帶大的，這些年輕人對奉養老人家比較不會推辭。

當代老人所面對的主要變數是年輕一代結婚後對孝順看法的差異。有愈來愈多的女性對於「全心全意孝順公婆」的傳統價值並不贊成，在就業市場中打拼的年輕夫妻要以具體行動孝順長輩，難度愈來愈高。有些女性在擇偶過程中會考慮對方的家庭組成，願意與公婆同住的比例愈來愈低，願意放棄事業照料長輩的愈來愈少。但要因此批評年輕一輩「不孝」則過於嚴苛了。

三、社會情緒選擇理論

Izuhara（2010）認為，分析老人與子女的代間關係（intergenerational relations）一定要注意到「對等性規範」（norm of reciprocity），交換要考慮的很多。在人際關係間，對「給予」與「回收」人們常有相等的期望，往往在人際互動時，會考慮到自己情緒付出的多寡與內容。一旦子女不孝，可說是哀莫大於心死，老人會不樂意與子女來往；相對的，若老人早年虐待或疏忽子女，期望子女能盡孝、陪笑臉的機率必然會降低。所以儒家的「父父子子」架構，其實是合理的交換。父親如果像父親，兒子就比較容易像兒子，孝順長輩。

祖先崇拜（ancestor worship）也可以視為一種交換，老人家紀念祖先，希望子孫將來也紀念自己，其基礎是相信已故祖先的靈魂能影響現存者生活中的各種事情。透過禮儀與儀式來尊崇一個家族的眾祖先，促使祖先們的靈魂保護且幫助該團體或個人。

貳、親密關係與連結

老人通常生活在「核心家庭」裡，又參與「擴展家庭」。核心家庭是由一對夫妻及其子女組成；擴展家庭則是由核心家庭的成員，和那些不屬於核心家庭，但被認為是近親的人組成的單位，包括祖父母、姨、嬸、伯、叔、堂兄弟姐妹、侄子和姪女等。擴展家庭是同一個繼嗣群（descent group），所有成員有一個共同祖先的群體。個人劃歸特定同祖先群體，如果一個社會具有繼嗣規則，便會規定世系（lineage）構成的基礎，並規定與這種成員關係相關的權利和義務。

各種關係考驗著老人的生活，是老人社會生活的重心。親密關係是一種人人都有的需求，透過與他人親密關係的建立，可以幫助個人人格發展、增進自我瞭解、產生自我意識、探索生命意義。親密關係可彼此分享

內心深處的想法，瞭解彼此的內心世界，有信任、親近、愛與隸屬，是一種高度依賴的關係。親密關係的特徵有：互動的時間長且頻繁、互動的種類多及互相影響大（彭懷真，2010）。

親密關係的發展，隨著人生不同的階段而有不同親密關係的對象，最早從對父母開始，慢慢的長大之後與好友、親密愛人，接著可能是配偶、孩子。在互動中發展出對彼此的責任、互相依賴。親密關係帶來愛、照顧、關心等，但也許會有憤怒、嫉妒、衝突等。

建立親密關係除了享受與他人互動的甜蜜之外，還必須負擔一些責任，例如：親情的責任起於出生、終於死亡；愛情的責任是「選擇你所愛的，愛你所選擇的」，與對方相知相惜、信任承諾、相互關懷，當必須說再見時也應該好聚好散，理性看待與處理；友情的責任則是要誠實相待、彼此尊重、互相體貼、關懷對方。

每個老人都不是孤立的，都需要與別人建立關係，包括家人、朋友乃至親密關係的朋友，都是某種關係，都有某些情分。在關係的經營之中，老人一方面獲得各種資源與幫助，一方面付出自己的時間與感情，在付出與獲得之間，與他人建立良好的親密關係。但除了相關熟識的人之外，還會遇到很多與自己關係較不密切的他人。

每個家庭都不是孤立的，家庭與外界有各種接觸，產生各種的整合，為了各種目的，家中的人也彼此往來。為了說明這些現象，Izuhara（2010）提出家庭連結的理論取向，將古典社會學理論、社會心理學、家庭社會學三者中找出相對應的概念，列表如**表5-1**。

表5-1　有關家庭連結的不同理論取向

古典社會學理論	社會心理學	家庭社會學
機械連結、有機連結、對交換規則的共識	互動、活動、屬性、規範	結構的整合、情感的整合、共識的整合、功能的整合、規範的整合、目標的整合
連結同時存在的狀況	共識 情感	社交的連結、情感的連結、共識的連結、功能的連結、規範的連結、結構的連結

資料來源：Izuhara, Misa (2010).

　　對於老人與其子女關係有一個重要的解釋，認為「連結」（solidarity）是關鍵因素。古典社會學家便看重連結，社會心理學小團體觀念正足以描述兩代之間的情感、行為及態度。連結就是社會連帶，指一社會組成的各部分具有密切聯繫與關係。從微視面，注意個別老人與家人之間的連結。兩代之間的連結形式可以分為六種（Giarrusso et al. 2005），在**表5-2**中進一步說明這些連結的意義與相關實證研究的發現：

表5-2　世代間連結的要項及指標

連結的類型	定義	實證研究的相關指標
Associational（社交連結）	不同世代成員共同參加社交網絡的模式與頻率	1.世代間面對面、用電話或網路聯繫的頻率 2.家人參與共同活動的情形，如娛樂、度假
Affectual（情感連結）	家庭成員之間有情緒的親密，對家人成員給予正面情緒的類型與程度	1.家人間情感、溫暖、親密、瞭解、信任、尊重的程度 2.家庭成員感受到其他成員給予正面回應的狀況
Consensual（共識連結）	不同世代在意見、價值、態度、信念、取向等方面有一致性	1.家庭成員關於特殊價值、態度、信念的相近程度 2.與其他家族成員在價值、態度、信念等的相似程度
Functional（功能連結）	成員之間彼此幫助與支持，願意提供也願意接受其他成員的支持	1.家人之間給予經濟、物質、情緒等支持的程度 2.家人間相互交換資源
Normative（規範連結）	關於家庭的價值、子女孝順、父母期待等有共同規範與期望的承諾程度	1.對於家庭和代間角色的重要性評量 2.對孝順父母看重的程度
Structural（結構連結）	因為居住區域接近使互動更為方便	1.家族成員間居住地點接近 2.家庭成員的數目 3.家庭成員健康的狀況

資料來源：Giarrusso et al. (2005); Izuhara (2010).

　　連結觀點是從正面的角度看待兩代關係,但兩代之間如同各種人際關係,也會有衝突。各種壓力與緊張使家人疏遠,甚至使家庭分裂(楊康臨、鄭維瑄譯,2007)。兩代之間強化連結時,固然有正面的力量,也會產生負面的影響。互動密切導致角色的壓力加大,角色衝突因而增多(周月清等譯,1994)。所以,上述連結模式應該再加上第七種連結——衝突連結。雖然未必明講,家人之間的關係緊張,對事情有不同的看法,使得互動的雙方都可能帶著矛盾(ambivalence)的心理,想要強化連結,又擔心增加壓力。

　　Giarrusso等人(2005)用不同的行為來顯示這樣的互動,最密切的互動是「親密」,其次是「各過各的」,再其次是「緊張」,更嚴重些是「相互批評」,最具有衝突色彩的是「激烈爭辯」。緊張、批評與爭辯使兩代之間的關係不和諧,親密與溝通則增加彼此的接納。

　　放在鉅視的角度,不僅要考慮老人與家人間的連帶,也應注意老人與國家機器間的連結。Lowenstein(2005)(轉引自洪晟惠、周麗端,2012)認為有三個重要的指標影響「家人vs.國家機器」的連結:(1)家庭規範和照顧偏好;(2)家庭對公共服務的熟悉度與接近性;(3)公共服務的可近性、品質、成本。不同的公共福利體系,給予不同的老人和不同的家庭差異性的服務。

　　有些老人與家庭連結強,又懂得善用國家機器的資源,晚年生活比較愉快。有些老人主要依賴家人連結,另一些老人欠缺家庭連結主要依靠國家資源。最辛苦也最需要關懷的是在私領域缺少家人連結,又與公部門的連結有限的長輩。

　　Lowenstein(2005)認為,老年人口的增加對家庭的變遷有如「寧靜的革命」,表面上不明顯,卻澈底改變家庭的面貌。主要的改變有:

　　1.以世代來看,世代的數目增加,每一代裡的人數卻減少。可能五代

同堂,但以往兄弟姊妹、堂兄弟姊妹、表兄弟姊妹等人數眾多,現在則明顯減少。

2.每一代的年數拉長,要成為祖父母或外祖父母的難度增加,年齡延後。

3.愈來愈不容易預測家庭生命事件發生的年紀,如結婚、生育、擔任祖父母的時間。

4.家庭的形式趨向多元化,同居、同性婚姻等增多,沒有子女的夫妻家庭數目快速增加。

5.能夠照顧長輩的人數銳減,僅限於少數家庭,中產階級的家庭照顧長輩的比例較高。

6.勞動市場因為女性投入人數上升而有不同的組成,進而影響家庭中的角色安排。

參、關係判斷與法則

年紀愈長愈覺得「安身立命」的重要,中華文化看重安身立命,甚至年紀很輕時就接受了這樣的觀念。所以許多人根本還未進到老年階段就已經「老年化」了,一旦年紀到了六十幾歲,適應不難。因為可能早已在心態上接受了「老不可怕反而可貴」的訊息。

「老化」與「老年化」有些不同,孫隆基(2005)認為,中華文化有將人「老年化」的傾向,人際關係常常變得老於世故。如稱呼人「老張」、「老李」、「老趙」,其實對方年紀可能不大。對於一件堅實的東西,中國人會用「老」字去形容,守規矩又可靠的人是「老實」,處事得當會被稱為「老練」,「老成持重」是好的德行,這些都是「有責任心」的表現。不過,「倚老賣老」不是好詞,對看不慣的人「報以老拳」,過於用心機被稱為「老奸巨猾」,也是不好的說法。

　　老人通常有較強烈的「家族主義」（familism），是以家庭價值為特徵的訴求，強調每個家庭成員自身的利益以及人格皆服從於家庭團體的利益與福祉。其特質是強烈的家庭認同情感與忠心，成員間互相扶持且對家庭單位持續關切。不同的人際關係是基於不同的交易法則，也因此產生不同的心理衝突。黃光國（1988）將這樣的情況整理成**表5-3**：

表5-3　人際關係性質、運作法則、心理衝突

關係判斷（仁）	交換法則（義）	心理衝突（禮）
情感關係	需求法則	親情困擾
混合性關係	人情法則	人情困擾
工具性關係	公平法則	客觀決策的難度

資料來源：黃光國（1988）。

　　費孝通（1946）用〈差序格局〉來說明中華文化裡的人際關係，家人是最親的，家人與外人之間存在一個不易滲透的「心理界限」（psychological boundary），外人不容易穿透這層界限與自己建立「情感性關係」。但是，建立熟悉感之後，原本基於市場交易所建立的工具性關係漸漸增加情感的份量。例如經常買菜的攤販、賣東西的店員、小吃店的老闆等，可能成為朋友，彼此之間不再是「明算帳」，而有些人情考慮了。

　　「交換」是老人從小到老，每天都從事的活動。只看錢不看人的交換被認為太俗氣，兼顧人情的交換最恰當。即使買賣都要考慮仁義，俗話說：「買賣不成仁義在」、「錢債好還人情債難還」講的都是這種道理。老人去菜市場買菜，總喜歡去固定的攤位，與熟識的攤販講價，其實表示了某種熟悉，也認為對方會考慮到彼此的關係給點好處。但如果對方多找了錢，一定得退還，否則就不符合人情了。

　　年輕人在互動時重視「均等」（equality）與「公平」（equity），你

怎麼對我，我就怎麼對你。彼此不吃虧。老人不太在乎均等與公平，倒是注意人際的和諧，避免發生衝突。在行為上比較保守，互動時謹慎，不太堅持立場。

有時我們不得不佩服長輩們的記憶力與處世判斷能力，提到某個人名時，長輩立刻就可以說出那個人的點點滴滴，尤其會說那個人的背景，說出他與誰有什麼樣的關係，也可能說他做過什麼事。在褒貶之中，就做了歸類與定位。此種辨識能力需長期培養，長輩們按著傳統累積出「識人之明」，他們總是習慣依照關係決定互動。

第二節　家人關係

壹、東西方對家人關係的看法差異

舉幾個例子來說明：

第一，在臺灣流行為長輩祝壽，子孫、晚輩、昔日的部屬、學生乃至同事齊聚一堂表達祝賀。學術界還可能安排學術論文發表或出版祝壽專書專刊，此種充滿人情味的作法在西方學術界比較少見。但這些長輩功成名就，通常都不會將光榮歸給自己，少有人會炫耀自己的努力，致詞時談話的內容通常先謝謝父母、師長、長官，再感謝同仁部屬，最後也許謝謝另一半。西方社會則不同，為子女辦生日會是家庭中的大事，通常會廣邀親友參加。為長輩慶生則規模小，甚至不會辦。若是有此類的儀式，致詞時通常會感謝上帝，感謝配偶，然後詳述自己的奮鬥史。

由此看來，美國文化的主軸是「成人」對「成人」，社會的主要關係是大人之間的互動，理性與法治是最重要的基礎，比較少為「老人」安排的位置。每個成人假定自己與對方都是獨立的個體，有充分自主性。中

國文化則有時把成人看成兒童，有時又把成人認定為老年，對年齡的看法未必符合實際的生理年齡。「少年老成」的現象普遍，有時又把成人當成孩子，許多長輩認為「孩子永遠長不大」，忽略了這些孩子已經年紀不小了。

第二，愛爾蘭作家，諾貝爾文學獎得主王爾德說：「年輕人想要忠貞卻都不是，老年人想要不忠貞，卻辦不到。」年長者通常在乎老友。很多人都說：「美國是兒童的天堂，是老人的墳墓。」美國社會裡老人與子女的關係通常疏遠，與孫子女密切互動的更是罕見。中華文化濃厚的家族主義則使老人在主觀上覺得子孫應該孝順，在客觀上也主動維持與子女乃至孫子女的關係，互動的頻繁是老人生活的重心。

第三，蔡文輝（2008）分析美國社會裡，老年人與孫子女輩的互動有幾方面的特點：(1)子孫不同住在一處，地理距離的限制使互動的直接關係頻率減少，不容易有面對面式的互動；(2)家庭生育子女平均人數減少，使小家庭父母與子女的互動集中；(3)老年人與孫子女輩有代溝問題，但是老年仍然在需要時提供意見與幫助；(4)老年人提供必要的情感角色，當父母忙碌時，祖父母的支持更為重要；(5)老年人也能在與孫子女的互動中得到某種程度的滿足。

家是每一個人最重要的生活領域，家人關係是每一個人最重要的連結，對老人來說，家更是最重要的社會關係，家人是老人最在乎的。家庭若發生問題，身處其中的人經歷的痛苦極深。某個家人若罹患重病，全家跟著忙亂；若有家人死亡，親人都難過不已；家庭的經濟情況邊變，全家人的可支配資源大受影響。即使只是退休、搬家、孩子赴外地求學、夫妻不和等經常出現的生命事件，都對每個人產生莫大的影響。人的壓力主要來自家庭，而對抗壓力也少不了家庭的支持。

人們多數有兩個家庭，第一是原生家庭（family of orientation），即自己出生的家庭，包含爸爸、媽媽、兄弟姊妹與自己，當然也可能包括繼

父母和其他的手足；第二是生育家庭（family of procreation），指自身與他人共組之家庭，由自己扮演父或母的角色，並提供家庭成員生活之所需。在成年階段，多數人特別用心經營「生育家庭」，教養照顧自己的下一代。隨著年紀漸漸老邁，會出現「生育家庭」的特殊類型，如「老年家庭」，坊間亦有探討的文獻出版，如由Brubaker著（劉秀娟譯，1997）的《老年家庭》（*Later Life Families*），Blieszner 與Bedford寫的《老年與家庭：理論與研究》（林歐貴英等譯，2007）等書，對此主題都有專論。老人最不能忘記的是與原生家庭維持關係，對父母盡孝。年紀愈大，原生家庭成員漸漸分散、離世，即使是自己所出的子女都未必能維持關係。

中國社會的家庭制度看重「房」，房是核心家庭與龐大家族之間的連結形式，也是老人經營家庭關係的重點（陳其南，1985）。家人的關係與兩個概念有關：(1)親族（kindred）：指有血族關係而同宗的，又稱宗族（clan）；(2)親戚（kinfolk）：指親族以外有姻親關係或有血統關係而不同宗的。親族和親戚合稱「親屬」（莊英章，1994）。Murdock（許木柱等譯，1996）提出「親屬環節」（kinship）概念，其定義是：「一種關係的結構，在這種結構中，個體與個體之間有繁複的互動及權利分配，是基於血統來建立的。」

每一個人都可能有種種家人關係，如夫妻、親子、手足等。但也可能因為家庭的形式與家庭成員的多寡而有某些關係不存在。每一項關係都有其特性、溝通情況、問題或危機，也各自面對不同的挑戰與變動。老人應正視家庭狀況正在改變，適度因應。對於家庭制度的思考，應該注意「力」的變化，留意各種作用力與反作用力。也需多重視「性別」、「多元文化家庭」、「種族」與「階級」等力量，進而能夠彈性處理各種問題。

1982年世界老人會議（World Assembly on Aging）中的重要結論是：「老人生活的任何改善都必定始自於家庭的網絡之中。」老人需要

各方面的支持，來自政府屬於正式系統，來自家人屬於非正式系統，還有宗教、社會福利機構、親友等的支持，不同系統各自扮演角色。家庭對老人的支持最重要的是三方面：財務上的（financial）、工具性的（instrumental）及情感的（emotional）。家人提供支持與老人接受這些支持，形成有效的互動（張月霞譯，1997）。

黃光國（1988）分析：在儒家看來，個人的生命並不是獨立的個體，而是其家族「命脈」的一個環節而已。每個人活在世界上的終極目的是延續並光大家族的命脈。就這個層面，孝道包含了三層重要含意：

1. 愛惜並保養自己的身體，不使父母為自己擔憂。
2. 養育並培植後代，使傳自祖宗的血脈和志業能夠永遠傳遞下去。
3. 崇敬並祭祀祖先，感念己身之所出，並在心理上和祖先結合成一體。

「家庭」在西方是一個界限分明的團體，通常是由夫妻與子女所組成的小團體。但我們社會的家庭彈性大，例如「闔第光臨」中的「第」很難解釋究竟包括哪些人。費孝通在〈差序格局〉（1946）這篇社會學名著中分析：這個「家」字可以說最能伸縮自如了，「家裡的」可以指自己的太太一個人，「家門」可以指伯叔侄子一大批，「自家人」可以包羅任何要拉入自己的圈子，表示親熱的人物，甚至可以大到數不清，真是天下可以成一家。華人的格局好像是把一塊石頭丟在水面上所發生的一圈圈推出去的波紋，每個人都是他社會影響所推出去的圈子的中心，被圈子的波紋所推及的就發生聯繫。每個人在某一個時間、某一個地點所動用的圈子不一定相同。

中華文化培養的基本上是「家族主義」，在儒家思想中，將自己有限的生命延續給兒孫幾乎是最重要的人生目標。儒家不以延續生物性的生命為滿足，更重視社會的、文化的、道德的部分，設法使社會體制、文化

思想、道德風範都傳給子孫（楊懋春，1973）。每個人總希望能「光宗耀祖」，使家族在自己身上擴大，而給予子孫資源是使家族昌盛的手段。

孝是延續父母與祖先的生命，整體涵義可以分為三層：最基本的是延續父母生物性的生命；第二層是延續高級的生命，就是社會、文化、道義方面的生命；第三層是完成父母的特殊願望，使父母有至高的快樂。但對第三層的爭論特別多。到底什麼是父母的特殊願望？子女不一定清楚，就算是清楚也不一定能實現。長輩如果要以子女無法實現這些心願就責怪子女不孝，與子女之間的關係就可能會因此疏遠。

伴隨家族主義，自然產生了「勤勞節儉」的生活習慣。很多年輕人都覺得長輩太辛苦、太節省，年紀很大了還事必躬親，省吃儉用。老人如此勤儉幾乎是必然的，因為是在中華文化的傳統裡成長的，早就習慣這樣的生活方式。幾千年來的中國，必須格外努力才可養家活口，生活謹慎才可能累積財產，當然要勤儉持家了。勤儉成為重要又普及的家庭道德，也成為個性的一部分。

費孝通（1948）認為一個社會經濟共同體要能長期維持下去，成員的來往取予之間，從總體和長遠來看，必須均衡互惠。養兒防老是均衡社會成員世代間取予的形式，父母之所以能對其子女擁有權力，與其所持有的經濟資源有關。在農業社會，土地、人力及耕作經驗與知識非常重要，多生子女並努力工作累積經驗是致富的途徑，而子女則是財富的主要受益者。老人因此在社會與家庭中擁有較高的權力與地位，老年生活亦無需擔憂，自有子女與其他親人照顧。

進入工業社會後，人口素質比人口數量更重要，減少生育以投資子女教育是家庭致富及確保老年生活的重要依據，子女的成就幾乎等同於父母的財富。在經濟快速發展的環境下，受過教育或特殊訓練的子女多能擁有自己的事業或薪水收入，財富流向轉為向上流動，子女成為父母經濟的主要供應者，父母的權力與地位因而受到挑戰。不過，基於回饋以及宗教

Chapter 5

家族化與關係

111

道德規範的社會化過程，成年子女多能負起照護年邁父母的責任，而父母也多能幫忙家務或代為照顧孫子女以為回應。為了遷就工作機會，成年子女可能無法與父母同居，但就近提供生活照顧，能提供經濟資助或僱請他人代勞。

貳、夫妻關係及性活動

「少年夫妻老來伴」是常有的說法，無論原來的地位多高、生命多傳奇，晚年最重要的關係與難題可能是面對「老伴」。章詒和（2004）《往事並不如煙》記載了六位知識分子的命與運。身為章伯鈞之女，她親身經歷自己與父母的起起伏伏，目睹在大時代遽變中知名人物的因應狀況。她側寫父母的友人——史良、儲安平、張伯駒、康同璧、聶紺弩、羅隆基等人，她／他們在中國大陸「反右」及「文革」的血雨腥風中，整肅、清算、鬥爭的紅潮席捲下，受迫害也可能參與迫害，有些是被害人又是加害人，得權勢又失去權勢。恩怨情仇、幽微曲折，在作者細膩的筆觸、獨特的視角與溫厚的學養，將不同風骨刻畫出來。另外，《張學良與趙一荻的清泉幽禁歲月》（張閭蘅、張閭芝，2011）則是張少帥、趙一荻於1946至1960年在新竹及兩度在高雄被軟禁的生活紀錄。

兩本書提到了好些知名人物，如果有人相伴相守，苦日子比較容易熬。假定沒有趙一荻，張學良這樣的脾氣又怎能熬過長期幽禁的歲月？如果沒有李健生，章伯鈞又怎能從權利顛峰墜落後依然能堅強活著，直到74歲章伯鈞因胃癌過世。「章羅聯盟」的另一位主角羅隆基就沒有這麼幸運，他與太太感情不睦，吵鬧離婚後遭同居情人公開批鬥，以致孤單度過晚年，在一次心臟病發作時，找不到人幫忙，67歲就孤獨而死了。另一位民盟的靈魂人物儲安平57歲就過世，死因不明。才子張伯駒有老伴畫家潘素照料，活到84歲。

　　2000年6月趙四小姐因為摔跤病逝，次年10月，張學良也辭世。活到101歲的張學良與蔣介石的恩怨是中國近代史具有轉折意義的關係，蔣介石活到89歲，蔣夫人更活到105歲。無論權力多大，人，終究是人，都需要有親人，這些歷史中顯赫的人物顯示「少年夫妻老來伴」是多麼真切！

　　到了老年，還是有許多人渴望親密關係。例如在榮民之家、安養機構裡，眾多獨身老人還是希望能結婚。雖然許多人提醒如此可能被騙，他們依然堅持，因為「希望有親密與性關係」符合多數人的意願。

　　影響性行為與性滿足的主要心理及社會因素包括（郭鐘隆、林歐貴英譯，2003）：(1)過去性活動史；(2)對各種性活動的態度；(3)生理狀態及有無疾病；(4)有無伴侶（對女性特別關鍵）；(5)伴侶的態度；(6)對自己性表現的焦慮（鰥夫與寡婦特別明顯）；(7)能否有私密的空間；(8)住在機構中要考慮管理者的態度。老人在心理上的撤退是否會造成「性」方面的撤退呢？老人對性活動的態度與行為狀況如何？在親密關係的發展上，老人是否「老當益壯」？美國退休人員協會（American Association of Retired Persons）2004年一項針對2,930位超過45歲的調查，其中超過70歲組呈現的情況是：

1.在過去六個月中有性活動，包括親吻、愛撫、性交、自慰、口交的比例，男性有87%，女性有63%。

2.在從事性活動者之中，85%的男性與55%的女性有高潮。

3.如果有伴侶，85%的男性與81%的女性表示生理上獲得相當的滿足，而在心理上相當滿足者，男性有88%、女性有83%。

4.53%的男性與37%的女性認同性活動、滿足與自尊、生活品質、勝任感都有關。處在婚姻狀態中的老人容易有性行為，男性高達91%，女性為86%；沒有婚姻的，男性只有29%，女性則低到18%。

　　在各項性活動中，親吻的比例最高（69%，男性76%、女性62%）；其次是愛撫（53%，男性61%，女性46%）；第三位是性交（36%，男性41%、女性31%）；第四是自慰（20%，男性34%、女性8%）；第五是口交（14%，男性19%，女性8%）。各項數據都顯示老年男性比女性高，男性積極追求性的滿足。我國如果要進行類似的研究，不知道能否順利詢問到正確的數據。畢竟美國從1938年起就有各項性活動的調查研究，例如金賽（Kinsey）在1948與1953年的性學報告裡，已經有針對70歲以上者的統計。

　　Hooyman及Kiyak（郭鐘隆、林歐貴英譯，2003）綜合許多針對老年的研究得出幾個結論，首先是性活動有減少，但並不明顯；其次是身體與心理的健康都有助於性活動及滿足。最重要的，親密關係比性活動更重要，如果有固定的伴侶，可持續性滿足。此外，年長者渴望尋求與建立新的親密關係，常見的方式有參加宗教活動、快速約會、去俱樂部、上網找網友，也有人找媒人或媒介體系幫忙。非正式的人際網絡是找到伴侶的首要管道。

參、離婚與多元選擇

　　多數人認為的婚姻是一個「找尋另一半」的過程，所以沒結婚的會以「沒有好的人選」為理由，婚姻不幸福的很容易發現「對方有哪些缺點」。其實，婚姻更是一個「尋找真實自我」的功課，對於某些人來說，這樣的功課到了人生後期，顯得特別突出。現代人都在外界大量的刺激中生活，面對異性的人數眾多。就算在真實世界沒法遇到太多異性，只要進入網路，天下不計其數的俊男美女都可以互動。但是，愈多花時間面對虛擬人物，就愈沒空面對自己。過去的婚姻相對單純，就算家族像是《紅樓夢》裡的榮府，當事人只要研究如何跟固定的人來往即可。配偶也

不可能接觸太多的異性，夫妻雙方都有足夠的時間與精力面對彼此，也面對自己。婚姻是他們最重要的功課，必須以最大的力氣學好。

人終究是要面對自己學習的狀況。不論在學校中做學生或是在家庭中或年邁時經營婚姻，都有各種功課，都得認真學。經營婚姻不能靠別人，更不能靠書本或是專家或是輔導工作者。人人必須「學習」，然後以正確的方法繼續面對各種功課。關於與異性的互動尤其是與配偶的相處，更得「學會學習」。尤其是與自己相處，更是「終身學習」的功課。

離婚終究是一種挫敗，就像是修一門課被當，但不是絕路。心情沮喪的人應該將離婚所帶來的傷痛視為替自己開創新生命的催化劑。「瞭解自我的內在」、「檢視自我的信念」，以及「解析自我的成見」等的人生功課。每個人整理自我，弄清楚自我，才可能看清楚自己和自己的道路，才可能發現自己和婚姻的危機。當代人的最大問題是無法區分「真實」與「虛假」。要分辨事實真相與虛擬情境，還要區分「婚姻的真實與虛假」，更要辨認「真實自我」與「虛假自我」的差異。

如同心理學大師弗洛姆所早已提出的：「孤立無援的現代人」，人際互動如此頻繁的現代人之所以無援，是因為人們沒法尋獲自己。他也寫了《尋找自我》這知名著作，提醒人際間的主要困境是「沒法好好找對自己」。如此，找不到真實的自我又如何能找到理想的另一半呢？要進入婚姻去找，更可能失敗。

老年離婚的比例快速增加，老年男性對婚姻的滿意度通常高於女性，女性不滿意的人數眾多，訴求離婚的以女性較多。美國退休人協會統計2004年1,147對老年夫妻離婚者之中，由女方先提出者為66%，而且很多是在丈夫毫無知覺的情況中提出。另外，日本結婚二十年以上的離婚人數，2004年是1985年的1倍；在加拿大，以2003年與1993年相比，55至59歲的離婚率增加47.8%，60至64歲增加31.7%，65歲以上增加9.2%（參考

蔡文輝，2008）。

在我國，2012年每千對夫妻之離婚對數為10.4對，全年離婚對數計55,835對，較2011年減少2.2%，減少1,242對或2.18%；2012年平均每日離婚對數為152.55對，亦較2011年減少3.82對。觀察近十五年（1997至2012年）離婚狀況變動趨勢，十五年來平均年增率為2.44%。但是婚齡三十年以上之離婚者增加9.26%，增加幅度最大；二十五至二十九年者增加5.22%次之；十至十四年者增加3.21%居第三。若按其結構比觀察，婚齡未滿五年離婚者比重較十五年前降低5.80個百分點，而婚齡三十年以上離婚者所占比率，較十五年前增加3.15個百分點，顯示離婚者結婚年數之結構呈現明顯變化（內政部，2013）。

離婚後有些人選擇再婚（remarriage），再婚包含各種層面，參考葉肅科（2000）所提到的六個層面進一步說明如下：

1.感情（emotional）再婚：再婚開始時，會產生害怕與人建立親密關係的情感障礙。要將感情從先前的親密關係中抽離，投入一種新的關係，再度放入大量的情感，令當事人畏懼。
2.心靈（psychic）再婚：再婚前有一段時間是個人獨立自主的階段，再婚後又要投入伴侶關係，建立雙方的互賴關係，又要對婚姻認同。
3.社交生活（community）再婚：與原有的關係漸漸疏離，又重新認識與新配偶有關的人群，建立不同的人際網絡。
4.親職角色（parental）再婚：需要安排與原來子女的關係，又要接納再婚對象的子女。
5.經濟（economic）再婚：再婚影響自己、原來家庭、新產生家庭等的經濟狀況。經濟來源、分配、運用都不同了。
6.法律（legal）再婚：需建立合法的關係，確認在法律上的權利、義

務與責任。

再婚常需面對前次婚姻中的子女，老年再婚時的子女多半已經成年，此種「繼家庭」（step-family），或稱「重組家庭」（reconstituted family）、「重建家庭」（reconstructed family）中的親情關係更為動態。有時雙方都有原本的子女，各自的關係，互動時難免尷尬。

有些人認為老人再婚後，穩定性應比較高，因為年紀大，社會經驗豐富，經濟狀況壓力較小，其實未必如此。美國的研究顯示，再婚者的婚姻滿意度較低，婚姻品質也低。

居高不下的離婚率與遷徙頻繁的社會流動，導致傳統家庭的結構崩解與功能式微，在心靈上未必依賴家人的安慰。有些人試圖透過童年玩伴、鄰居、同事，甚至網路上的交友等非血緣的方式，建立親人般的親密情誼，血緣不再是唯一重要的聯繫。人們建立各種形式的「另類家庭」，彼此的照顧與支援形成強而有力的後盾，其中的成員攜手共享生命的悲喜。

不論喜不喜歡，我們都得承認，傳統以血緣為主軸的家人關係正在減弱，家人間漸漸疏離，每個人與血緣親屬的聯繫也都少了。對老人來說，無法強求子孫與自己密切互動。正在職場打拼的子女、在學校求學的孫子女，時間就只有那麼一點，他們要忙著應付上司部屬同事客戶，還得忙著上網路，也忙著看手機接收許多資訊。年輕世代忙著與「現在」或「未來」世界中的要角打交道，因為同事、客戶與資訊都是迎向明天所必須的。至於與老人的關係，主要是與「過去」連結，相較之下，就顯得沒有那麼重要了。

以通俗的角度來看，人與人之間最好「有情有義」，但「問世間情是何物，直教人生死相許」，每一種家庭之內的「情」都要「相許」，都要付出心血和時間。如果付出少回報多，當然容易維持；如果只有負擔沒有快樂，就容易疏遠。家人間必然「有義」，但別忘了，人的本性是

「見利忘義」，若遇到比家人的「義」更大的「利」時，追逐利益是正常反應。「另類家庭」的興起其實也是一種利益的考量。

離婚率與再婚率均高，所謂的血緣家庭也可能關係複雜，再加上婚姻暴力、父母失和、虐待子女、疏忽子女的情形十分普遍，很多人從「原生家庭」得到的經驗並不好，「家庭會傷人」、「父母會扭曲子女性格」的情況是愈來愈多了。

很多人想在傳統家庭型式之外找一個像家的社會單位，希望能和一些人建立深度的友誼，更希望能遇到「無條件關愛自己」的朋友。這些朋友，不是「血緣上的親屬」，而是「心理上的親屬」——彼此情投意合，心靈相通；或者是「行為上的親屬」——有相近的習慣與行為模式。隨著網際網路與臉書等的發達，還有「網路上的親屬」；隨著同性戀者的團結訴求，也會有「同性間的親屬」；由於對資本主義高度競爭的厭惡，「共產式的親屬」更是從未消失。總之，人們正努力創造著「與血緣無關的親密關係」（鄭清榮等譯，1997）。

社會結構中，老人通常是主流文化的追隨者，另外尚有些「非主流人口」，如「與血緣無關的親密結合」與「非中堅人口」有較高的重疊性，而非中堅人口也許會另謀其他結合對象，組成像是家庭的家。例如：

1. 從年齡看，銀髮族最需要有相互照料的朋友，老人迫切需要與鄰近的人相依為命。有時一個老人有十幾個好朋友，比只有一個老伴更能支持照應。
2. 從居住區域看，搬進搬出頻繁的高移動地區內，某些人會因為居民的共同問題意識而形成「弱勢群體意識」，組成「心理親屬」。
3. 從文化族群看，因種族、職業、宗教、社會地位、感情取向等因素與主流文化有明顯差異的人口群，發展出獨特的文化及不同的結合方式，也較可能組成「另類家庭」。

　　當然，在臺灣，傳統的家庭依然有強大的生命力，家人之間的關係仍然被絕大多數人看重。逢年過節塞車多日的高速公路，依然展現血緣關係的重要性。但臺灣也是個高流動率、高離婚率、高家庭解組率的地方，未來勢必愈來愈像美國，血緣不再是最重要的緣，人們必將建立各種緣，而另類家庭的增多也是可以預期的。

第三節　家人照顧老人

壹、家人是主要的照顧者

　　無數老人拿柺杖，這是有形的，老人更需要家人作為無形柺杖，家人給予各方面的支持（張月霞譯，1997）。在國內，依照內政部的調查，老人起居活動有困難時，男性老人生活主要幫忙料理者以配偶或同居人為主，女性老人則以兒子為主。老人生活起居活動困難時，主要幫忙照顧者仍以家人（含配偶、兒子、媳婦、女兒）為主，外籍看護工為輔之照顧模式。主要幫忙料理者為子女者最多，占48.5%，配偶或同居人占14.3%，外籍或本國看護工合占16.6%，機構、居家服務員（含志工）合占3.9%，無人可協助而須自我照顧者占12.1%。主要幫忙料理者以兒子占22.30%為最高，其次依序為媳婦、配偶或同居人、外籍看護工、自己、女兒，比例皆為一成至一成五。

　　就性別而言，男性生活起居有困難時主要幫忙料理者以配偶或同居人比例為25.43%最高、兒子18.75%居次、自己12.57%再次之；女性主要幫忙料理者以兒子者比例為24.01%最高、媳婦16.81%次之，女兒、外籍看護工各分別為13.56%及13.42%再次之。

　　在有關老人照護的研究上，多數學者認為家庭照護（尤其是子女照

料）是最好也是最有效率的方式，只要家庭制度繼續存在，家庭照護就不會被機構照護所完全取代（Giarrusso, Silverstein, and Bengtson, 2005）。因為家庭成員可以用親情互相扶持，但家人照顧的比例正在下降。

Chattopadhyay及Marsh（1999）分析1963及1991年臺北市18至64歲男性戶長對於父母的奉養態度與同居意願，認為兒子應與父母同住的比例由1963年的76.6%降為1991年的56.7%，認為兒子必須負擔父母經濟的比例亦由34.8%（1963年）遽降為8.6%（1991年）。但在實際行動上提供經濟及其他協助給父母的比例卻由1963年的69.6%增為1991年的79.6%。這樣的矛盾現象反映的是文化壓力與道德傳統的約束，理念上子女希望可以卸下照護的責任，但又禁不起社會上的要求。在經濟能力許可範疇下，多選擇以經濟支援代替實質的同居共住或侍湯奉水。

章英華（1994），伊慶春及陳玉華（1998）等分析子女對老人家奉養方式的實證研究也都發現，願意提供年老父母經濟支助的比例大於願意與之同居共住。研究也顯示，大多數的成年子女不敢表示照顧父母是負擔，反倒是老人可能認為自己是子女的負擔。愈來愈多的人認為理想的老年居住安排是，住在自己家中同時享受專業的老人相關協助與服務。

貳、呈現的問題

我們的社會常常是由家庭扛起照顧的重責大任，老的靠子女、小的靠爹娘、弱的靠父母。即使是平凡的家庭，有媽媽偉大的愛。倘若家庭中有老弱殘者，母親幾乎都忘我地付出，有些子女、媳婦、女婿更是協助老人對抗疾病、災難、傷殘。家庭成員可說是卯足全力，以無比的愛充分照顧長輩，因此有了許多感人的故事。

極為孝順的子女固然偉大，但可能會出事。如此長時間地勉強自己，不是一個愛字這麼簡單。照顧者需誠實面對辛苦，懂得把辛苦分擔出

去,照顧之路才走得下去。許多家庭很脆弱,通常是孝順的信念支撐人道主義。

　　子女的孝順固然可貴,卻無法撐住脆弱的家。高雄一位媳婦綁住婆婆的四肢,再以枕頭覆蓋在老人家臉部施壓10分鐘。她見婆婆有呼吸,以膠帶將嘴鼻黏貼,外出半小時返家,見婆婆仍有氣息,再次以雙手對枕頭施壓十幾分鐘,直到婆婆窒息死亡。這位媳婦太狠心了,可是她的痛苦也很深。農曆年前,許多安養機構面對「老人家沒有子女接回去過年的難題」。農曆年後,安養機構被警方通知:「這裡有在山上被遺棄的老人,你們收不收?」無數照顧老人的機構最頭痛的問題是子女不願意幫長輩繳費。長壽,原本是讓人羨慕的祝福,如今成為很多老人的無奈,同時也是他們的子女、媳婦、女婿的強大壓力。長輩們都期待老年歲月是光榮的,而他們的下一代卻各有想法,經常扮演照顧角色的媳婦通常不是那麼樂意。

　　媳婦對婆婆,沒有血緣、沒有恩情,要她們吃力不討好地照料,不免強人所難。送到機構,子女未必都有能力或意願負擔費用。尤其在不景氣的時候,老人的地位隨著家庭可支配所得的遞減而下降。在照顧長輩方面,無數照顧者與被照顧者都在「忍」,忍無可忍的時候,就可能出現殘忍的悲劇。

　　臺灣因照顧而產生的家庭悲劇一再發生,不能勉強任何人承擔這麼重、這麼痛苦、這麼無助、這麼長期的照顧任務。還是需要國家機器投入大量的資源,還是需要社會各界的人力與物力,不該寄望任何家庭去創造奇蹟,不能強求任何機構單獨負起責任,更不該以為動人的故事會持久,應該把辛苦的重量交給政府承擔,由國家基於人道主義負起責任。

　　照顧者與被照顧者常形成「拖累症」(codependence),研究「拖累症」的名著《愛是一種選擇》(新路編譯小組譯,1998)提醒如何用心使愛成為祝福,而非壓力。書中提醒:「你愈愛他照顧他,可能就愈拖累

他，你給他自由，他反而屬於你。愛是給他選擇，不是強迫對方愛你。愛是不使對方生活在威脅中，而能輕鬆保有自己的獨特。愛不靠幻想，需要從現實中得到力量。愛不是狹隘的關注，而是使對方得到寬廣的支持。最重要的，並不是只有我能愛他，我只能協助他接受愛與照顧。」

愛不是控制，而是許多的願意，只要對方好，不必屬於自己，更不必靠占有去證明。愛裡沒有懼怕，愛裡沒有眼淚，愛從來不是得失的問題，而是豐富與成長。在家人照顧之中，需要每一個人都用心檢視自己的所有關係，把太用力太緊張的部分，放鬆再放鬆。

大多數的失能老人都只能自求多福，由家人自行照顧，或花錢請外籍看護工幫忙照顧，或是送到安養中心。在這三種照顧方式中，以家屬照顧的比例最高，也最辛苦。有相當多人是以請假、離職、犧牲睡眠、放棄休假或謝絕社交等犧牲來照顧家中的失能老人。家庭照顧者這樣壓榨自己，不眠不休的照顧方式，令人感動，但卻也因為這樣而讓照顧者飽受身心煎熬的痛苦，甚至自己也累倒了，成為另一個需要被照顧的人，也發生過許多因為照顧老人而虐待的悲劇。近年來探討這個議題的論述不少（顧美芬，2013）。

參、老人是否應離家安養？

人口老化是家庭變遷的重要指標，影響家戶形式、居住型態與家人關係（薛承泰，2008），這個議題日後會愈來愈重要，考驗著老人、家人，也考驗政府。Brubaker（劉秀娟譯，1997）探討「老年家庭」，分析老年對家庭造成莫大的衝擊。例如，生病乃至行動不便，影響深遠。家庭結構已經改變，生病的老人離家安養將成為許多人的選擇，主要的環結還是家庭照顧的問題：

1. 家庭生活品質降低：老人患病，家人必須輪流照顧才能應付，在已邁入高度工業化、都市化的現今，多數人都非常忙碌，難以有太多心力好好照顧老人，即使勉強同住，通常是家務無法處理，飲食也只好一切從簡，結果是全家生活品質都大大降低。

2. 家人勞累不堪：照顧老年病患是相當費體力的工作，扶臥生病老人下床，換床單、被褥，餵飯、洗澡、洗頭、燒菜煮飯、洗衣，都要花上可觀的時間。如果是大小便失禁，那就更麻煩。家人有的要上班，有的要上學，體力嚴重透支。

3. 經濟拮据：醫藥費用固然健保可以協助一部分，可是名貴藥品及營養食品，還是所費不貲。如果加上請人幫忙照護，開銷會更大。

4. 焦慮不安：家有慢性病人，隨時都會有狀況發生，家中具有醫藥常識的人畢竟不多。上班時請傭人或臨時請遠親近鄰來照顧，總是心中不安，深恐萬一有所意外。

「過度的填塞」（stuff）可能是不幸的原因；然而，「過度的填塞」處處可見。無數家庭因為照顧老人，又亂又髒，生活在其中的人幾乎因而心浮氣躁，甚至殺人害己。持續忙碌，累積太多的情緒在內心，很不快樂，一旦到了臨界點，後果自然不堪設想。壓力太大時，很多人的內心可說是劇烈滾動著，水燒到100度就沸騰，人承受的壓力到了臨界點，就像槍砲啟動扳機（trigger），發射出去，毀了家人也毀了家庭。照顧者與被照顧老人的內心皆不平靜，都身陷在快要爆炸的情境之中。

由配偶照護老人，自然是上策中之上策，一則與他（她）同行幾十年，彼此心意早就相通，什麼地方不舒服，什麼時候該吃藥，什麼情況該如何早已不言而喻。二則同命鴛鴦，甘苦與共，貼心之情很難用言語來形容的。問題是其中一個人病了，而且還病得不輕，平時相依為命，再苦的日子也可以挺下去，如今卻是一個人臥病不起，子女雖住不遠，有難時卻

是隔如天邊,呼天叫地都不靈,再加上自己年齡也一大把,身體不是挺好,伴侶這一病,突然覺得自己不但體力不支,實在沒法子再撐下去,尤其是欠缺護理常識,好多侍候病人的事不知如何著手。在這種情況之下,社會所提供的居家服務就扮演了非常重要的角色。

另一方面,子女本來就有照顧父母在家安養的責任,問題是子女如果還在打拚事業的時候,沒有多少時間可以回家裡侍奉生病的老人,尤其是慢性的疾病,不是短時間之內就可痊癒康復,長時期忙著公務,忙著自己的家務,再忙著照料自己的子女之外,究竟有多少時間可以在生病的老人身邊,善盡人子奉養之責,的確是心有餘而力不足。就算是勉力為之,看在老父老母眼裡,心中必定不好過。

Taylor(楊康臨、鄭維瑄譯,2007)分析老人照顧常見的爭議與調解主題包括:(1)立即照顧需要的危機處理;(2)自我照顧能力與法律代理人與監護需要的爭議;(3)安置與常態照顧的責任;(4)需要慢性及持續性照顧時該選擇合適的醫療處遇決定;(5)經濟負擔責任、債務與財產分配;(6)該與哪些人接觸的決定;(7)如何保密等。

爭議可能發生在老人與家人之間、老人與機構之間、不同家人之間、專業人士與家人之間、政府體系社工與老人或家人之間。所以照顧老人牽涉到各方面的力量,對家庭的生態、家人的關係等都產生莫大的衝擊。許多家庭因為老人的生病及照顧需求而衝突不斷,也有些家人因此團結。

更值得注意的是,今天的老人國度中,成長最快的是高齡85歲以上的較高齡老人。在這一組老人之中,他們的子女也可能是60歲以上的即將步入老年行列之中的一群。他們的健康狀況也不見得很好,由較年輕老人來照顧年長老人,這中間的問題不少。

在這種情況之下,如何由社區或機構的力量提供一些照顧,成了必要的選擇。

CHAPTER 6

社區化與休閒

老年階段的生活空間不同於成年階段，老人主要的社會參與是在社區裡。老人的生活環境通常比成年時有限，在社區裡生活及活動的機會比成年階段高，老人的社會生活與社會網絡少不了社區。「安土重遷」是常態，「終身學習」則是必要，在社區裡學習使老人充權，老人以各種形式參與社區。

「組織人」的角色淡化、「社區人」的角色增加。「在地老化」使老人不至於經歷過大的衝擊，「社區照顧」使老年加入各種服務輸送的機制，「擔任志工」則是對社區貢獻。老人與社區有各種形式的互動，社會網絡、社會參與、社會行動等，都以社區為基地。古典社會學家史賓賽、華德、杜尼斯等對社區與結合的分類，因為眾多老人扮演各種角色而有了新的意義。

「休閒」是老年生涯的重頭戲，休閒不僅是個人意願的形式，更具有社會的意義。多元的休閒顯示社會的多元、老人的異質、所得與教育程度的差別。照顧寵物的人愈來愈多，捻花惹草、園藝農耕成為時尚，著書立說、組織機構也是選擇，都為社會留下珍貴的資產。

第一節　老人與社區

壹、在社區中參與

Keating（2008）透過眾多研究的結果得出一個結論：要好好變老就是要在社區裡變老，參與社區也享受社區的資源。社區（community）通常是指特殊的和比較具體的人們集體（collection of people），其字根代表直接、共同與關懷（孟祥森譯，2000）。社區絕不是孤立的，必須與外界

聯繫。社區裡的人有相近的觀念、態度和行為習慣，共享生活基本要素與條件。社區是一人口群，他們：(1)住於相當鄰近地區，彼此常有往返；(2)具有若干共同的利益，彼此需要支援；(3)具有若干共同的服務，如交通、學校、市場等；(4)面臨若干共同的問題，如經濟的、衛生的、教育的等；(5)產生若干共同的需要，如生活的、心理的、社會的等。

　　社會是比較大，人數較多的集合體。社區則是一個「小社會」，社區有地域、共同利益、認同感覺等三要素。社區組織是以地域、共同利益或共同關注為組成基礎的集體。社區的「疆界」十分重要，社區最主要用來解釋「地理上的」，住在同一個區域，才屬於同一社區。在地理的空間把人們放在一處，更需要在「心理上有認同」，老人對社區的認同特別強烈，往往是社區中的積極參與者。

　　Wenger（1997）認為，社區工作的重心是「實踐」（practice），最關鍵的是廣泛學習（learning）、創造意義（meaning）、塑造認同（identity）。以社區當作一個行動體來看，社區須透過辦理各項活動來強化成員的社區意識以及凝聚力，在實踐範疇內推動社會變遷，主要有四種模式：(1)改變社區中較脆弱的群體，即社會治療模式；(2)分析社區成員間的資訊分享，即教育模式；(3)探討創造或整合社區成員關係，即互動模式；(4)開拓文化交流活動的文化改變模式。重點都在社區行動者動員和改變社會關係。

　　不同社區以各種力量呈現活力，常見的狀況有：(1)共同從事「自力救濟」，為了社區的某些困境而集體行動；(2)共同支持某些政治人物，藉此凸顯社區地位；(3)舉辦對社區居民有益的活動；(4)共同辦理某些能夠增加收入的業務，使社區居民改善生活，社區能夠增加資源；(5)提供社區內老人與身心障礙者較方便的照顧，結合醫療與社會福利的工作，屬於「社區照顧」（彭懷真，2010）。

　　老年人的平均教育程度低於比他們年輕的世代，生活方式傳統。年

輕人常覺得老人家「土」，多些「土氣」，比較「鄉土」。老人普遍喜歡
住在「腳踏實地」的房舍，而抗拒高樓大廈。很多老人會整理附近的土
地並種菜種花，即使是公寓豪宅也設法用盆子種青蔥等青菜。現代社會
有如游牧民族，想賺錢常得隨工作機會搬遷，許多老年人則生活在農業
時代，搬不了土地，就適應土地。如同費孝通（1946）所說：「黏著土
地，長在土裡的行動不得，像是半身插入了土地，土氣是因為不流動而產
生。」

　　土地產生的連結使老人家的社區網絡更為重要，老人所種的青菜蔬
果與鄰居分享，鄰居也拿些東西來交換，「以物易物」建立了對抗現代資
本主義的生活方式，人際關係裡因此多了些鄉土味。老人多半有一早起來
就掃地，打掃家門口時與在附近走動的鄰居打招呼，使人際關係多些自然
互動。散步是老人最主要的休閒健身活動，這在社區裡就可以進行，無須
出遠門。

　　「落葉歸根」，代表土地是根，向下扎根才可能向上結果。無數家
族都來自土地，在土地上耕種營生，生兒育女。因此「安土重遷」是中華
文化裡不可少的一段，除了土地滋養自己，更因為配合土地有了綿密的人
際關係。「遠親不如近鄰」最能夠說明這樣的情況。老人對物質與經濟等
來自資本主義的需求漸漸淡了，但對於充滿土地意義的心理與社會需求增
多了。

　　「喜新厭舊」是年輕人普遍的心態，老年人卻「厭新而喜舊」。
老人接觸新事物的速度較慢，希望以較為緩慢的節奏來生活，從容、優
雅、穩健等最重要。老人希望的是「熟悉」。費孝通（1946）如此描
述：「熟悉是從時間裡多方面、經常的接觸中所發生的親近感覺。這感
覺是無數次的小摩擦裡陶煉出來的結果。」他進一步解釋論語第一句
話「學而時習之，不亦悅乎。」「『學』是和陌生事物的最初接觸，
『習』是陶煉。」這不亦悅乎描寫熟悉之後的熟悉感。老人在此得到的是

隨心所欲的自由，而不是動輒得咎的壓力。

因此一旦離開社區，到了都市，進入各公共空間，老人常表現出緊張的情緒。在鄉下，老人去看病還帶著家裡所種的蔬菜水果送給醫生，寧可挑小診所。固定上傳統市場，與熟悉的商家買菜順便聊幾句，對於大賣場則沒那麼喜歡，各種便利商店、麥當勞等速食店都不是老人家愛去的場所。如同布勞岱爾（Braudel, 1981）所分析的，食衣住行等日常生活結構是基礎，必要時才加入市場經濟（market economy），至於全球化的麥當勞、大賣場等資本主義（capitalism）活動與老人家的關係沒那麼密切。

年輕人急著結識更多的人，臉書、部落格、Line、智慧型手機等都提供了結識他人的方便。但長輩未必喜歡多認識人，也不積極擴展人脈。老人多同意：「相交滿天下，知心有幾人？」在人際互動中，現代重視溝通，「多溝通、說清楚、講明白」是現代社會強調卻未必是老人喜歡的互動方式。對於熟悉的鄰居，主要是點頭之交，何必深入溝通？法治社會的各種作法：讀條文、填表、簽名等，老人家能少一件算一件。人際之間的信任比契約更重要。無需費心即可反應的行為是最方便的。各地隨處可見的土地公廟，福德正神是最人性的神，管著附近的閒事。有些老人到廟裡求些紅紙包，裡面裝的香灰有如泥土，顯示著土地的連帶。

貳、在社區中學習

中華文化基本上是看重學習的，「社會教育」一向是教育體系裡的要項。20世紀末期，「成人教育」被廣泛提倡。近年來更重視「高齡教育」，蔡培村主編（1995）；杜娟娟（1998）；朱楠賢、胡夢鯨、黃錦山（2007）；林麗惠（2006）；黃富順（2007、2008）等都詳加探討。過去主要是正式教育制度裡的學習，如今全球都肯認「終身學習」的可貴，提供終身學習的機制未必僅僅是學校，企業、非營利組織、宗教組織都可

能是提供學習的地方。各社區也參照了這樣的理念，有了各式各樣的讀書會，透過共同學習來成長，有些因此建立了半正式乃至正式的學習組織，在臺灣因此有許多的社區大學，老人是最重要的學員，有時還因為專長而受邀為講師。各地的長青大學、松年大學等，當然是以老人為主要的對象。

　　社區大學屬於民間推動的教育及社會改革運動，其創始的目的之一是「解放知識」，另一項目標則在於催生「公民社會」。社區大學提供成長管道，透過共讀、思辨、討論過程，規劃出具體的實踐行動，社區大學與社區及在地居民相結合，最終願景在建立一個能夠提昇公民素養、創造臺灣新文化的「公民社會」。（社區大學全國促進會網站，2010/06/20）

　　有些社區學習的組織在面對公眾議題與重大危機時，團結起來，共同面對考驗，把學習的社群轉換為實踐的社群（community of practice）。在九二一大地震、八八水災之後，都有許多社區行動的實例。政府對社區的許多補助，也是透過專案的補助，這些專案基本上是針對社區的某些共同問題而提出的改進。在這些行動中，有一些寶貴的經驗，例如（彭懷真，2010）：

1.透過「自然人」的關係，強化「法人」的運作：社區是「法人」，社區與社區的關係是「法人」之間的關係，社區工作者是「自然人」。社群關係包含了法人間的關係，也包含了自然人與法人的關係、自然人與自然人之間的關係。在「實踐社群」這樣知識分享與移轉的團體，如果是團體，偏向「自然人之間」的關係。

2.團體凝聚力產生後，勢必會遇到「建制化」的考驗，參與者漸漸要考慮是否從感情凝聚的「團體」發展為影響力更大、參與更積極的「團隊」（team），進而形成社區裡的組織。

3.如果社區居民組成了社區的組織，按照政府各項規範去運作，辦理

各項活動，就有「法人」的力量，對社會產生更大的影響力。

社區大學等社區學習組織提供了一個平台，給予參加的長者各種人際互動的機會包含志工夥伴間的互動、各工作人員的互動、服務對象互動的經驗等。在其中可以鼓勵和肯定，因而獲得重新省思問題的機會，並且得知機構內或外的其他資源。

社區不只是「一群人的組合」，更重要的是成員間內在的連結、共同願景的建立和組織文化的營造，在一群人的學習與行動之中建立了實質社群關係，使社區幫助成員的學習。在實際行動中，處處展現豐富的生命力，即使是一些細微的、隱密的現象，也能展現社區最可貴的精神：在地、參與、對話、學習等。

社區組織能夠發展，必須創造資源獲取機制和處理各力量之間的關係，方法是建構開放的溝通平台和組織關係，強化家庭支持系統、連結社區、鄰里、社會資源。具體的實踐方法之一，是充分考慮社區裡家庭需要的「社區照顧」。

Curry及Cunningham （2000）認為：持續教育（continuing education）成功的關鍵是「在社區裡共同學習」（co-learning in the community）。社區的英文是community，字首co的意思就是共同、靠近、相近，是人人都需要的。照顧的英文字也是c開頭的，也有靠近的意思。「照顧」是美好、溫暖，充滿真善美的，是人間最好的行為之一。在中文中，「照顧」指的是「關照愛護」，與「照料」有些不同。照料多半是對事業，照顧主要是對人，重點是看顧、關心、顧念，是愛心的具體表現。在英文中，照顧（care）比治療（cure）的範圍要大，是全面地協助。

「社區」也是美好的詞，人們居住在靠近的地方，彼此幫助，相互扶持，以愛真誠對待。「社區照顧」就是由這兩個美好概念組成的專業

又人性的服務，比起傳統機構式、威權的、冷冰冰的照顧，更能貼近人心，更符合人性。社區照顧的重點是「與生活結合」，又是「扎根在自己土地上」的服務。是人性的、是屬於家庭的、是期盼人們共同投入的，也就是專業人員各自貢獻所長，而需要者各自獲得所需要幫助的現代化服務。它能適當地修正過去機構照顧的缺失，把人性找回來，又使人際關係中的愛得以發揮。

老人普遍有懷舊的心理，重視親朋老友、故鄉老家、往事情懷、古董文物等。懷舊是一種心理調適的表現，可以舒暢心情、穩定人格，讓老人得到較高的生活滿意度。過去熟悉的生活點點滴滴最能夠安撫老人的心情。以前廚房裡常用的鍋子、碗盤、烹飪時所發出來的聲音、香味，最能夠引起老人的聯想。小孩時候的玩具、彈珠、尢仔標等，都可以重現在社區的環境設施中。寵物對於安定老人的心有相當大的作用。但是，飼養動物有人喜歡，也有人不喜歡。可以動動腦筋，有人以玩偶代替。

參、社區使老人充權

Zimmerman及Rappaport（1988）找到一個重要線索：老人的公民參與（Citizen Participation）歷程就是體認自己還有能力的歷程，在其中獲得了心理上的充權（psychological empowerment）。Zimmerman進一步研究心理充權，發現最有效的策略是在社區的環境之中。黃松林、洪碧卿、蔡麗華（2010）認為，長青志工是活躍老化最好的表現。

內政部統計處（2009）統計，65歲以上之長青志工由2004年的1,798人增至2008年的3,374人，2009年有2,322位參加。2011年度計有21,011名老人志工參與志願服務。另外，內政部2011年統計補助民間單位辦理各項敬老活動、長青運動會、才藝競賽、歌唱比賽、球類比賽、研討會、團體輔導、老人健康講座及老人福利宣導等活動，共834案，1,134場次，計有

287,200人次參加。由這些數據顯示：老人的參與愈來愈活躍。綜合各項針對老人的研究發現，影響老人社會互動的最重要力量整理如下：

1. 家庭狀況與家戶人數：獨身、有配偶、與子女同住、三代同堂等都是常見的家庭狀況，家戶人數的多寡必然影響老人的人際網絡。

2. 居住安排的形式：常見的有獨棟別墅、公寓、國宅、退休宿舍、安養機構、養生村、護理之家等。

3. 經濟水準與財富：所得高的期望寬敞的生活空間，以往省吃儉用，對於居住的需求以「房間」為主，還要與人分享家戶。如今有錢了，希望的是「戶」，自己可以擁有獨立的空間。獨棟別墅與獨居公寓的普遍，顯示出這樣的人口激增。

4. 教育程度與昔日職業：某些政府單位、學校、企業提供宿舍給員工，使家居與工作地點更接近，這些人退休後如果還住在宿舍或在附近購屋，互動的對象還是以同事為主。

5. 健康狀況：從身體硬朗到疾病纏身甚至無法自理生活，有不同的居住安排。

6. 對科技使用的能力與習慣：在科技昌明的時代，無數家電產品使老人更為便利。通訊產品的日新月異使老人能擴大人際關係，成為虛擬社群裡的網民。

當然政府的政策、醫療健康的機能、企業提供的服務、社區的功能、宗教信仰等也都影響老人的社會參與。換言之，老人絕非不沾染社會的獨行俠，而是社會制度中的重要成員。

從近年來社會工作很重要的概念——用「充權」的觀點去檢視這些參與者的成長。在社區大學等社區團體領域中，無數人從「個人的成長」、「人際的成長」進而造成「社區環境的成長」；充權是「幫助個人、家庭、團體及社區增進他們個人的、人際的、社會經濟的，以及政治

的優勢與影響力，以提升他們生活處境的過程」。

Everett、Homstead和Drisko（2007）認為，以社區危機為基礎的充權歷程才是使老人與社區都得力的策略。充權的促成因素，主要是人際互動，各種社區的學習團體都是「自助的」，從自我成長開始，有些還幫助社區成長。當團體成員關心相似的問題和感受時，能使成員在面對自身問題時較不感覺孤單。自助團體的組成能夠藉著擴張成員共同的經驗，提供團體成員支持。在這類型的團體中，成員大多持有一些類似或相同的經驗，成員與有相同情形的成員在一起時，自我概念也會產生改變。

第二節　社區照顧

壹、在地老化最適合

「在地老化」應該是老年福利中的重點，蘇麗瓊、黃雅鈴（2005）認為，在地老化就是老人福利政策再出發。老人在社區這熟悉的環境中漸漸老化，透過適度的協助，安享晚年。黃松林（2005）分析如何使社區關懷據點成為社區照顧的基地。社區照顧服務最主要對象是長輩，在「敬老尊賢」的中華文化架構中，政府、社區與成員都應以歡喜的心情落實社區照顧。社區中最容易見到的就是老人──有各種需要的老人（江亮演，2009）。老人有需求，他們所居住的社區可能有些滿足他們需求的資源，但是應如何結合兩者呢？在臺灣，照顧資源管道的不暢通是嚴重又普遍的現象。特別是到了老年，長期累積的身心與社會關係差異，有些人生活富裕，有些人十分貧困；有些人生活在綿密的人際關懷網絡之中，另一些則孤單無助。如各項服務的成效良好，不幸的事便會減少，老人及其家人得到的扶持會增多。

　　《禮運大同篇》具有相當濃厚的社區意識，例如「人不獨親其親，不獨子其子，使老有所終，壯有所用，幼有所長，鰥寡孤獨廢疾者皆有所養。」就是對社會上各人口群的照顧，其中「奉養雙親」及「老有所終」是最重要的訴求。人們已經參與社區、服務社區，也從社區獲得所需要的資源。社區是老人安身立命的地方，是最人性的地方，更是居民共同的「根」。

　　在中華民族中早就有「落葉歸根」的傳統，「在地老化」的理想正是「落葉歸根」的現代說法，也是對近年來過於專業化、機構化的一種反省。目前對老人醫療服務過度「治療」，人們都希望自己未來老化時能享受到較為人性地對待，也就是被社區所照顧。

　　「社區照顧」（community care）的概念要溯源於19世紀對英國貧窮法案（the Poor Law）機構式收容的批評，到了1950年代，美國與英國精神醫療界興起了「去機構化運動」（deinstitutionalization movement），認為精神疾病與心智不足者，應由醫院照顧轉移至社區照顧。社區照護的起源與精神病和1950年代對制度化的批評有關，這種批評導致1963年發表了 "Health and Welfare: the Development of Community Care"（「健康和福利：社區照護的發展」）。從那以後，社區照護一詞也被用於指對其他一些團體的服務，例如兒童和老人。到1980年代，社區照護的概念被政府用來援助日益增多的需求者。隨後這股風潮亦影響到老人長期照顧服務領域，認為老人長期照顧服務應由機構照顧轉移至社區照顧，讓老人家住在自己熟悉的社區裡，避免與社會隔離（黃源協，2000）。

　　這股去機構化的潮流之所以影響到老人長期照顧領域，最主要的原因是對機構式照顧服務品質的疑慮，機構式照顧太強調整體的統一制度，忽略個別化與人性化的需求；甚至不時有機構工作人員疏忽或虐待老人的傳聞出現。因此，社會大眾開始期盼以非機構的方式提供較人性化的照顧服務，以避免上述因機構照顧而產生的弊端。另一方面是對機構式照

顧高成本的省思,為反映建立機構與聘任專業照護服務人員的成本,機構式照顧服務的收費普遍偏高,這使得一般收入的家庭與老人經濟負擔沉重,較無能力與意願進駐機構,結果造成老人進駐安養護機構的比率偏低。

受到去機構化理念的影響,「社區化照顧」開始受到重視。1980年代美國與英國有許多「以社區為基礎的照顧服務」(community-based care services)方案提出,藉由社區中小型的家庭式、人性化的照顧服務,取代傳統大型機構照顧服務的社區化照顧方式。去機構化以及社區化照顧服務的理念被引進臺灣,未來老人長期照顧服務的發展,勢必會以去機構化及社區化照顧服務為主要方向。

社區照顧,簡單說就是讓老年人以及失能者能夠住在自己熟悉的社區中,就近得到長期或短期的個人照顧服務。一方面使老人得以在熟悉的社區中安養,不脫離原來的生活圈,提高他們的生活滿意度與自我安全感;另一方面延緩他們進住機構的時間,以節省相關的照顧經費。社區照顧的實施方法則是結合社區中正式的、專業的、付費的資源,如護理師、居家照顧員,與非正式的、義務的、無需付費的資源,如朋友、志工等,對需要照顧的老人提供服務。政府部門希望透過社區照顧的方式,減輕政府的財政負擔;透過社區照顧的方式,可以避免全控式機構(total institution)缺乏人性的考量,對受照顧者該有的尊重與尊嚴。

雖然社區照護被視為是替代機構式照護的辦法,但也受到了批評,例如定義不明確,很難斷定社區照護與公共機構照護是否為兩回事,它們依靠的都是福利措施;由於欠缺嚴謹定義,可能意味著社區照護只不過是由親戚、朋友和鄰居給予的很少或微不足道的照護;社區照護的資金來源往往不明確,有些批評者說社區照護是一種減少福利措施開支的策略。女性主義爭辯說社區照護是婦女在家庭和社區中執行照護任務,大多照護工作是由婦女進行的,通常是由女兒和兒媳來做的。對婦女工作的分析

證實婦女往往在擔任付酬工作的同時還要在家庭中照護他人（劉珠利，2004）。因此對於社區照護有一種諷刺的說法：這是一種以最小的政府開支為他人提供福利的辦法，有效的社區照護可能比公共機構照護花費更多。

貳、老人接受社區的幫助

Bradley（2007）詳細分析在社區裡與老人合作的方法，社區是為老人存在也需要與老人共同處理老人的問題，如社區移動、經濟管理、健康管理、家務處理、烹飪及清潔、購物等。行政院於2007年核定「我國長期照顧十年計畫」，對失能且獨居之老人以協助日常生活活動服務為主，服務內容主要為居家服務、日間照顧、家庭托顧、低收入及中低收入失能老人營養餐飲服務及交通接送服務等，並依服務對象失能程度及家庭經濟狀況提供不同比率補助。社區式長期照護服務是老人家留在自己熟悉的生活環境中，接受不同專業的幫助。內容包括：

1.居家照護：指老人留在家中，仍可與家人維持良好之互動，但接受專業人員提供的以下各種服務：

(1)居家護理：由護理人員及醫師定期前往個案家中訪視，協助家屬解決照顧上的問題，並視老人家的需要，連結各項資源，如申請低收入戶補助。

(2)社區物理治療：由物理治療師至個案家中協助個案進行物理治療及協助居家環境之評估，目的是使老人家或行動不便者可掌控自己家中的環境，增加生活滿意度及獨立感。

(3)居家職能治療：由職能治療師至家中評估老人家的需要後，擬訂所需的治療計畫。主要活動包括日常生活、工作或休閒活動三大類。協助老人家在有限的能力或是居家環境障礙中仍可從事活

動，維持老人家的活動力，以延長在家中居住的時間，預防失能的狀況惡化。

　　(4)居家營養：由營養師至家中提供服務，評估老人的營養需要，擬訂老人所需的熱量、菜單；並教導照顧者製作老人食物或協助選擇合適的管灌品。

2.居家照顧：由非專業人員所提供之服務，偏重老人日常生活之所需，內容包括：

　　(1)居家服務：由照顧服務員依老人日常生活能力失能程度的不同，提供家務及日常生活之照顧（如陪同就醫、家務服務、打掃環境等）、身體照顧服務（如協助沐浴、陪同散步等）。

　　(2)送餐服務：對於獨居的老人家所提供之服務有數種方式，一種為定點用餐，由社區發展協會及各老人中心或是公益團體，提供固定的地方，老人家自行於固定時間前往用餐；另一種為照顧服務員至家中協助老人家準備飯菜及協助用餐；亦有結合計程車司機將飯盒每日定時送至獨居老人家中。

　　(3)電話問安：主要服務對象亦為獨居老人，主要是由志工或專業人員不定時打電話至獨居老人家中表達關心，藉以防範意外事件之發生。也有類似手錶緊急連絡裝置，可防範獨居老人意外事件的發生。

3.日間照顧：是一種介於老人中心及護理之家的照顧，白天提供照護，晚上老人家即回到家中，就如同小孩上幼稚園一樣，服務對象為日常生活能力尚可的老人。在日間照顧機構中亦有提供照護、復健、各項活動，可供老人家選擇。

　　政府主要是透過設置日間照顧中心的方式來推動失能者的社區照顧工作。對於沒有接受居家服務或機構安養的失能者，或因為子女均在就業

而無法提供家庭照顧，而又不願去機構照顧的老人，在白天就由中心提供生活照顧與教育休閒服務，晚上再將老人接回家。

在社會行政體系中提供居家服務、送餐、緊急救援連線、住宅設施設備改善、電話問安、到宅訪視等。在長期照護體系中另有照顧住宅、家庭托顧、失智症的日間照顧中心。在衛生行政中以醫療照顧為主，包括居家護理、社區復健、營養計畫、復健與輔助服務等。這些照顧都需要龐大人力，社區又有龐大勞動力的體系，如能將供給與需求結合，對社區的發展與對社區居民的協助，都很可貴。

國內多數老人喜歡居住於自家住宅或熟悉的社區環境內，日間照顧就是提供輕度或中度失能及失智長者的社區式服務模式之一，可說是「老人托兒所」，有助於上班族兼顧工作及照顧長輩。

日間照顧（day care）的落實有賴「接送老人」的方便，如果要機構單獨負起交通的成本有實質的困難，因此應考慮動員社區內的勞動力就近給與協助。照顧服務員需要接受訓練和實習，當他們持續服務時，被照顧者的福利比較能被保障。當老人家已經有些失能狀態時，此時更需要日間照護（day health care）的協助。有些家屬直接將這些老人送進機構，其實還可以借重社區的力量先試著幫助這些長者。

「在地老化」和「延緩進入機構」都是好的發展，但如何使社區的無障礙空間更方便？如何在公園的規劃、公共設施的改善方面多些用心？都有待政府、社區與民眾共同推動。社區民眾感受到政府對社區投注之努力，逐漸認同組織推動之理念，進而加入社區服務行列，增加社區凝聚意識，面對共同之社區問題。各非營利組織在行動中也發覺社區需求轉變，因此組織照顧方案的推動一方面提供適切性服務，一方面可培植在地人力投注於社區工作。

參、資深公民參與社區

當嬰兒潮的人口漸漸進入老年階段，出現歷史上教育程度最高、儲蓄率最高、工作能力最強的大批老人。累積了幾十年的經驗與技巧如果完全退出就業市場，對社會及社區是極大的損失。如何使這些人持續發揮力量，美國出現公民參與（civic engagement）一詞，這與活躍老化（productive aging）概念相近，都強調個人的責任、自信和貢獻。如果社會善加運用，有如整體社會的「意外資源」。

公民參與的核心意義是老人對社區的主動投入，主要方式有投票、加入社區的組織、擔任志工、參加非營利組織……，都有助於活化所居住的地區。其他形式還有：清理公園、照顧貧困者、協助政治組織的活動、加入社區守望相助隊、幫忙照顧其他老人和身心障礙者等。由於大批老人都在工作或志工生涯中累積豐富的經驗，對於種種社會問題，老人可以呼籲、倡導、提醒、投書，也可以加入解決問題的行列。近年來，無數的家庭破碎、失去功能，年輕的父母疲憊不堪，年長者可以協助關心孩子，一些非營利組織推動「喘息服務」邀請老人參與，幫忙照顧小朋友。

如此做，對忙慣了的老人是好事，代表自己還有「被需要的價值」，生活中還有些可以忙碌的事，因為只是擔任配角，無須擔負太大的責任。從社會整體看，可以化解年輕世代對老人的批評，老人並未占據重要職位不至於阻擋年輕人，反而從旁協助，為年輕世代分擔家庭中與社區裡的角色。老人通常在政治立場上保守，多從事公民活動對政治發展而言是一股穩定的力量。

在美國，追蹤過去三十多年歷次的總統大選，不同人口群的投票率有所差距。老年世代比年輕世代高，而且差距漸漸拉大。老年世代也比上一個世代有更高的投票率。他們更注意選舉新聞與政見，對選舉活動也較

為熱心（Hooyman and Kiyak, 2011）。在臺灣各種造勢場面、競選總部、抗爭等處，也很容易看到年長者的身影。他們也積極打電話拉票，是候選人忠實的「椿腳」。近年來，臺灣選舉活動頻繁，各種造勢場合，如成立競選辦事處、政見發表會，參與者以老人的比例最高。在各競選總部與服務處，常常有老人在幫忙。

近年來政府大力推動「農村再生」，媒體注意到有許多高教育程度的年輕人成為生力軍。農委會有許多方案鼓勵農民學習新觀念與新作法，為臺灣農村注入新生命。除了農民本身，也有各種人才加入，例如社區總體營造的講師群、農村顧問師等，其中有些是退休的軍公教人員、村里長、社區發展協會總幹事，他們提供昔日的經驗與人脈，為農村的發展提供助力，也為自己的退休生涯開展新的機會。

對宗教的參與也很常見，一方面幫助人、一方面加入社會網絡、一方面使靈性成長。宗教組織的本質偏向「出世」，不強調競爭，在這樣的環境裡與人互動與社會上的輸贏不同，對於厭倦職場裡打拼的退休者特別容易接受，而且參與不必太過投入，有時不參加也不嚴重。很多老人也就在此種氛圍中保持與社會的連結。

在經濟的參與更是不可少的，經濟活動中主要的角色有生產者、分配者、交易者、銷售者與最龐大的消費者，老人扮演哪些角色就有與該角色有關的社會參與。單單是到哪裡購物，就有很多的目的。對許多老人而言，逛菜市場、去熟悉的飯館用餐，不僅具有經濟目的，還有維持社會連帶的功能。

第三節　休閒和公民參與

壹、定義及形式

　　休閒（leisure）是指從事沒有義務性質，可以獲得滿足的活動。人們對休閒的態度深受文化的影響，儒家文化比較不重視休閒，認為嬉戲不是好事。「保持忙碌」（keep busy）被歌頌，閒散度日不被肯定，休閒從來不是主流文化強調的價值，在生活中的重要性絕對無法與工作相比。當代的老人出生到成長階段，國家動亂、經濟水準低，認真工作以討生活是生活的重心，休閒有如奢侈品。但在西方的影響下，休閒漸漸受到重視，無數人已經無需為生活奔波，休閒成為老人生活的主題，更是老人社會參與的媒介。

　　對休閒活動的定義，Kaplan（1975）是最早有系統解釋的學者，他認為休閒活動是：非經濟性、無物質酬賞的活動；只有很少的社會角色；具有心理上的自由；是自願的；是重要性低的。對於休閒的分類，Kaplan提出重要的分析架構，首先是活動的主要目標是不是為了人際關係的維持，如探訪親友就是為了人際連帶的休閒；其次是規則的重要性如何？如比賽下棋等就是有規則的；第三是本身的參與程度，如看球賽是作觀眾，與自己上場比賽顯然不同。

　　Kaplan（1975）將休閒分為六大類，筆者再針對臺灣老人常參與的，綜合整理如下：

1.社交性（sociability）：如訪友閒聊、聚餐、唱歌。
2.組織性（organization）：如參加社團活動、宗教活動、擔任志工。
3.遊戲性（game）：如打電動玩具、打麻將、下棋等。
4.動作性（movement）：如健身、登山、釣魚、散步、土風舞、武

術、打太極拳。

5.靜止性（immobility）：如閱讀、聽廣播、看電視。

6.藝術性（art）：如繪畫、聽音樂會、觀賞戲劇。

　　此外，整理花園、種花種菜、出外購物、照顧寵物等也是常見的選擇。休閒需投入的精力不同，靜坐、睡眠是低度緊張的活動；唱歌、觀賞戲劇則稍微緊張；看球賽、散步緊張度再高一些；登山、出國旅遊、性行為等的緊張度最高。

　　休閒有助於心理健康，也有助於社會適應。林松齡（1994）的實證研究發現：「社會支持多則心理適應佳。」林子宇（2011）的研究確認「社會支持提高老人的生活滿意度」，參與社會團體的老人，生活滿意度遠高於不參與的人。黃松林、洪碧卿、蔡麗華（2010）研究65歲以上擔任志工之高齡人口群從事志工及其生活情緒相關的情形。發現大多數的負向情緒，都因是否參與志願服務而有顯著性的差異，如不想吃東西、胃口不好，覺得心情很不好，覺得很孤單、寂寞、提不起勁（精神）來做事等六項，無參與者均明顯，而且均達極顯著的水準。相反的是，受訪者覺得很快樂與否與覺得日子過得很好部分，有志願服務者則表示有較高的同意，二者亦達顯著性的水準。參加最高者是宗教活動，占33.1%；其次為參加如登山、健行、旅遊、看電影、聽演唱會、觀賞表演等團體活動，占29.6%；參與志願服務者，占16.6%，與參加如練外丹功、韻律操、慢跑等養生團體活動比例相似，而比參加老人大學、或學習插花、書法、民俗技藝等各項活動或政治活動為高。

　　到了老年，工作不再是生活的重心，可以多些時間休閒娛樂，休閒能使人快樂，對健康有益，也可以在休閒中增進與他人的互動，強化社會關係。休閒中的人際互動比較自然、有趣、壓力不大，適合較為緩慢的生活步調。打電腦、彈奏樂器、跳舞、打牌等對心理很有幫助，覺得自己

有能力，可以掌控活動，獲得成就感。對於從職場退休有失落感的人來說，在休閒中重拾信心與自尊尤其重要。

所以許多老人福利學系都開設「老人休閒活動設計」方面的課程，各社區大學與長青學苑也有各種休閒課程（周芬姿等，2009）。政府與社會福利組織都鼓勵老人多參與休閒，某些方案還補助休閒所需的經費。各國家公園、藝文場所、交通運輸單位對老人不收費或打折的措施，也有助於老人從事休閒。但仍然有老人常以各種藉口避免休閒，例如身體不好、不懂得遊戲規則、要花錢等。

休閒活動的類型，根據Hooyman及Kiyak（2011）的統計，與年輕人相比，老人的休閒活動偏向一個人就可以進行的、靜態的。老人還是喜歡從事具有某種工作色彩的活動，如烹飪、幫忙跑腿、整理家居及院子等。閱讀書籍、瀏覽網頁、收發信件等的比例也在增加。純粹的玩樂不是首選，忙慣了的長輩還是希望作「有建設性的活動」。出外旅遊乃至有些冒險性質的活動已經有愈來愈多老人參加，媒體對這些活動比較注意，常加以報導。

年齡與健康狀況是關鍵因素，年紀愈大、健康狀況愈差，能夠參加的休閒就愈少。性別的差異相當明顯，老先生偏好打掃、清理、修繕，老太太則喜歡照顧、關懷、烹煮食物。所得與社會地位高的老人，休閒活動較多元，擔任志工的比例也高。很多老人參加「縮短數位落差」課程，兼具休閒與公民參與的意義，也可將學習的成果上傳到公眾平台，表達地方的需求。

「運動」有多重的意義，正如健康是多元的。健康包含身體、心理、社會等面向，除了有助於身體健康之外，在心理層面有正面意義，更能擴展與維持人際關係。運動可以區分為初學者、持續參與者、積極從事者，進而組成團體固定參與，出錢出力贊助則顯示更積極。有些老人還成立正式的組織，號召更多人加入。正式的組織需要有理事、監事、秘書等

編制，很多老人以此平台持續投入，非常熱心。

社會運動領域中，老人的投入愈來愈普遍。許多以地方為核心的訴求特別能激發老人參加的意願。居民自動自發捍衛家園的場面不斷出現，鼓舞了其他地區的老人。各種「自救會」是兼具社會正義與政治訴求的活動，也是一種社會關係。

在各種對政府或企業的抗爭活動中，也常見到老人積極投入。在報紙上投書、call-in到電視或廣播、打電話到政府表達意見，老人很積極；製作影片對公眾議題作訴求的公民新聞報（Peopo）也有愈來愈多老人的成果；這些行為都屬於「公民參與」（civic engagement）。

從「利益－團體－政治理論」的角度，每個人在社會結構的位置和社會的經濟政治動力決定了個人老化軌跡、擁有的資源和社會地位。老人人口的比例在社會上持續提高，政治態度積極的退休者增加，形成社會上重要的利益團體。經由選舉的政見偏好及選民取向，自然影響了政治行為並刺激政府制定對老人人口特別有利（如老人年金、老人福利照護）的相關政策。

貳、照顧寵物與捻花惹草

近年來，許多兼具休閒及社會參與的活動有愈來愈多的老人投入。有對夫妻去接受婚姻諮商，諮商師提醒他們下次請家中的成員一起來，結果這對夫妻下回帶著家裡的狗狗來。這樣的場景，愈來愈普遍。已經有學者建議把虐待寵物納入「家庭暴力」的範圍，在法律中禁止。近年來，成長最快速的休閒是「養動物」，無數老人的最愛是「寵物」。照顧寵物已經是許多老人生活的重心，每天的生活節奏都考慮到寵物。

在生活艱困的年代，有些老人養狗的主要目的是「工具性」的，狗狗可以保護自己與家園，可以陪自己散步等。散步對老人的幫助早就經過

醫學證實，飼養狗狗的老人罹患心臟病的機率大幅度下降。近年來，養狗養貓主要為了「情感性」，使自己的心理有所寄託，能夠與寵物互動使自己增加快樂。Johnson（2005）發現，養寵物的老人比不養的老人在自信、士氣、機警、靈敏、負責任、可依賴、自我控制等方面都有較佳的分數。當然也可能是養寵物者的身心狀態比較好，年紀還沒那麼老，生活條件還不錯。

人，總是在「尋找意義」，認真工作、成家、生兒育女等都具有意義。照顧寵物具有「工作」的性質，有不少任務，充滿生命的意義。但也還包括休閒性質，與寵物玩樂增加不少刺激。歐美各國的安養機構逐漸增加「寵物陪伴方案」，某些經過訓練的寵物還能夠扮演照顧老人的工作。

人，總是在「建立關係」，家人、同事、朋友等都是社會網絡。照顧寵物具有「建立關係」的性質，不但與寵物密切互動，也可與其他飼主討論。在網際網路便捷的年代，這樣的連帶更頻繁。當人們失去一種重要的關係時，例如孩子遠行、退出職場、喪偶等，特別容易以養寵物作為替代。寵物的可愛如同長大不的孩子，帶給主人莫大的安慰。

在寵物展中常常可以看到夫婦帶著狗狗去參觀，一待就是四、五個小時。當家庭步入空巢期，兒女各忙各的，各自急著擴展自己的工作與感情。老年父母能夠做的愈來愈少，與成年子女的交集有限，即使是時間，親子間的重疊也非常少。相對的，與寵物相處的，愈來愈豐富。

寵物展有各種類型狗家族集合，不同顏色、不同年齡、不同大小。貓咪、兔子、天竺鼠、水族專區，各有不同的愛好者。養魚的人非常多，各式各樣的設備，讓人目不暇給。被稱為「人類最忠實朋友」的狗狗還是最多人的最愛，有的巨大有的迷你、有高貴有嬌弱、有老有小，共通之處就是都享受主人疼愛吧！寵物產業蓬勃發展，食衣住行育樂、美容剪髮沐浴、訓練學習幾乎都有相關廠商，還有獸醫門診、動物保護協會推

廣，甚至有「寵物心理諮詢」。也有餐廳推出「親子餐」，只是這裡所說的「子」是狗狗貓貓，還舉辦了「寵物集團結婚」。現在「親子」的定義已經變了，有些人的生命重心是孩子，有些人是寵物，有些人為了孩子養育寵物，有些人以寵物代替孩子。但想必可以創造出一些有趣、生動又充滿教育意義的活動，並且使孩子愛狗，懂得與狗做朋友。

但是Hooyman及Kiyak（2011）提醒：養寵物不代表真實的人際關係，以動物取代親友不是好辦法。寵物會生病、會死亡，對蓄主產生立即且巨大的壓力，對心理健康構成威脅。

養動物可能要忍受生離死別的痛苦，相對的，養植物的衝擊就沒有那麼明顯，人們對植物的感情通常不會太強烈。園藝治療已經被廣泛運用在安養機構，如何栽植蔬果、拈花惹草是廣受歡迎的課程。許多登山場合都有某個長青協會修繕的標示，也有很多老人持續整理，花錢添購設備。

參、著書立說

有些老人則以創業、寫作等方式展現活力。在本書的第一章介紹了許多以老人為主角的書籍。有些書籍不僅介紹老人，更是老人自己所寫的，這對作者、讀者乃至整個社會都有意義。例如齊邦媛教授在年過80歲時出版了《巨流河》，輕描淡寫敘述自己的人生，主要在寫自己的生命經驗。看來平淡卻極為深刻，讓千千萬萬讀者動容。其實，每一位老年女性的人生經歷如果記錄下來，都很豐富，是子女、孫子女與家族成員應該瞭解的。可惜多數的子女與孫子女在這個日新月異的時代，覺得老太太所說的如裹腳布，又臭又長。在媒體中，也少有出版商、連續劇製作人、電影編劇注意到這珍貴的生命資產。其實，撰寫或口述「生命史」是好的策略，可協助人們認識這個獨特的人口群。

　　三一一大地震之後，日本許多作家都寫了反省的文章。例如編寫《阿信》、《冷暖人間》等大受歡迎電視劇的劇作家橋田壽賀子（Sugako Hashida），她在2013年出版《簡樸最好——減法生活術》提醒人們，萬物皆有極限，應改變生活觀念，從重視消費轉向過簡樸的生活。橋田壽賀子，生於1925年，青春期階段正值二次大戰之時，吃苦當吃補是必然的，因而寫起《阿信》這樣的奮鬥史才會如此感人。

　　弘兼憲史（ひろかね けんし，Hirokane Kenshi）也以大地震為出發，檢視生命中的諸多軌跡，撰寫《人生60才開始的43個方法》，是詮釋「活躍老化」的精彩小品。弘兼憲史生於1947年，二次大戰已經結束，算是戰後嬰兒潮的一員，作者稱此為「團塊第二代」。他說：「想做的事還有很多，我想在感動中走完人生旅程。」「直到死亡的那一刻，我一定是滿腦子想要做這個、做那個，腦筋轉個不停。」年紀漸長，最重要的功課之一是「學習孤獨」。但不僅是孤獨，而是透過孤獨持續動腦、腦筋轉個不停。他依然能畫畫，頭腦清醒、點子無窮、身體硬朗，有好的生活功能。弘兼提醒人們「失去感動是一大危機」，年紀再大，總是要好奇，總是要願意去廣泛接觸，去讓自己透過外在的刺激，有所感動，進而有所行動。

　　著有《不會脫皮的蛇就會死亡》與《二十一世紀的企業制度》等書，曾任日本波士頓顧問集團社長的堀紘一在《不斷追求再生的社會》中提醒人們：「社會要不斷求新求變。」例如要「從效率主義到效果主義」，效率主義的重點是求快，精打細算的目的都是為了提高效率。效果主義是考慮結果，重視目的。放在人生的階段來看，工作階段非常忙碌，總是希望利用有限的時間做更多的事情。退休後，快的重要性下降，倒是要多思考哪些是可以創造效果的。堀紘一特別提到：以往只想對自己及所屬工作單位有利，現在應該進步到為更多人乃至整個社會設想。

　　日本的柴田豐在91歲時開始寫詩，2011年98歲出版詩集《不要氣餒》，銷售量超過一百萬冊，100歲時又出版第二本詩集。日野原重名是聖路加國際病院理事長，2008年98歲時出版《快樂的15個習慣》，他是醫師，100歲時仍然有九十幾個頭銜。

　　生命要追求進步，就得轉換。蛇若不脫皮就會死亡，對人而言，從職場退休有如脫皮，然後再生。以一對都90幾歲的夫婦來說，他們都不斷再生，也不斷有新作品、新的成就。食譜很多，但是由一位大學校長的夫人所寫，絕對罕見。東海大學前校長梅可望的夫人呂素琳女士在高齡90之時，出版新書，更是不可思議！

　　梅校長所創造不可思議的傳奇太多了，包括70歲時創立中華民國幸福家庭促進協會，90幾歲時還有超過十個頭銜。梅校長著作很多，2012年出版《95歲長壽大師的不老秘訣》。如同年輕的作家，梅校長上電視、去廣播電台接受訪問，四處打書。這本書暢銷的原因很多，其中之一是附上十二道梅師母做的菜，很多人一拿到就看「梅家私房養生活力菜」。梅校長是臺灣知名演講家，梅師母也並不遜色。老夫老妻還持續PK，當年梅校長出書《從憂患中走來》，梅師母就寫《歲月留痕》。看到梅校長的新書大賣，師母果然不甘示弱，因此有了《60道我們最想念也最想學會的傳統家常菜》。其中「茶葉蛋」一項，已經讓數以千計的老饕讚不絕口，還專門印製「梅家茶葉蛋」的盒子與提袋，方便送人。

　　梅師母出身名門、畢業於名校，工作時表現一流，又是五位日後都有出色成就子女的母親，還照顧無數教職員、眷屬、部屬、學生。閒暇時勤練書法與繪畫，作品可以展覽，更令人佩服的是做菜與寫作的能力，使更多人能因此享受人間的美好食物與美好時光。人生可以不斷有轉折，90幾歲能出新書，與更多人分享。這不僅是傳奇，還是未來持續會發生的。如果有一天某些90幾歲的長輩去政府登記要創業，或是成立一個非營利組織機構，大家也別奇怪。

CHAPTER 7

社會化與生涯

幾乎所有的社會化說明都集中解釋從出生到青少年到成年，對於漫長的老年卻置之不理。在現代社會要做一個老人，還是得接受來自家人、社區、社會組織、醫療與照顧機構、政府體系的約束，還是要面對朋友、媒體、宗教等的刺激，尤其是退休後的生涯轉換、配偶病痛乃至死亡的創傷。即便最後選擇移民，離開臺灣，仍然如同孩子上學般，得經歷社會化的考驗。

成長過程中面對各種不確定性，孩子要做生涯規劃；及至年長、年老，雖然有身體病痛、婚姻調適、子女事業轉換、孫子女成長等考驗，老人也要做生涯規劃。有各種理論解釋生涯的考慮，也有幾個社會學概念可幫助老人澄清自己的想法、確認自己的價值，並透過記錄去追蹤價值落實的狀況。

借用聯合國教育科學文化組織所提到的終身學習四大要項，兒童青少年社會化的重點是「學習」（to know），成年階段的重點是「做事」（to do），老年階段是「與人相處」（to live together）與「成為更好的自己」（to be）。老年時的生涯不僅要會生活、會善用時間、有和諧的生活節奏，更要使生命更棒。

第一節　社會化

壹、老年依然在社會化

社會化（socialization）是個人受社會薰陶訓練而接受社會規範，獲得思想、感覺和行動，進而成為社會一份子的過程。社會學習（social learning）是社會化的主要方法之一，由此觀察他人的行為，表現出被獎

賞的行為，也避免做出可能受罰的行為。

　　成人社會化（adult socialization）是重要的社會學議題，隨著老年階段的延長，老年社會化也受到重視。一個人由出生到死亡，任何成長階段都是一種社會化的過程，老年依然在繼續社會化。由於人不能離群索居，必須生活在團體中，不同的團體對於個人都有特別的要求，社會化也就不斷持續。一個人在社會上所表現的行為不能「只要我喜歡，有什麼不可以」，總是要考慮社會的規範與符合社會的期待。個人學習社會規範與期待的過程叫社會化，社會化也就使個人學習或受社會影響，而成為一個社會所能接受的人（Ernie, 2004；彭懷真，2012）。

　　人們在社會化的過程之中學習新的角色扮演，這不僅發生在兒童或青少年身上，成年人面對婚姻、事業、生兒育女等，也需經由社會化而學習新的角色，稱為「成年人的社會化」。退休、再婚、住進安養機構等，紛紛拋棄舊的行為模式而取得新的行為模式，則是許多老年人經歷的社會化。對於老年是成年階段的延長，或是與成年完全不同的人生階段，學者在這點有不同的意見（Erber, 2005），過去老年人沒那麼多，老年階段沒那麼長，但在21世紀，情勢顯然不同，的確要有專門針對老年的解釋。這也是相關的研究、論述、著作如雨後春筍般出現的原因所在，如Coleman及O'Hanlon（2004）、Santrock（2008）、Giele及Elder（1998）出版專書，介紹各種研究生命歷程的質性或量化方法。

　　老年階段的社會化很少改變已形成的價值或動機，主要目的是瞭解社會對自己新角色的期盼，也實際扮演新角色。老年社會化基本上是人為的、有意識的，比較知道他們學習新角色的理由。老人有意地選擇若干學習的項目，如宗教、婚姻、社會參與等。

　　每個人的行為都受個人因素和社會因素影響。個人因素如生理特質、人格、動機、思想、自我認知等。社會因素主要是社會對個人在某種場合所期待的態度和規範。經由社會化，發展了人格與自我，成為社會

人，因而能夠在社會裡從事工作與生活。社會成員能夠符合要求，社會才能順利運作，例如老人進入安養機構，需符合安養機構的要求。

社會創造許多個我，社會化與「我」之間的關係，可以歸納為下列三項（Abercrombie, 2004）：

1. 社會化創造「意象中的我」，就是「鏡我」。個人經過與他人的互動和語言的溝通，逐漸在自己的腦中塑造一個「我」的概念。當一個人領悟到別人對「我」的態度時，便漸漸發展一個「自我意象」（self image; image of self），透過觀察別人對他人行為的反應，而產生對自己的看法。

2. 社會化創造「理想的我」。從他人的態度中，自己出現一個意象：知道如何以什麼樣的行為和表現來獲得外界的嘉許。

3. 社會化塑造「實在的我」，就是「主我」和「客我」協調之後的我。它代表個人經過社會化之後，所表現出來實際的我，也表示個人整合和控制自己配合環境與社會的規範價值和行為模式。社會化最終目的是在塑造一個「實在的我」，也就是「整合的我」（integrated self），是生活中實際表現的我。

本章集中探究「老化中的社會化」，老化是進行式，具有連續性。身體、財富、家庭狀況等都是連續的。健康習慣是經年累月的結果，所得與財富是成年階段就累積的，婚姻與子女都是長期發展的關係。從社會學的角度，更注意到以下幾個方面的連續或改變（參考楊語芸、張文堯譯，1997）：

1. 在空間連續性方面：「安土重遷」是老人的常態，顯示老人期待居住與生活空間能連續。若住進安養機構或醫院，則屬於空間的轉換。

2. 在文化連續性方面：老人的觀念、信念、價值、語言、符號使用等，通常是穩定的。若搬遷到其他國家，要適應新的文化，必然要承受衝擊。許多老人退休後到美國、澳洲或其他地區，面對著新的文化環境。

3. 在社會關係的連續性方面：老人期望原本的家人與朋友關係能夠持續，即使互動的頻率下降，仍能維持。若是子女不孝順、朋友疏遠，社會關係必須重新調整。如果離婚或再婚，關係須重組。

無數老人活躍而積極，對家庭、社區及社會持續付出。許多老人都不斷持續調適，適應身心狀況與社會角色的改變。老化既然是歷程，可以使之成為一種充滿意義的生涯（aging as a career）。

影響重新社會化的因素主要有：

1. 年齡：不同年齡對社會化的看法不同，剛進入老年階段的年輕老人（65至74歲）、已經過了四分之三個世紀的中老人（75至84歲），以及超過85歲的老老人，當然有很大的差別。

2. 健康狀態：有無重大疾病，是否曾經罹患重病，是否領有身心障礙手冊等。

3. 文化或學習經驗：有些人常常接收新的刺激，有的人則保守。

當然，這些因素也有「連續」或「斷裂」的不同。通常是連續的，若發生重大事件，則可能斷裂。這些重大事件如離婚、喪偶、生病等，都是人生重大危機事件。

貳、移民有如再社會化

一個人從他原有的文化環境轉到另一個陌生文化時所體會的心理和社會失調，稱為「文化震撼」（cultural shock），在此過程中，因為個人

角色改變程度的不同，而有「繼續社會化」及「再社會化」的區別，前者指新角色對個人自我的影響是部分的，或改變不重要的部分。至於後者係指新角色完全不同於原來的角色，甚至反對過去的角色價值。進入老年階段的社會化是「繼續社會化」（continuing socialization），這種過程可以從成年持續到老年乃至死亡。這種社會化通常會造成某些壓力，但不會產生太大的緊張與挫折。另有一些社會化是劇烈的，對個人的影響較大，稱之為「再社會化」（resocialization）。通常需經過放棄個人的自我形象與價值的過程，這稱之為「除社會化」（desocialization）。

一個已經社會化的成年人，其人格已經穩定，價值和行為模式大致固定，如欲其再社會化，通常要以強烈的方式進行。這一些強烈的方式，包括下列重點（Abercrombie, 2004）：

1. 進行全面控制：使個人與他過去所熟悉的社會分離，消除其他社會團體對個人的影響。
2. 壓制過去的地位：把在原社會所得到的角色和地位拋棄，然後透過再社會化重新開始一項新的地位和角色。
3. 否認過去的道德價值：個人以前所習得的道德價值不再被承認，然後灌輸另一套的道德價值。
4. 自動重新社會化：鼓勵個人主動參與再社會化的過程，使個人主動放棄舊有角色的規範和價值。
5. 行使嚴厲的制裁：再社會化機構運用各種心理和身體的制裁方式，強迫個人認同。

社會化的研究在過去對老年的探究很少，近年來有許多現象說明這領域方興未艾。例如老年移民國外等於是接受了較大規模的社會化調整。在文化方面，經歷了「文化同化」（culture assimilation），在這個過程中，老人採用居留社會的多種生活方式，但不需要放棄原本所屬民族團

體的認同。

如果無法持續原有的生活，面對劇烈的改變，就需要重新社會化。最常見的是「移民」、「再婚」、「住進機構接受照顧」。臺灣每年有好幾萬人正式移民國外，2009年62,579人、2010年55,213人、2011年51,523人、2012年50,250人（內政部，2013）。另有好些老人出國依親，戶籍在臺灣，主要時間住在其他地方。最多的是美國、中國大陸、澳洲、紐西蘭等。有些還要坐「移民監」好些年，在人生地不熟的異鄉，持續居住、生活，以取得當地的身分。

以去紐約為例，美國的生活、醫療、交通、生活機能等都與臺灣完全不同。人際網絡與宗教活動都不一樣。在美國，高齡化也是趨勢，美國出生率下降，新生兒人數在2007年達到430萬之後，持續下滑。2012年只有394萬，出生率降到十二年來的新低。老人顯然是社會的配角，在賣場裡、公車上、咖啡店等，各種老人獨自活動。老年人在紐約很辛苦，在飲食上，少有傳統市場，許多人都沒有私人轎車，食物要帶回家，扛著各種東西搭乘地鐵並不方便，因此是公車的主要客群。在居住方面，中產階級及富裕階級多半先住在獨棟的house或棟棟相連的townhouse，然後搬到有管理員的公寓，此時老先生多半已經過世，等到身體狀況更差，住到安養機構。老年人被家人虐待的情形十分普遍，估計每年有超過200萬長者受虐。

一個社會如何安排家中成員，決定了社會的運作狀況。以美國而言，兒童的地位很高，老年人的地位卻偏低。很多人都說美國是兒童的天堂，家長普遍非常看重子女。美國社會處處以孩子為主角，在各地的賣場所銷售的物品、在賣場裡的兒童遊戲空間、在博物館之中各種為兒童設計的與展覽活動、在活動中心有各種為孩子安排的課程……，都說明了孩子非常受到重視。家庭是以兒女為中心運作的，至於老人，則是邊陲。無數臺灣到美國依親的老人，有如接受全新社會化經驗，都經歷了文化震

撼，格外辛苦。

美國提供大量的刺激，老人卻未必喜歡過多的刺激。年輕的學生在這充滿刺激的教育空間裡，感染藝術與音樂。美國彷彿一個大教室，有數不盡的刺激物，報紙、雜誌、廣告、音樂、議題。老人，不一定喜歡這麼多的刺激，有些老人因此酗酒，在多數的商店中，飲料只是一個角落裡銷售的東西，商家還必須販售其他各式各樣的商品。唯獨有一種商店只販售某種特定的商品，那就是「酒」。這些商家單靠酒的利潤即足以維持開銷，琳瑯滿目的酒堆滿整個店面也顯示顧客的不同需求。天氣愈冷，這些店鋪的生意愈好。顧客一瓶又一瓶地購買，回到家，將這些黃湯下肚。這些商店可說是「買醉」的管道，老人在路邊帶著酒瓶的場景，隨處可見。

美國是階級分明的社會，富裕的人過著寬裕的生活，一項研究 "Rich People Things" 的報告用下列指標確定誰是富裕的美國人：(1)閱讀《紐約時報》；(2)接受英才教育（制度）；(3)扮演精英管理角色；(4)融入自由市場；(5)參與股票市場；(6)參與教會；(7)有資產管理計畫；(8)能夠遊說；(9)擁有iPad；(10)加入具有社交功能的運動等。*The Rich and the Rest of U.S.*（Smiley and West, 2012）一書探討貧窮的多方面，包括機會、對自我的肯定（affirmation）、勇氣、熱情、想像力等。這些方面，移民到美國的老人，有多少機會呢？此外，歧視無所不在，社會排擠常常發生。對在美國奮鬥的華人來說，融入美國社會是艱辛的歷程。

當然，有許多老人在異鄉有很好的適應，與子女享受天倫之樂，在社區或宗教活動的投入之中有所貢獻，有些人還開展了事業或成就感的第二春，這些是成功的角色轉換實例。

參、喪偶是老年階段的普遍考驗

Machin（2000）認為，寡婦的心聲總是被忽略，社會科學的研究鮮

少注意到她們的強烈感受及生命轉折。喪親（bereavement）是剛陷入失落的狀態，to bereave指被剝奪、奪去、失去；grief的意思是悲傷，主要是一個人遭遇失落或被奪去心愛的人所產生悲傷、憤怒和罪惡的感覺；mourning的意思是哀悼，指悲傷的公開表現，表現的方式受到社會文化與習俗所影響；numbness是指腦中「麻木」（林娟芬，1999）。Chambers（2000, 2005）的研究提醒人們注意到這些被隱藏的生命（hidden lives）。

內政部（2012）的統計顯示，老人婚姻狀況以有配偶或同居者占57.13%為最高，喪偶者占37.64%居次，離婚或分居者占3.53%再次之。就性別而言，男性有配偶或同居者比例為73.75%高於女性之41.60%；女性喪偶者比例為53.96%高於男性之20.20%。以260多萬老人來看，有差不多100萬人曾經喪偶，如此龐大的人口都在人生旅程中經歷錐心之痛，這不僅是個人的辛酸，也是社會的議題。

配偶的死亡是最大的壓力事件，也是生命中最大的失落，更是人生重大的危機。在心理層面，經歷到痛苦、哀痛、憂鬱甚至是絕望。所以心理諮商有「悲傷輔導」的專門領域。在社會層面，喪偶者改變了原有的身分、角色與職責。接著，社會參與、社會連結都不同了，也因此可能承擔被歧視與被排除的痛苦（Parkes, 1972）。

由於女性傾向於嫁給比自己大幾歲的男性，而男性平均壽命又比女性來得短，因此在喪偶人數中，寡婦遠比鰥夫為多。假如一位女性選擇了比她大4歲的男性為丈夫。又假如她的丈夫76歲逝世，那時她是72歲，以女性平均壽命為83歲來說，她便要寡居十一年。臺灣老年女性有偶比例僅41.6%，喪偶比例為53.96%是男性的2.7倍。

妻子過世，由丈夫主喪，丈夫在訃聞的家屬稱謂稱「杖期夫」，杖期的意思是丈夫舉孝杖，並服一年的喪。舉杖代表丈夫對喪妻之哀，飯茶不想，因此身體虛弱，非得舉杖才能行，所以稱為「杖期」。另外還有

「不杖期」或「期服夫」的說法，若因為家中高堂尚在，夫仍需盡孝道人倫，不能因喪妻而無法服侍父母，所以就不能哀傷到要舉杖才能行的地步。換言之，寫期服夫表示家中還有長輩在，寫杖期夫則表示家中長者已過世。

喪夫者常用「未亡人」來說明自己，其實這是帶有男性中心主義的說法，彷彿丈夫過世，自己的主要身分是「還沒有死亡的人」，實在悲觀，又欠缺主體性，「未亡人」的符號不是好的說法。在互動方面，因為某某太太的角色而需從事的社會活動因為配偶的辭世而改變，減少了這些方面的社會行動。剛喪偶的人若參加歡樂、娛樂的社會聯誼，難免被議論。

Chambers（2000）提出對老年寡婦的常見迷思：(1)認為老年寡婦是同質的群體；(2)認為老年寡婦始終持續處在悲傷的狀態；(3)寡婦與其他老年女性的生活完全不同；(4)寡婦無法自我決定；(5)寡婦都是孤獨和孤立的；(6)寡婦的人生持續下滑。這些都是刻板化印象，都過度簡化，但影響與老人有關的印象、人際互動與公共政策。

「妻子」只是一種角色，不能也不應該取代「真我」，每個人都有獨立的心靈，也都有權爭取自我實現。喪偶者固然要考慮他人的觀點，更應有自我的看法與信念。許多女性喪偶後還有漫長的人生道路，在結束配偶辭世的危機失落階段（crisis loss phase）之後，應進入「轉變階段」（transition phase）。以社會化的觀念來看，就是經歷新的社會化刺激，重新界定自己的角色，調整社會關係，慢慢建立新的生活形態。

失落（loss）與渴望接觸（attachment）是寡婦最主要的心境，但在百感交集中，心理的反應在各階段並不相同。Bowlby（1969）將喪偶分為四個階段：

1.麻木與衝擊（numbing and impact）階段：欲哭無淚，神情麻木，腦海中一片空白。

2.退縮與尋找（yearning and searching）階段：喪偶者忘形地緊握死
　者之手，或是一直繞著遺體，埋怨自己的諸般不是，甚至遷怒醫生
　護士，怪罪上帝或菩薩。

3.解組與絕望（disorganization and despair）階段：喪偶者經過了痛苦
　與絕望之後，慢慢地接受了一直不肯接受的殘酷事實，他（她）終
　於走了。

4.組織與回復（reorganization and recovery）階段：重組自我、恢復自
　我，然後走出悲傷，再進入已往歲月中的生活模式。

　　Machin（2000）則從訊息、經驗、心中的假設、對失落的回應、對
他人經歷失落感的反應等五個變項，各自分為三個階段，狀況見**表7-1**：

表7-1　喪偶的失落歷程

階段	第一階段	第二階段	第三階段
訊息	無能力	設法獲得能力	奮鬥求生
經驗	壓力強大難以抵擋	逐步接受壓力	設法控制壓力
心中的假設	我無法處理失落與生活的改變	我可以面對失落與生活的改變	我可以控制失落與生活的改變
對失落的回應	毫無行動能力	運用情緒的資源和社會支持	壓抑與轉移失落感
對他人經歷失落感的反應	淡化他人失落感的重要性	對他人的失落有所同理	對他人的失落感壓抑與轉移

資料來源：林娟芬（1999）；Machin (2000).

　　林松齡（1994）針對老人社會支持來源訪問1,460位60歲以上的受訪
者，提出四種模式（model）：

1.附加（addictive）模式：親族、朋友、鄰居等群體各自隨機對老人
　予以支持。

2.突顯（asymmetrical）模式：老人所需的社會支持主要來自親族、

朋友、鄰居中某一個群體，假如該群體未能給予支持，老人就很辛苦。

3.酬償層次（hierarchical-compensatory）模式：假定老人依照其喜好的群體之順序來尋求協助，先向最屬意的群體求助，該群體無法幫助時才會改向次一喜好的群體求助。

4.任務取向（task-specific）模式：每一個群體的結構特質與其獨特的功能直接相關。例如危機事件發生時，鄰居的協助最重要。又如在親情支持方面，子女與孫子女的關懷是無可取代的。朋友則是交換訊息與閒聊的對象。

　　有些社會以忠孝為訴求，要求生者為死者守喪許久，如要求守喪一到三年。如此的規範讓生者持續在哀痛之中。美國文化倒是比較有建設性，總是主張「多做一些」，透過實際的行動去對抗死亡所帶來的壓力。畢竟，活人與死人的差別就是活人能動，死者不行。活人要動，積極有效地動，如此能以行動對抗沮喪。

 第二節　生涯變遷

壹、四種理論

　　根據內政部「民國一百年簡易生命表」的資料，在平均餘命方面，70歲組由91年的14.36歲增加至100年的15.45歲，增加了1.09歲；80歲組由91年的8.58歲增加至100年的9.27歲，增加了0.69歲；60歲組由91年的21.72歲增加至100年的23.21歲，增加了1.49歲。另外，從年齡組的死亡率來看，60歲的男性死亡率不到千分之十，女性更低於千分之四。也就是說，到了花甲的60歲，絕大多數人還離死亡很遠，平均還有二十幾年的時

光需好好經營，因此有各種考驗與轉變。

　　二次大戰剛結束，Cavan、Burgess及Goldhammer（1949）率先注意到老年階段的個人適應（personal adjustment），日後有各式各樣的研究與論述，但偏向老人個人的意願，對影響老人生涯的社會力量則鮮少探討。「社會化」的觀念適時彌補了這項不足，為老人與社會的關係，提供了可貴的解釋角度。社會化是外界影響老人，當代的老人在各種社會力量中生活，生涯的經驗與上一代截然不同。有幾種主要理論特別適合說明生涯變遷，包括年齡階層（age stratification）、生命週期（life cycle）、生命歷程（life course）與互動論（the interactionist perspective），簡介如下：

一、年齡階層

　　McMullin（2008）依照結構功能論的傳統，發展出影響日後老年社會學的幾個重要社會範例（social paradigm），主要有：

　　1.研究同一個年齡層之中人口群的相同或差異之處。
　　2.檢視個人生命歷程與社會結構之間的關連。
　　3.探討年齡層與社會結構的相互依賴狀況。

　　核心概念有年齡層（age cohorts）、社會結構（social structures）、年齡層流動（cohort flow）、結構差距（structural lag）等。所謂的結構差距是指社會整體結構無法配合人口動態與個人生活安排的變遷狀況，近年來高齡化與少子化都呈現這方面的問題。平均年齡不斷延長，高齡又健康的老人快速增加，但退休、年金與社會保險卻未能適時調整。我國政府直到2012年底才積極從事這方面的改革。另外，結構差距也使家庭面對新情勢，子女數的減少、子女婚後夫妻均工作的比例上升，都使家庭照顧的傳統必須調整。婚姻情勢的改變也是問題，不婚、晚婚、再婚、不生育子女

等的比例都在上升，顯示原本家庭的狀況不再符合現代社會了。

二、生命週期理論

　　瞭解老人需掌握老人在各生命週期所遇到的重要社會或心理因素。此理論注意到各社會與心理層面，兼顧總人口群與特定個人之間的差異。基於此理論的研究嘗試解釋：(1)關於老化的動力、相關因素與過程；(2)人生軌道中與年齡有關的因素；(3)年齡是如何受到社會與文化所影響；(4)時間、時期、年齡層是如何改變年齡的意義。

三、生命歷程理論

　　生命歷程是一種解釋「生命全程」（life span）的理論，是老年學的主導概念，它跨越了學門界線與理論差異，去理解個體生命如何受到個人抉擇和社會結構的限制。邱天助（2011）指出，生命歷程研究的主要議題包括世代研究和不同生命階段的生活經驗，強調社會動態論和歷史效應，注重生命軌跡和生命的轉折。

四、互動論

　　互動論或稱符號互動論（symbolic interactionism），偏重微視、個人角度、日常生活、心理學觀點。主要探討：

1.人與人互動的性質及過程。
2.個人與團體均會對情境加以選擇，瞭解人如何經由團體生活發展其社會性。
3.參考團體（reference group）：係指人們平常生活裡用來作比較和學習的團體，對人格與人際關係很重要。
4.符號（symbol）：人與人的互動係透過種種符號，如語言、手勢、表情等。

　　符號互動論者認為，觀點（perspective）和互動（interaction）是人類行為的首要變數，個人對外界刺激所持有的觀點不僅一點。在某一情境裡，個人的觀點可能是某一種形態，但在另一種情境裡，觀點可能有所改變。這些觀點當做個人反應時的指導原則，是動態的，因為個人在互動過程中不斷在修正觀點以適應當時情境的需要。在人與人之間的互動過程裡，個人不僅應注意自己的觀點，也需不斷地修正、補充、詮釋自己的觀點以符合及因應當時之情境。觀點是由社會團體裡所取得，特別是參考團體。

　　互動的形式可分為：(1)競爭（competition）；(2)衝突（conflict）；(3)順應（accommodation）；(4)同化（assimilation）等。互動是藉著符號來表達的，語言、文字、手勢等皆是符號。人們的思想、觀察、行動等皆是經由符號來表達。社會化過程的最大功能之一就是教導傳遞符號的使用，社會依賴符號而生存，並延續發展。

貳、老年階段的生涯規劃

　　中華民國幸福家庭促進協會在內政部的指導下於20世紀即將結束時由我主編，出版了《老人生涯規劃手冊》（梅可望、黃堅厚、彭駕騂，1999），又編輯《中壯年生涯規劃手冊》（劉玲惠、許惠仙、陳斐虹、邱德才，1999），提醒人們從中壯年到老年都需規劃生涯。或許有人會說：「已經一把年紀了，還想做這個夢？」有位已經92歲義大利老人連續十年參加了紐約帝國大廈的爬樓梯比賽，一再登上最高處。他抱著玄孫接受訪問時提醒：「不要在電視機前過日子，不要退休，要繼續奮鬥。」由這位老先生的實例可知，夢想的實踐靠規劃與執行，若想實踐很大的夢想，所需規劃及執行的內容比較複雜，所需考慮的問題比較多。老年階段，依然有夢想，甚至有雄心壯志要完成特定目標。如何實踐？不僅是個

人的意願，還需考慮各種結構的限制，例如身體的狀況、經濟的能力、過去的學經歷、家庭的配合等。

老人依然可以做生涯規劃，不過主要是「社會脈絡中的規劃」，更需考慮社會條件與情境。人們煩惱的原因常來自兩個自我的衝突，理想自我偏向心理層面；現實自我則是社會環境塑造的。年輕時，理想自我與現實自我的差距很大，有各種理想但現實的條件無法配合。到了老年，受制於現實，理想自我的比例下降。有些老年把自己的理想傳遞給子女，也提供一些條件鼓舞子女實踐，但子女未必能完成這些理想。

老人的人生閱歷豐富，對家庭關係與人際網絡的掌握特別有經驗，特別能處理這樣伸縮、彈性、變化的關係。在社會生活中，無須再為五斗米折腰，因此減少自己看起來不那麼重要的人際活動能集中力氣實踐目標。對於自己的理想，堅持採取具體行動的老人常令人欽佩。少數電影與社會行動常以「現在不做將來會後悔」為訴求，但這樣的訴求對多數老人未必都有吸引力。有些老人加入某些大幅度改變生活的行動，例如電影「不老騎士」或「青春啦啦隊」所描述的，往往需朋友說服並在行動上予以支援。

孫中山描述人類的心理是「從需要進而到安適，從安適進而追求繁華。」但對老人來說，追求繁華不再是生活的目標，滿足需要是生活重心。多數老人遵循傳統，傳統是經驗的累積，有助於規律生活的被接受，因為有助於生存。大幅度改變生活方式的享樂，不是老人的優先選擇。青年到成年多半接受「人往高處爬」的觀念，希望加入比原本社會階層高的團體，即使「打腫臉也要充胖子」。老年時，還有這樣觀念的人少了，參與更多社會團體的情況減少。

發展心理學注意老人昔日的發展及生命階段的變化，從嬰兒、兒童、青少年、成年、老年循序發展。為了研究講授方便，通常區分「階段」（stage），又假設各生命事件的時間表（the timing of life events）。

但這些週期、階段、時間表等說法基本上是平均數，個人與平均總是有差異的。社會學注意社會界定的、制度的、文化的生命階段，以及社會結構與變遷如何影響老人。例如無數老太太昔日的生涯是為了家庭及子女，個人的興趣與專長未必能充分展現。「孩子與老公優先、自己是配角」的觀念烙印心頭。直到孩子長大成年，她們才逐漸實現自己的夢想，這些夢想卻常受制於現實。

有幾組相對但相關的概念有助於理解老人生涯規劃（Boyd and Bee, 2006）：

1. 限制（limits）與發展（development）：是生涯發展必須考慮的相關主題，年輕時多考慮「發展」的機會，也認為自己有較長的時間去使「發展」得以實現。年紀大了，需多考慮限制。較為長程的發展，例如攻讀學位、利用貸款購買房地產、環遊世界等，執行的難度較高。

2. 脈絡（context）與轉型（transition）：是相關的概念。個體的生命有特定的歷史與文化脈絡，生命設法在脈絡中尋求自己發展的可能，同時與外在結構或制度持續協商，找尋可能的妥協之道。

3. 軌跡（trace）或轉折點（turning point）：既定的軌跡是生命中關於受教育、工作、婚姻、家庭長期的路徑。轉折點則是重點改變，可能是正向的也可能是負面的。

4. 穩定（stability）或改變（change）：是重要的抉擇。某些老人渴望的是「生命冒險」（life adventure），勇於突破框架。例如回到學校讀書、創業、離婚、再婚、搬到不熟悉的地方。某些心願是昔日想要實現卻一直沒有機會做到的，也有些是因為已經具備某些條件而可以實現的。

生命歷程是時間的變動，個人的時間、家庭事件的時間、社會的時

間、歷史的時間等相互牽扯。個人生活在家庭之中、家庭在社會之中、社會處在漫長歷史之中,不能忽視的是老人所處的環境,許多研究都進行跨文化的分析,找尋不同族群的老人分析生命歷程的差異,如Kamo與Zhou(1994)便研究美國的華裔與日裔的不同,又如Izuhara(2010)所發表的多篇研究。

參、價值的調整與記錄

袁緝輝等(1991)分析老年的社會角色的調整主要包括面對如下兩方面的變化:首先是經濟地位、政治地位、社會地位等的變化;其次是勞動方式、休閒生活方式、交往方式、消費方式、社會活動方式等的變化。因此,老年階段必須進行角色轉型,也必須對新的角色有所適應。角色關鍵的轉變是「價值觀」的轉變,最重要的價值分類可參考米爾頓‧羅克奇(Milton Rokeach)編製的價值量表。他將價值分為終極價值(或稱「目的價值」,terminal values)和工具價值(instrumental values)(彭懷真,2012):

1. 終極價值:指存在的理想化終極狀態和結果;是一個人希望藉由一生而實現的目標。終極價值又可再分為「個人價值」(personal values)和「社會價值」(social values)。和平的世界、美好的世界、公正平等、國家安全、普渡眾生等項屬於社會價值;偏向個人價值的有:舒適的生活(富裕的生活)、成就感(持久的貢獻)、家庭安全(照顧所愛的人)、自由(獨立、自由選擇)、快樂(滿足)、內心和諧(沒有內在的衝突)、成熟之愛(性及精神上的親密性)、愉快(閒適、享受的人生)、自我尊重(自尊)、社會認同(尊敬、仰慕)、真正的友誼(親密的友誼)、智慧(瞭解生命)等。

2.工具價值：指道德或能力，是達到理想化終極狀態所採用的行為
方式或手段。包括「能力價值」（competence values）與「道德價
值」（moral values）。能力價值有：雄心勃勃、氣度恢弘、才幹過
人、富有想像力、獨立自主、聰慧過人、合乎邏輯、自我約束等。
無憂無慮、乾淨整齊、勇敢有擔當、寬恕他人、樂於助人、誠實正
直、具有愛心、忠順服從、謙恭有禮等偏向道德價值。

老年階段，在心態上必然有所改變，比較知道自己所走的人生道路
已經做到哪些，有哪些價值是難以實現的，又有哪些可以繼續奮鬥，促成
實現。在終極價值方面，由於社會角色少了，沒有足夠重要的位置去充分
實現社會價值，不容易「兼善天下」，因此偏向關於個人價值的，其中
「家庭安全」、「愉快」、「友誼」等都是老年普遍在乎的。工具價值的
改變更為明顯，一些具有競爭性的價值，如獨立自主、雄心勃勃、才幹過
人等，不被老年人特別重視，能夠無憂無慮、具有愛心等，是基本的，其
他則不易強求。

人們遇到當年的同學、朋友時，特別容易回想，想到自己那時的狀
況，也會想到自己的生命軌跡。許久未見的人總是刺激我們去回顧，又有
些音樂或活動特別能讓我們去聯想。聽到「青青校樹、戚戚芳草……」與
「驪歌」等使人想到畢業典禮與在學校的記憶。某些知名的電影、連續劇
與流行歌曲，某些家庭用品，某些知名的運動競技或國家的外交處境等也
會使人想到自己生涯的改變。對個人而言，也可以找到一些指標，比較自
己的成長與變化。紀錄與整理的生活既可以掌握自己的生命事件，又可以
把自己與大時代的變遷有所連結。

對於老人來說，剛過65歲，等於生命已經過滿兩個世代。第一個世
代是自己被「原生家庭」照顧，在父母的栽培中成長，享受學校教育，步
出校門後開展事業。然後在20幾歲戀愛、結婚，30歲左右成為父母，開始

　　了以自己為主的「己生家庭」，忙兒女也發展事業。角色逐漸多元，人際關係重心與前三十年有些不同，特別在乎的人與事也不一樣了。進入老年階段，工作角色變少、父母角色變輕，又要因應老年的第三個世代而有新的角色。例如祖父母、志工、長青大學學生等等。現代社會有各式各樣的組織歡迎老人投入，老人擁有的角色多元，人際網絡還在變化。但是在成長過程中所累積的記憶，仍舊存在；昔日相識的人、昔日參與的活動都留下印象，遇到某些情境，這些記憶又都浮現。

　　「紅帖」與「白帖」是老人最容易與舊識相遇的通知，兒女的婚禮與老友的喪禮使多年不見的人們又相見。「同學會」、「壽宴」、「交接典禮」、「退休餐會」等也是刺激回憶的場合。無論人生路上發生了多少事情，總是有酸甜苦辣，在悲歡離合之中，過去的人際連帶相互催化，更容易引發刺激。這些場合中最常出現的話就是：「想當年」、「三十年了」等等。

　　其實這些回憶的背後有兩個重要的主軸：一個是時間的──事件發生的時候；一個是空間的──事件發生的場景。另有兩個要素，時空交錯，裡頭有各式各樣的「人物」，人物又製造了「事件」。回憶的重點總是從這些地方出發，在有限又擁擠的臺灣社會，人際互動頻繁，在短短兩個世代間發生了非常多的事。環境繼續給予刺激，讓人目不暇給。老人持續面對眼前的各種訊息，未必注意到整理自己和整理過去的重要性。一旦遇到了特殊的場合，昔日的種種都浮現心頭，呈現在腦海裡。在短暫的時空中，一下子接觸這麼多的刺激，有時難以消化，也可能因此而失眠。

第三節　生命事件與生活節奏

壹、生命週期架構

　　從小看到大，從大看到小。每個人只有一次生命，老年更珍惜有限的生命。有些文化建立了「長輩優勢體系」（seniority system），老人的經驗被制度化所高度肯定。從「生命歷程」（life course）的角度，一個人從幼年到老年乃至死亡的變化過程，是個人事件與社會事件相互作用的結果。生命歷程著重社會歷史的過程是人們行為的結果，是一個人變化和發展的過程，生活是在個人人際關係的層次和受社會力的情形下經歷的。

　　知名的哈佛大學人類發展學系教授艾瑞克森（Erik H. Erikson）最早提出人在成年之後，發展並未結束的理論家，他描述了八個接續的心理發展階段。其他重要學者還有比勒（C. Buhler），他與艾力克森強調人的生命歷程中的共同過程。

　　艾瑞克森在超過90歲時與也已經90多歲的妻子藝術家Joan寫了《Erikson老年研究報告》（Erikson, Erikson, and Kivnick, 2000）。這本書很特別，艾瑞克森從1940年代就觀察與紀錄出生在柏克萊的小孩，這項研究持續了五十多年，等到這些孩子的父母親都已經80多歲，艾瑞克森訪問了二十九位老人及他們的孩子。無論是訪問者或被訪問者都已年邁，共同彙集了充滿智慧的啟示。

　　艾瑞克森在為該書做結語時說：「社會現今面對的課題是如何將這些為數相當大的年長者放入社會的運作體系中，善加利用他們的能力。老年人最適合在各種紛爭中，扮演稱職的仲裁者（arbiter）。他們有足夠的智慧與遠見，看過太多傷害與蹂躪，知道暴力會導致恨意，因此能提出比

較周全的建議。」

　　每一種人生理論的建立都根據一些能概括全貌的影像或架構來進行，艾瑞克森提出的架構是「生命週期」。但個人的生命週期仍是在世代的循環過程之中，社會的變遷是大環境，個人在這種環境中走人生的道路。艾瑞克森強調老年階段的主題是「智慧」，但社會的氛圍如果日益遠離智慧，愈有智慧的老人可能愈痛苦。這是當代許多老人共同的心境！「眾人皆醉我獨醒」是不容易的，在社會大環境日益沉醉中，獨自清醒的老人可能自覺悲憤與挫折。

　　老年接收的資訊是大量的古書，熟悉各種經典，對於累積智慧的觀念特別珍惜，也因此有各種人生經驗。「不聽老人言，吃虧在眼前」常常是真實的。但社會變遷快速，尤其是接受資訊的方式變化極快，智慧在多數人的生活中所占比重下降，往往被漠視，老年的經驗也因此被漠視。

　　以媒體來看，能夠呈現智慧的非常稀有。電視少有深入分析的高水準節目，報紙中的深入論述內容稀少，網路中深刻的探究則鮮少被注意。許多老人面對這樣的環境，可能有不少感嘆。艾瑞克森用「統整（integration）與絕望（despair）」來描述老年的階段，的確是深刻的見解，因為經過了世事無常、人情冷暖、悲歡離合，不斷反省而有所統整，卻又因為社會的問題而感到某些絕望。

　　絕望的感受主要來自三個層面：對自己（人生回顧的感慨與無力感）、對大我（社會甚至是世局）、對小我（自己的家族與家人）。老人對兒女、媳婦女婿、孫子女、其他家族成員等的表現有所期待，但這些期待往往落空，讓老人挫折。但子孫的表現與成就又與社會大環境有關，如果難以獲得機會，也不能責怪。

　　在世代之間，老人有時覺得「一代不如一代」，子孫在各項人生大事（如成家、立業、生兒育女、購置房屋等）的進度普遍變慢，表現不如自己年輕之時。卻又感受到新興科技與資訊的變化快速，自己跟不上腳

步。

　　在穩定的社會，老人在社會中具有重要的角色，是傳統的傳遞者、祖先價值的守衛者、傳承的提供者，因此被賦予族長、賢人、先知、顧問等角色。老人可以根據長期以來的經驗、記憶與記錄事件的發生機率，因此成年人與年輕人向老人請教。老人也因此持續與人群連結，繼續參與社會。那時少有「獨居老人」的問題，老人與社會維持緊密的關係，有強烈的歸屬感。

　　在快速變遷的社會，老人的地位逐漸下滑，從被推崇到成為年輕世代的夥伴，再降為幫手，不具有高度的生產力。由於對新科技的不夠熟悉及行動力的限制，在私領域，從家族的中心逐漸被邊緣化。如果失智、失能，處境將更為困窘。

　　艾瑞克森認為「進階為祖父母是父母親職的最高潮，也給予老人在老年期最正面及最活躍的參與、聯繫、活動的機會。」若遇到婚姻遇有危機甚至離婚，是對自己與孫子女關係的重大挑戰。有時因子女離婚而無法親近孫子女，有時得扛起照顧孫子女的重責大任，建立「隔代教養的家庭」。

　　老年階段是以往人生階段的延續，在每個人生階段裡，以新的又須合乎年齡階段的方式再進行整合。在每個人生階段裡，個體將早期的那些主題放入自己目前遭遇的心理社會主題帶入老年期的發展之中。艾瑞克森也透過所訪視的對象檢視了老人對其他七個心理社會主題及人生任務的看法。老人們的心情透過各種聲音來傳遞人生的訊息，包括：

1.生產繁衍vs.頹廢遲滯：這主要是「關懷」的人生議題。當自己的生命逐漸頹廢遲滯時，看看子女繼續生產繁衍，給予老人很大的安慰。藉著子女印證自己的創造力，並在鼓舞子女與照顧孫子女的過程中，實踐了關懷。兒女、孫子女等的生命里程碑事件，如生日、

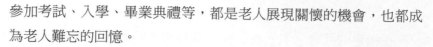

參加考試、入學、畢業典禮等，都是老人展現關懷的機會，也都成
為老人難忘的回憶。

2. 親密vs.孤立：這是「愛」的人生議題。當配偶住進安養機構、醫
院乃至辭世，當老友一個個離開，老人的生活可能愈來愈孤立，心
境愈來愈孤獨。在孤獨中，老人可能更加激發愛心，照顧老伴或老
友，也可能試著發展其他的親密關係以平衡自己的心情。老人可能
以新的方式來表達對配偶與朋友的愛，如此做，不但幫助所愛的
人，更鼓舞自己，證明自己的價值。

3. 自我肯定vs.角色混淆：這是與「忠誠」有關的人生議題。當代的老
人通常活得比自己的父母久，面對更多的社會變遷，因而更可能有
角色的混淆。當身體衰弱必須依賴他人時，更覺得挫折。但也可以
走向自我肯定的方向，例如比上一代更長壽、富裕、智慧。很多老
人忠於自己的興趣與專長，有寬裕的時間經年累月持續努力，做出
各種成果。縱然社會給予的地位與職位漸漸失去，自己的專長仍可
持續表現，自己在乎的價值仍可持續實現。

4. 勤勉vs.自卑：這主要是「能力」的人生議題。年邁後難免有身心痛
苦，也有了自卑感，有些退休者認為離開職場有如出麻疹，拿它沒
辦法，此時更渴望藉著持續勤勉的努力來證明自己。「持續的能力
感」是老人的重要資產，靠著內在的動能、外在的資源與環境給予
的機會繼續更新自己的能力感。工作給予莫大的自信，如果覺得自
己從事有意義的工作，而且能做得很好，若沒有其他人會做，顯示
自己是不可少的，更讓許多老年人格外勤奮。

5. 主動vs.罪惡感：這是關於「目標」的人生議題。走了漫長人生道
路，難免做了一些錯誤的事，不免有悔不當初的心情。有些老人持
續在此種心境中無奈活下去，從早到晚看電視，不去做積極的事
情。但有些老人則找到其他的目標，找尋新的動能，主動去奮鬥。

如同孩子，有了好奇心，就有了生活的重心。

6.自主vs.羞愧懷疑：這主要是「意志」的人生議題。當原本可以隨心所欲就可以從事的動作因為老邁無法繼續做時，老人覺得受到限制，對自己某些行為有所羞愧，對自己的能力有所懷疑，出現懊惱、窘迫、挫折、無能為力等感覺。有些老人努力復健，尋求治療，設法去做一些事情，從小動作中建立自信。如同孩子，需要他人的協助，也要靠自己的行動。

7.基本信任vs.不信任：這是關於「希望」的人生議題。返老還童的確有些道理，嬰兒剛到人世之間最怕被拋棄，害怕所信任的人離開自己。到了人生的晚期，這樣的懼怕又出現了，自己還能信任誰？原本熟悉的配偶、子女未必能給予足夠的支持，因此要找看護、進入養生村、安養機構或醫院，要學習信任原本不認識的人。從非正式的親情網絡轉變為正式的專業治療，從家中的主人轉換角色為照顧體系裡的被照顧者，有些老人得到合理的支持，自己又能妥善調適，因而又有了信任感。

老年的主要考驗是如何在「持久的統整感」與相對的「破碎的分裂感」間取得平衡，有些老人可以整合各種經驗而獲得社會心理力量。

貳、生命面貌及事件

國立自然科學博物館中有一個展覽區的主題是「生、老、病、死」，其中有一個機器是可以將自己目前的樣子照下來，然後螢幕上呈現45、55、65、75等歲時的模樣。作者按下75歲時，赫然發現已過世母親的臉，真是震驚！我以前以為老年時會像父親，他的白髮總是顯示他的智慧，是始終溫文儒雅的長者。經過此實驗，我知道自己的面貌比較像母親，溫文儒雅未必是我老年時的面貌。

　　或許讀者可能不願意參與這樣的實驗，的確，都是正值年輕或青壯的歲月，怎麼能接受自己老年的樣子！但在平均餘命拉長的現今，我們多半會活到75甚至85、95歲。社會對於從事生命事件各有些假設，認為某些事情適合在某個年齡階段進行。Philips（2000）運用「年齡規範」（age norms）與「年齡限制」（age constraints）的概念研究中產階級美國人，認為主要生命事件發生的年齡如**表7-2**。雖然價值觀、生活型態、參考團體等不同，多數人對生命事件發生的年齡卻存在高度共識，可見社會規範的影響力強大，尤其是中產階級的人口群。

表7-2　主要生命事件適合發生的年齡

生命事件的年齡	認為適當發生的年紀	男性同意比率	女性同意比率
男性最適合	20-25	80	90
女性最適合	19-24	85	90
適合擔任祖父母的年齡	45-50	84	79
結束學業開始工作	20-22	86	82
確定事業	24-26	74	64
擔任工作中最高的職位	45-50	71	58
準備退休	60-65	83	86
年輕男性	18-22	84	83
中年男性	40-50	86	75
老年男性	65-75	75	57
年輕女性	18-24	89	88
中年女性	40-50	87	77
老年女性	60-75	83	77
男人承擔最多責任	35-50	79	75
男人最有生產力	40-50	82	71
男人最主要的時光	35-50	86	80
女性最多責任	25-40	93	91
女性最有生產力	30-45	94	92
女性最美麗	20-35	92	82

資料來源：Philips (2000).

參、時間運用及生活節奏

老年與時間的關係變得特別動態和複雜。一方面，就整個生命來說，所剩無多；另一方面，因為工作與家庭的責任減輕，而擁有更多的時間。有些老人悠閒，有些彷彿無所事事，有些希望儘速就醫與治療。退休前後最大的差異之一是時間的意義不同了，生活步調不同了。時間是充滿社會意義的，在不同社會裡，對不同的人群，時間就不同。Levine（馮克芸等譯，1998）在《時間地圖》中，專門分析不同的時代、民族對時間的不同解釋。從時間的四個重要內涵來分析老人：

1. 韻律（rhythm）：有工作時的時間韻律是配合職場的，退休後則有了變動。
2. 順序（sequence）：是先休息一陣子還是立即開始完成多年來的心願。
3. 同步（synchrony）：老人與生活活動調和到什麼程度。
4. 節奏（tempo）：如同音樂的樂章，有快有慢，退休後，節奏變慢。

時間不是絕對的，而是相對的。時間不全是客觀的，常充滿主觀的意義。一天24小時、1小時60分鐘在退休階段與工作階段是截然不同的。在醫院急診室裡，為了搶救病人而分秒必爭。就在同一棟醫療大樓裡，躺在病床上休養的就沒那麼緊張。

Levine（馮克芸等譯，1998）曾經調查全世界各地的生活節奏，依照走路的速度、工作速度，與公共場所時鐘的準時程度等三個指標，歸納出整體生活節奏的快慢。在調查三十一個國家，速度最快的是瑞士，其次依序是愛爾蘭、德國、日本，香港第十名，臺灣排名第十四名，美國第十六名，中國大陸第二十三名。最慢的前三位是墨西哥、印尼與巴西。所以退

休後，從生活節奏來看，有如從匆忙的瑞士或日本，搬遷到緩慢的墨西哥與印尼。

再回到社會化的觀念來看，每一個進入老年階段的人都可能進行各種「遷移」，有些遷移比較明顯、比較遙遠，改變幅度很大。有些遷移的改變幅度不特別大，也有些不同。在臺灣，臺北與臺東的生活步調不同，就算都是在臺北，陽明山與市政府兩地的時間節奏顯然不同。Levine（馮克芸等譯，1998）以商業區裡行人的走路速度、在銀行中兌換貨幣的速度、講話速度、戴手錶的比率等四個指標，研究美國三十六個城市。發現速度最快的前三名是波士頓、水牛城與紐約，波士頓在麻州，另兩個城市在紐約州。最慢的前三名是洛杉磯、沙加緬度與薛瑞納堡，前兩名都在加州。

Aging是進行式，無數人都持續由成年國移民老人國，以時間的節奏配合空間來看，有如由瑞士或日本移民到墨西哥或印尼。退休有如由紐約移民洛杉磯、從紐約州到加州。老人在時間節奏中應該多調整氣息，梅可望（2012）用具體的方法合成一個順口溜：「行如風、立如松、坐如鐘、臥如弓、營養豐、運動充、精神膨、情緒鬆、菸酒空、大便通。」這是每一天生活最好的節奏！

CHAPTER 8

組織化與進退

關於老人社會學理論中，最蓬勃多元的解釋是環繞在「進或退」的角度裡，持續投入的理論屬於「參與的角度」，主張該走就走的屬於「撤退的角度」，本章各自提出一些觀點與分析。

現代人參與的團體遠多於過去的人，投入工作組織的時間很長，多數時候是「組織人」，身分、地位、所得乃至生活的重心也都與組織有關。絕大多數人都是「組織人」，一旦因為年紀與身體狀況而離開組織、離開工作，將是莫大的挑戰。有些人還想繼續參與，有些人則主動離開職場。

工作是個人能力、工作意願與職場機會三者缺一不可的組合，即使老人有能力又有意願，還是要看就業市場的機會。在臺灣大約每九個人就有一位是老人，每九個老人就有一位仍持續有全職的工作，男性工作的比例是女性的1倍；其中，身為老闆或專業人士等角色的人，退休時間較晚。當然，「天下沒有不散的筵席」，一旦要退休，相關的儀式充滿社會學的意義。

退休後，老人的生活方式不再被職場所約束，各有差異。所得、時間管理、人脈經營等都面對新形勢。「心情是否打烊？」是個人的選擇，200多萬老人從工作中退出後的安排也是家庭、社區、社會與政府共同的考驗。

第一節　團體與組織

幾乎所有的老人學概論的書籍都討論撤退或參與的問題，並提出各種派別與觀點，例如沙依仁（1996）；彭駕騂（1999）；梅陳玉嬋、齊銥、徐玲（2006）；邱天助（2007）；Arnseth（2008）。綜合整理這些

論述,進一步分析,依序說明如下:

壹、撤退的角度

一、退隱理論

　　隨著老人健康與體力的衰退,愈來愈少參與組織化的社會結構,逐漸退出社交生活是老化所必經的過程,也是人類代代相傳、生生不息的道理。以老人來說,由於無法在社會中找到新的機會,在角色、人際關係、價值體系等方面都應該保守,唯有採取退隱(disengagement)的策略來保護自己,始能得到自我的滿足。從社會功能學派觀點而言,認為老人已無力對社會有積極的貢獻,便須退出社會,安心地接受與扮演「無角色的角色」,讓年輕人取而代之,才能維持社會的新陳代謝與均衡。

　　禪門詩偈《滿船空載月明歸》:「千尺絲綸直下垂,一波才動萬波隨,夜靜水寒魚不食,滿船空載月明歸。」這首由船子德誠所寫的偈既有文學的美,又有深刻禪的體驗。成年階段,入世關懷,猶如一波又一波的浪,牽動了無數人的心弦,感動了無數人的心思。年邁時,人生釣者沒有刻意讓魚兒上鉤,未能日光燦爛,沒有獲得極高的名利,「無所爭、無所得」,到老年時,如月光般的無量智慧,平靜地影響無數人。

二、隔離理論

　　隔離(isolation)理論認為,老年期不一定是中年期的延長,而是從現存的社會角色、人際關係及價值體系中後退與撤離,此種撤退並非社會力量壓迫的結果,而是老化現象中內在本質的成長,使老人形成以自我為中心的現象;也強調社會須淘汰那些失能和隨時可能死亡的人。

　　人本心理學家弗洛姆所說:「人們拼命追逐的根本原因是害怕獨處,害怕與自己在一起,總是在找事做,自以為是在尋找幸福,一旦真的

找到，實現了目標，又感到茫然和空虛。實現目標所造成的希望幻滅，使人情緒崩潰，直到新的希望出現。」

三、老人喪失理論

老年期整個時期都在喪失各種功能與角色，包括喪失工作角色及職業認同、喪失親密的聯繫、喪失性方面的興趣、喪失身體方面的能力、智力的喪失，以及社會地位的喪失等。

四、社會權能減退理論

社會權能減退理論又稱「責任解除理論」；社會權能反映個人日常的人際互動與職責，也是心理與生理的整合作用，老年的社會成熟與社會效果降低，即是社會權能式微的現象。

這四個理論基本上都認為「老人要逐步從社會撤退」，減少對社會的參與。如同《老子》第六十七章說：「我有三寶，持而保之。一曰慈，二曰儉，三曰不敢為天下先。慈故能勇，儉故能廣，不敢為天下先，故能成器長。今舍慈且勇，舍儉且廣，舍後且先，死矣！夫慈，以戰則勝，以守則固，天將救之，以慈衛之。」

慈，就是愛，有愛心就有勇氣。節儉則精神好，謹慎度日。不爭先，多禮讓反而得到支持幫助。假如捨棄了重要的慈、儉與禮讓，必然會危險。愛與慈不同，愛比較強烈，不免帶給人一些壓力，難免有用自己的方法去衡量他人之嫌。慈則只是一份針對人的存在而有真實的感受，沒有批判，沒有要求。對於正在受苦的人這份同理心比高姿態的愛更可貴。

「認輸」、「變弱」或「必須靠別人來幫我作事」這類的想法的確讓許多人害怕老年，大家都在抗拒老，但「老化」是事實，是任何人都需要接受的事實。老化（aging）是進行式，是不會逆轉的單方向進行式。

身體不僅是「日漸衰老衰退」，更是「分秒都走向死亡」。

貳、參與的角度

　　活動理論與持續理論提出了截然不同的看法。比較不受到老化所影響的是「心理」，心情可以年輕、心態可以好奇、心胸可以開闊。對於學習、對於開拓人際關係、對於發展新的興趣，都可以動態、多元、探索。到了這個年紀，可放可收、可隨時開始可隨時結束、可以在乎可以馬虎。生活與心理都不是一條單行道，有些像森林小徑，怎麼走都好。

一、活動理論

　　活動（activity）理論認為老人雖然面臨生理、健康狀況的改變，但與中年期一樣，有從事各種活動的心理性和社會性需求，並主張適度的活動可為老人帶來較為滿意的生活。老人有豐富的經驗，何必退讓？如同龐蘊居士所寫：「未識龍宮莫說珠，識珠言說與君殊，空言只是嬰兒信，豈得將來誑老夫。」老人的智慧，應持續貢獻給社會，幫助人群。

　　活動和生活滿足感之間存在正相關，成功老化是鼓勵老人儘量活得像中年人，不間斷的社會參與能使一個人獲得許多的社會地位及社會角色，老人之所以逐漸喪失與社會互動的機會，是社會拋棄了老人，而非老人自願與社會脫離；並強調老人應該努力去維持自己的社會地位，因為老人一旦放棄了他們從前的角色時，會感到失落、被排除、自尊消失等。此論述幫助老年人成功的適應，屬於成功老化的理論。

二、持續理論

　　持續（continuity）理論，也稱為「連續理論」。主張人會為了適應人生不同階段的生活而適時改變人格，如此較能成功適應老化的過程。人

從成熟期至老年期間會發展較安定的價值觀、態度、標準及習慣，形成了個性的一部分；人是依照一般生活型態而老化，隨著每一階段的適應而繼續走到人生的終點。

隨著年齡的增長，個人面對老化時維持一定的生活型態，並積極尋找相似的生活型態與角色，這是老人於環境中適應的方式。若老化時變化不大，人格與成年生活保持相似，個人的生活滿意度會提高，愉快的感受是由當前的活動或生活型態，與其生活經驗的一致性所決定。

三、職業角色理論

資本主義的設計是使經濟加速轉動，希望有更多人加入生產及加入消費。老人被認為不是生產的主力，也不是消費的主力，因此在資本主義社會不受歡迎。工作的重要性過高，沒有工作代表無能，無能產生信心危機，使人對人際關係感到困窘，讓人逃避社會互動。Miller（1964）分析退休後的角色損失會造成老人的認同危機，因為現代社會，工作是認同和自尊的來源，退休代表無法擔任原來的工作角色，而認同主要來自工作角色，失去工作就失去認同。

工作的內容由幾個任務所組成，每一項任務各有幾個要素。對聘用單位來說，提供的是「職位」，是能夠完成該工作內容的人力。聘用單位都設法使任務與要素明確，如此容易招募、訓練與績效考核。管理者也方便進行要求，如果無法達成要求，可能要解雇，使員工離職，離開「職位」與「職場」。

角色理論被歸類到「微視面」，解釋個人之間的互動。其實不完全是微視的，聘用的設計有濃厚「結構功能」與「交換」的色彩。用人單位有組織結構，規劃各種職位、設計職位的角色，要求員工執行該角色的功能。員工付出時間、體力、智慧，換取薪資福利。如果雙方都滿意，也符合政府法令的要求，聘僱可以持續。新人進入這樣的體系，需要適應。離

開此種工作設計的機制,也需要調適。Cavan等人(1949)提出老人角色調適的五個階段:

1. 調適:面對自己精力衰退、體力不足、退休、社會地位下滑等危機,需加以調適。
2. 挫折:如果無法因應挑戰,則會感到挫折與茫然。
3. 未調適:造成緊張,造成失調。
4. 失調:有些身體與心理的不良症狀。
5. 再調適:態度需重新定位,增加活動量。

但是上述這些假設都針對20世紀的生產與消費模式,20世紀的生產接近「福特模式」,以製造業為主,人們加入生產線,按照固定的流程工作,這樣的工作方式對年紀較大者不利。但在21世紀,服務業占國民生產毛額的比例遠超過製造業,個人服務業的成長速度尤其快速。老人在個人服務方面有其優勢,常提供客製化的服務,用溫暖的態度使顧客更滿意。例如,在餐飲、旅遊、保險等方面,老人愈來愈活躍。

老人也是重要的消費者,在食衣住行育樂各方面,老人都成為更積極的顧客。銀髮族成為重要的顧客,專門針對長輩所提供的銀髮產業蓬勃發展。老人不再是資本主義的邊緣人口,而是需要用心開發的重要客群。

在其他理論方面,功能學派認為退休對社會整體的運作有益,可以調節勞動人口。老年退出勞動市場可以把職位空缺讓出來,讓年輕人接棒,新陳代謝有助於社會進步。衝突論者認為有權有勢的資方不必受退休制度的約束,但對勞工卻運用退休的機制去控制。

回到個人角度來看,樂觀的人多參與,參與多的人因為互動的刺激也就更樂觀,腦部的多巴胺(Dopamine)旺盛地分泌。處處撤退的人往往以「等待」為生活重點,習慣於「被動接受」,難免會消極、退縮

與無助。但是，有些活躍的長輩過得並不是太好，他們在年邁時依然堅持「參與」，對自己的身體、對家庭的幸福、對他們所參與組織機構的發展，可能帶來一些負面的影響。「中庸」與「平衡」仍然可貴，「無為」比「有為」更珍貴。老年時已經有豐富的人生經驗，更瞭解什麼該參與，什麼該撤退。

如同古老的智慧禱告：「願上帝賜予我從容，去接受我不能改變的；賜予我勇氣，去改變我能夠改變的，並賜予我智慧，去分辨這之間的區別。」一個比較好的老年是「願上帝賜給我體力，去參與那些該參與的活動；讓我放手，對那些我不必插手的撤退；並賜給我智慧，去分辨什麼該參與，什麼該撤退。」

參、老人屬於各種團體或組織

老人獨處時有獨處時的情緒，參加團體時有不同的情緒，參與正式組織時又有另外的情緒。在成年時，所參加的團體和組織最多。在有些組織中，我們為人跑龍套、敲邊鼓；在另一些組織中，也許是主角，擔綱做主秀。到了老年，退出一些團體與組織，另外在某些團體或組織中不再活躍。也可能另外參加一些團體或組織，甚至主動組成新的團體或組織。社會學就是研究「團體和組織的科學」，老年社會學當然不能忽略這兩個重要的概念。

團體的主要特徵有二：(1)互動；(2)歸屬感。至少有兩人以上，有共同的目標或相近的興趣，會產生規範，發展集體的目標。對團體的分析，常用二分法。例如以大小為標準則有大群與小群之分；以群體的界限則有內團體（in-group）與外團體（out-group）之分；以成員的投入程度則有初級團體（primary group）與次級團體（secondary group）之分；以成員主要的效法依據，則有同輩團體（peer group）與參考團體（reference

group）等。比較大的團體經過了正式運作，可能形成「組織」（王振寰等，2009）。

在成年時，相交滿天下，加入許多團體，主要以「次級團體」居多。退休後，偏重「初級團體」，如家庭、友伴、鄰里的人際結合，是親密的、面對面的，且在心理上有「同屬一體」（we-feeling）的感覺，在生活中具有重要而根本的影響力。初級團體最主要的是成員之間有感情存在，既然有感情，與成員相處時就覺得滿足，因此關係的本身就是目標，而不是藉以達到其他目標的手段。成員交往的目的既非工具性，因此交往是全面的，而不是片面的、局部的。由於交往是全面的，沒有兩個人是相等的，因此具有初級關係的人，在彼此的心目中都是獨特的、不可以替代的。成員的溝通深且廣，彼此深入瞭解。

成年階段，與各種人打交道，包括「外團體」。年紀大了，多數人重視「內團體」。內團體係指那些使我們感覺自己是屬於其中一分子的團體；而外團體則指那些我們不屬於的任何團體。內團體可能包括自己的家人、信仰相同者、同鄉、親戚、同胞等；外團體則包括別人的家庭、外國人、信仰不同者、不同性別者等。人們總是對內團體內的人比較親近，而對外團體者比較排斥。多半對自己熟悉的比較接近，也就是所謂的「有關係」。如果與年齡相仿的人互動，是在維持「同輩團體」的關係，友情多半是在同輩團體裡培養出來的。同輩團體主要是在日常生活裡互動的人群，總有幾個比較合得來或談得來的對象，大致是年齡相近者。這些人自然而然就成為自己較喜歡或較願意來往的人，對方的態度也會影響到我們的行為。

老人在人群中生活，由於長年累月的影響，個人的價值和觀點最容易受到內團體的影響，而且內團體愈是團結，排斥外團體的傾向愈大。成員從所屬團體中所得到的滿足愈大，以外團體為參考團體的可能性愈低。若是在社會流動比較活躍的地方，注意外團體的可能性較高。老人的

社會流動機率低，對外團體的注意力下降。

　　除了團體，無數老人還加入各種組織。一個社會組織跟一般社會團體至少有三種不同的特質：分工、權力、互動及溝通的架構。有權力中心負責指揮決策的運作與成員的遞補替換，以組織目標為指導原則（張苙雲，1986）。組織是一個理性的實體，由一群人按著既定的目標來從事有關的活動，組織是一種穩定的互動模式，有層級節制的權威體系及分工合作的運作方式。組織與團體的不同之處，表現在為了達成特定的目標，會使成員和資源正式的組織起來，因此稱為「正式組織」。

　　成年時所參與的正式組織（formal organization）偏向商業與互助類，商業組織（business organization）以謀利為主，如各種公司行號；互益組織（mutual-benefit organization）是以組織成員為受益對象，如各種職業團體、青年會等。年長後，多參加公益與服務類，公益組織（commonwealth organization）以社會大眾公益為前提；服務組織（service organization）則著重對社會的服務，如醫院、學校、社會福利機構等。

　　成年時參加的組織多屬科層組織，是存在階層高低安排的大型組織。它較正式，也有較詳盡的規則和行為規範，最主要的目標是提高組織的效率，達到組織的目標，人情在此類組織裡是不重要的。在現代社會裡，科層組織扮演著關鍵的角色，其功能亦可影響整個社會的運作。年紀大了，許多人有興趣加入志願結合（voluntary association），這是一群共同支持組織的目標和價值而參與的人，人們參加這類組織通常是自願性的。

第二節　工作

壹、意義及重要性

蔡文輝（2008）指出工作具有的特徵包括：是一種活動（activity）、能讓人滿足（satisfying）、可以成為一種享受（enjoyable）、提供意義（provide meaning）、有金錢酬賞（monetary gain）、有必須要做的事（obligatory）。與工作直接相關的研究指標包括：時間運用、工作目的與價值、工作與家庭配合、工作時間彈性、工作偏好、工作環境、工作滿意度、工作中的人際關係、工作保障、換工作意願、求職來源、人格特質、工作成就、經濟態度、工作期望、家庭結構、就業狀況、新興工作型態、性別與工作、收入狀況等（中研院社會學研究所，2005）。王雲東（2009）使用文獻法及後設分析法專門研究臺灣高齡者的就業狀況，探討臺灣高齡者就業的現況與未來發展趨勢，他發現有就業意願和需求的高齡長者可能愈來愈多，但目前尚無明顯的高齡者就業政策、法令與相關措施。政府應修改老人福利法與就業服務法的相關條文，並透過獎勵或稅負減免措施，鼓勵企業採取彈性工時制度，以提升高齡者的就業機會與保障其就業權益。

老人工作狀況是全球知名刊物《經濟學人》（*Economics*）所持續看重的主題。2011年4月9日發刊的主題是‘70 or Bust: Why the retirement ago must go up’，討論「雇用爺爺」是趨勢。對嬰兒潮世代最明顯的描述是──「長壽卻不易退休」。Schoenmaekers（2004）則從實證的數據顯示，在歐洲各國中，工作有助於活躍老化。法國衛生研究院在2013年對429,000位退休勞工的醫療與保險記錄，發現65歲退休的族群罹患阿茲海默症的風險比60歲退休的人少14%，每晚一年退休，阿茲海默症出現的機

率就下降（*U-paper*，2013/07/17，第九版）。此一針對廣泛的對象研究發現，說明持續工作的重要性。

Vogel在《鄧小平改變中國》（馮克利譯，2012）裡記載：1973年2月，已經69歲的鄧小平因為文化大革命被下放江西超過三年，他終於被毛澤東召回北京。離開江西時，他對送行的人說：「我還可以幹二十年。」日後，這位老人改變了中國，他一直到1991年中國共產黨十四大時才退出政治舞台，他全心投入十九年八個月，真的改變了中國。在各行各業中，有許多老人持續工作，對所服務的單位及整個社會有很大的貢獻。

在「工作」與「休閒」之間，有各種人生的活動，靠近工作的是與工作有關的活動，如上下班的時間。靠近休閒的是為了維持生理所必須的飲食、睡眠等活動。兼具工作與休閒的義務，如做家事、照顧家人等。放在歷史的長流中，不是所有的時代都對工作與休閒做嚴格的區分，例如畜牧時代、農業時代，工作兼具休閒的性質。但在工業生產之中，為了配合機器，工作與休閒的分野清楚。但到了資訊業與服務業日益重要的21世紀，有些工作具有更明顯的休閒意義，例如可以在家庭工作。許多老人照顧孫兒女、烹煮食物、種菜種花，既是工作又是休閒。

例如愈來愈夯的是「旅遊」，導遊這職業邊玩邊工作。在民國102年華語導遊報考人數多達42,807人，及格人數1,131人，及格率3.14%。華語領隊報考人數31,451人，及格人數3,239人，及格率35.4%。同時考上這兩項執照的人數很少，但有一位已經52歲的洪俐俐女士第一次考就都錄取，她30到40歲時是家庭主婦，40歲重回職場，過了50歲，她預計55歲從原本的工作中退休，考導遊與領隊是希望退休後有一份又可旅遊又可工作的職業。她勤讀課本，連女兒的高中歷史與地理都認真研讀。

老年階段最重要的考驗就是「工作，還是不工作」。工作可以有更多的收入，不工作則可以有更多的休閒。但老人本身的意願與經濟情勢、政府政策等密切關連。當經濟快速發展時，就業市場急需人力，老人

容易持續工作。若失業率高，政府通常會鼓勵老人退休，把機會留給年輕人。其他影響退休的關鍵因素是健康狀態、對收入的期待、保險與年金的狀態。

在子女供養的比例逐漸下降的時代，收入的來源主要靠工作與社會保障。在歷史上，少有社會對工作者「強迫退休」，老人通常有權持續工作。到了20世紀，退休制度逐漸發展，到了某個年紀就得被「被迫退休」，個人的意願無法對抗社會的安排。不過，多數國家也有年金、保險等機制，使老人在退休後仍有相當的收入。

高齡人口是異質的，也將愈來愈異質。在經濟狀況方面，從上述架構來看，大致可分為「有工作，也有足夠的年金與保險」、「有工作，但年金與保險不足」、「沒有工作，但有足夠的年金與保險」、「沒有工作，也沒有足夠的年金與保險」。最後一群老人是社會福利應多加協助的。女性的就業參與率低，加入勞保或公保的比率遠低於男性，晚年時特別辛苦。嫁到臺灣的新移民，更是弱勢。許多國家都有移民與原住民儲蓄率偏低因而晚景淒涼的現象。

決定老人是否持續工作的因素很多，任何一項工作都是「能力」、「意願」與「機會」組合而成，老人的能力、老人的意願、就業市場提供的機會等缺一不可。缺少一項，老人可能就得退出就業市場。如果樂於退休，心理調適狀況較佳。

過去的就業是「一個蘿蔔一個坑」，工作者與聘僱單位的聘用有固定的關係，工作是全有或全無，一做事就要長期上班。退休就是「裸退」，失去所有的身分，但21世紀固定變為彈性，各種靈活、彈性、變化的聘用使老人更容易參與，因而能持續就業。部分工時與志工體系的蓬勃發展更提供了各種工作角色，老人無須朝九晚五，每週工作四十幾個小時，能按照自己的狀況與聘用單位的需要，靈活安排。

以餐旅業來說，每一天有特別需要人手的時段，每一週的週末與週

間的人力需求截然不同，每一年有淡季或旺季。對資方來說，亟需人力時邀請長輩加入就不需要負擔完整人力的各項開銷。特別需要經驗的服務業與靠天吃飯的農林漁牧業，尤其適合老人持續工作。

　　所以「工作角色」不再是固定的，角色裡的任務也可以有很大的差異。工作者加入、轉換跑道、離開，可以彈性安排。在職場打滾多年的老人通常彈性加大，只要聘用單位靈活安排，多半能創造雙贏。

貳、老人工作狀況

　　勞委會（2012）所公布的「101年度勞工生活及就業狀況調查」報告顯示，目前有工作老人占11.17%，男性老人目前有工作者比例為15.4%，高於女性的7.2%。從事職業以「農林漁牧工作人員」占51.30%為最高，其次為服務工作人員及售貨員占14.84%，非技術工及體力工占11.28%再次之。從業身分以自營作業者占59.26%最高，受私人僱用者占18.75%居次，雇主占12.26%再次之。

　　就性別而言，男、女性從業身分都以「自營作業者」最高，分別為62.16%及53.48%，「受私人僱用者」次之，分別為16.67%及22.88%。另外，女性無酬家屬工作者比例明顯高於男性。

表8-1　老人有工作者之從業身分

民國98年6月

單位：%

性別	總計	雇主	自營作業者	無酬家屬工作者	受私人僱用者	受政府僱用者	不知道／拒答
總計	100.00	12.26	59.26	7.99	18.75	1.44	0.31
男	100.00	15.12	62.16	4.42	16.67	1.62	--
女	100.00	6.55	53.48	15.09	22.88	1.07	0.93

資料來源：內政部（2012）。

參、告別工作的形式

告別工作就是退休，退休是人生重要的轉折，充滿社會的意義。不同職業的退休時間有很大差異，以體壇來說，某些體操選手不到25歲就退出體壇。「當你無法做出更完美動作時，就是離開競技場的時候。」因為總是會有新人能做出更完美的動作。NBA球員高掛球鞋多半在35歲之前，美國職棒大聯盟的明星則可能撐到40幾歲。高爾夫球則是老少咸宜，長青盃競賽時，許多老當益壯的選手依然活躍。

藍領階級勞工在汗水中打拼，60歲多半都退了。專業人士通常可以持續服務，醫師、教師、律師、心理師、社工師等在漫長工作生涯累積豐富經驗，年資成為無可替代的優勢。90幾歲仍然看病、仍可執教鞭、仍然能排憂解難。藝術家原本就是自由業，年紀雖長依然繼續演奏、畫畫、寫作。

老闆不必退休，王永慶到90幾歲還飛到美國視察。小吃店只要顧客愛上門，店主愛賣到幾歲都可以。受僱者的職位是別人給的，到了規定的時候就得告別。政務官沒有年齡的限制，事務官只能該退就退，因為還有人等這個職位。

退的時候是否需來個儀式？38歲的貝克漢高掛金靴，全世界皆知。陳沖院長在2013年除夕前辭職、年後交棒，也有正式典禮。美國知名新聞界主播芭芭拉華特斯在83歲時預告次年夏天將退休，意思是有眾多退休活動，大家可以積極籌辦了。

學術界尊師重道的氣氛最濃，大學校園裡常見為退休教授舉辦的榮退研討會或演講會，有時還出祝賀文集，後生小輩共襄盛舉。政府體系應驗「鐵打的衙門流水的官」這名言，高官來來去去，船過水無痕，有時匆忙下台，連辦場惜別餐會都省了。

場合的大小、參與者人數的多寡、內容的複雜或單純、是否出版刊

物等,都需詳加考慮。主要影響的因素是當事人的聲望、個性與地位,尤其是待人處事的能力。聲望高、地位高、個性開朗、影響力大,則場面大。聲望不高、個性低調、影響力式微,人緣不佳等,則不容易出現大場面。當然,退休是個人生涯的一個轉折點,有些當事人未必願意勞師動眾。

榮退者有如奧斯卡獲獎人,是鎂光燈的焦點,來賓甚至起立鼓掌。這些場合少不了講話,原本就話多的高官與教授通常會多說些,長篇大論也有可能。創業老闆若交棒,可能會多交代一些,深怕大家毀了自己打下的江山。若是以朋友居多,話不好多說,也怕講過了頭。退休場合固然溫馨,卻也耐人尋味。參與者各自知道主角的一些故事,有些故事未必能揭露於世。另外,長官、老友、主辦單位等一一致詞,再放些回顧照片與影片,帶領參與者瞭解退休者的豐功偉業。

照相是少不了的儀式活動,各界來賓都想與退休主角合照。主角的配偶與家人當然是焦點,接著大致按照「差序格局」拍照,知交、老友、嫡系先照,逐步擴散。在歡樂又略帶感傷的退休場景,也是觀察人際網絡與人情世故的舞台。

眾多的參與者都是配角甚至只是路人甲、路人乙,帶著不同的心境與期待參加盛會。人們的心情主要有感恩、懷念、崇敬、敘舊等,也有些人彷彿看戲的觀眾,另一些人考慮自己退休時該如何處理。當鎂光燈聚焦於退休者時,其他人各有心事。

「禮物」是不可少的,離開的單位當然要準備,昔日部屬、學生等也可能準備。禮物上少不了寫上幾句感念的話。「祝賀集」則需要長時間的準備,廣邀門生故舊回憶往事,有些人則趁機吹噓自己一番。

整體情勢的主題是「關係」,有的希望維持關係,另一些人期盼強化關係,還有些局外人借此建立關係。最特別的是「修補關係」,主角在工作場域難免有些恩怨,或許期盼在告別的時刻能一笑泯恩仇。另一些人

則希望隨著主角的離去能抹去昔日的不愉快。「好聚好散」說得容易,遇到多少年的人情糾纏未必能順利收尾。此時當然是個時機,但在紊亂的場合要達到預期的目標並非易事。

有些重要人物不希望有公開的告別活動,原因主要有:怕增添他人麻煩、擔心這樣的場合碰觸到昔日關係的傷口、害怕他人議論自己。「悄悄離開」使分離不成為公開的活動,「默默地走」是他們的選擇。

第三節　退休

壹、意義及重要性

有位當了三十多年公務員,署名遊俠的人在2013/06/05的《聯合報》撰文,形容「職場退休如大考」,他如此描述:「每年總會來場績效考核。臨退時,以為總算不必再被考了,豈料,退休才是職場期末大考。別人退休是休假輕鬆倒數計時,我則是忙著打包。打包分有形與無形,前者是業務屬性,包括知識管理、移交、長官特別交付的任務等;後者則是心理上的,生涯的規劃、同仁的離情,構成複雜忐忑的心境,這才是最難打包的。歡送會欣然接受,但回禮不可少,還要再一一書寫謝卡;至於無暇打包的私人物件,能捨就捨,其餘的便如逃難似地擲入紙箱內。這場退職考試,令我深切體認到:『捨』難,卻是必須,而『放』是學問,物件歸位、放下情緒,皆需智慧。退休雖是職場的結束,卻是人生另一階段的開始;而過簡單的日子,則是學習的起點。」

早在1976年Atchley就著有*The Sociology of Retirement*,Graebner則在*A History of Retirement*(1980)檢視了1885至1978年之間,美國各種制度對退休的安排;我國也有許多學者關注此議題並著有專書,例如黃旐濤

等（2009）、朱芬郁（2012）。退休制度是《經濟學人》（*Economics*）等重要刊物持續看重的主題，例如2009年7月21日的主題「退休的終結」（The End of Retirement），2010年12月18日的主題「變老的快樂」（The Joy of Growing Old），對嬰兒潮世代最明顯的描述是「長壽卻不易退休」。無論富國窮國，全世界都在老化。養老時間愈來愈長，退休的概念可能將終結。未來，多數人都得用工作來養老。

1889年，德國宰相俾斯麥為70歲以上的工人推出了全世界最早的退休金制度，當時德國人平均壽命只有45歲。1935年，美國推出社會安全制度，領養老金的法定退休年齡是65歲，比當時美國人的平均壽命多出了3歲。

過去，各國政府的退休金制度，是為了讓少數健朗的老人安享短暫的晚年。如今，人類壽命愈來愈長。我國的平均退休養老時間更超過二十年。人類將重回俾斯麥之前的世界：工作再也沒有正式的停止時間。以往，退休是向工作單位說「再見」，以後是向退休告別。

許多企業不喜歡雇用老人，認為老人動作慢又不會新科技，但熟齡員工不一定得做原來的工作。例如重新雇用已經退休的員工，但提供的是不同的工作，薪資也大幅降低。許多零售餐飲業者也開始雇用退休老人，因為他們對客人更友善、殷勤。許多老年人都有意願在退休後繼續工作。只要工作不太繁重，老人們的身心都可獲益。許多嬰兒潮世代的人都說，他們從來不想在老年完全不工作，但會希望工作時數少一點。

陳琇惠、林奇璋（2010）研究年金與經濟安全的關係，認為老人階段的財務規劃是重要考驗，老人自己、家人與政府都有責任。因應老化，各國政府近年已推出不少政策，包括可攜式福利、引入移民、鼓勵私人儲蓄、改革醫療等。有些企業也開始取消強制退休年齡、讓員工分階段逐步退休。最重要的是，政府須延長領取退休金的法定年齡。洪明皇、林怡婷（2012）專門探討政府政策對老人退休前後所得分配之影響，各種津

貼、保險、年金對老人可支配所得都有不同程度的影響。

　　基於財務規劃,以及追求平衡生活,多數人會選擇不退休而繼續工作。不過,「戰後嬰兒潮」世代是否能以延後退休的方式,來補足日漸減少的勞動力,主要取決於企業的人資策略與政府的政策。例如政府應提供更多非典型工作,或是讓人們能在特定時段工作。對「戰後嬰兒潮」世代的人來說,為了開創事業第二春,可能必須學習不同的技能;或是因應產業轉型也要學習新的工作技術與能力。聘僱一方可以結合彈性退休制度的做法,讓待退族群剛開始只退一半(領二分之一退休金),另一半時間則可從事經驗傳承的工作,之後四分之三退、四分之一時間工作;等傳承就緒,最後才是全退。也可用工作分享(job sharing)的方式,讓待退者與接棒者共同負責一項工作,幫助接棒同事迅速熟悉工作,順利接手;而退休前的職務移交,企業則可要求退休者以影音、書面方式詳盡陳述工作流程、要點及應注意事項,以留存退休族群的經驗資產。

　　開發高齡就業者機會、維持老人「樂齡」生活將是社會共同的挑戰。Maltby等人(2004)對歐洲各國推動「福利國家」(welfare state)政策的人民進行探究,比較老化與退休政策的關係。政府提供資源的多寡影響老年的生活。退休制度正式建立是工業革命的產物,更是現代國家機器運作順利後產生的,也得依靠社會福利體系的建立。這三個要件,我國都逐步建立了。Atchley(1976)指出,有三個主要的社會條件促成退休成為一種社會制度:

1.經濟要有足夠的剩餘資源,來維持一群不工作的退休人員。
2.應建立社會安全基金或保險基金,將社會剩餘資源轉移到退休人員的福利上。
3.社會必須接受退休人員的不工作,也不應以異樣眼光歧視退休者。

　　退休有強迫(mandatory)與自願(voluntary)之別。前者是依照組

織的規定，到了年齡必須退休；後者則有個人的意願，如還未到必須退的
年紀就離開了，或到了退休年齡仍不想退休者。有些人退休後不再有任何
角色，俗稱「裸退」，有些則從專任退休轉換為兼任，或以顧問、委員等
身分繼續貢獻。

貳、現象及問題

對於退休年齡，勞工的期待為何？勞委會（2012）所公布的「101
年度勞工生活及就業狀況調查」報告顯示，勞工預計退休年齡分布，以
「60歲」及「61歲及以上」比率較高，分別占35.4%、34.5%，其次為
「55歲」占15.8%，再其次為「50歲」占9.5%，預計平均退休年齡是59.6
歲。按性別觀察，男性勞工預計退休的平均年齡是61.0歲，以規劃「61歲
及以上」退休為多數，占47.7%，女性勞工平均退休年齡58.3歲，以預計
「60歲」退休者為多數，占39.7%。整體而言，男性勞工預計退休年齡晚
於女性勞工。

目前有工作老人有退休計畫者占14.51%。（詳見**表8-2**）但是目前仍
有工作的老人，平均計畫退休年齡為72.25歲。就性別而言，男性目前有

表8-2　老人有工作者之計畫退休年齡

民國98年6月

單位：%；歲

性別	總計	尚無計畫	計畫退休年齡					不知道／拒答
			統計	65-69歲	70-74歲	75歲及以上	平均計畫退休年齡（歲）	
總計	100.00	83.02	14.51	4.26	5.41	4.83	72.25	2.48
男	100.00	81.27	16.51	5.13	5.21	6.17	72.46	2.22
女	100.00	86.49	10.52	2.54	5.81	2.17	71.59	2.99

資料來源：內政部（2012）。

工作、有退休計畫者比例為16.51%，較女性的10.52%高；男性計畫退休年齡在65至69歲者，75歲及以上者分別為5.13%及6.17%，均高於女性的2.54%及2.17%。

　　退休對老人的影響是全面的，老人長期投入工作，是典型的「組織人」（organizational person），離開這個主要的身分，在各方面都不同了。首先在經濟狀況方面，大致可以分為：

1. 邊緣老人：不再有薪水，生活貧困，在艱難情況下勉強度日，漸漸成為社會的邊緣人。
2. 地位下降的老人：收入減少、儲蓄有限，但仍能正常生活。
3. 整合型老人：仍能過著中產階級的生活，經濟狀況沒有明顯改變。如勞工規劃退休後的生活費用來源以「自己的儲蓄」、「新制的勞工退休金」及「勞保老年給付」為主。

　　勞工規劃退休後的生活費用來源（複選的統計數據），以「自己的儲蓄」占75.6%最多，其次為「新制的勞工退休金」占57.6%，再其次為「勞保之老年給付」占46.9%，其他依序為「祖產及財產收入」占18.7%，「舊制的勞工退休金」占13.8%，僅有5.3%「由子女供應」。與民國100年比較，勞工規劃退休後的生活費用來源以「祖產及財產收入」、「舊制的勞工退休金」及「由子女供應」下降0.7至0.8個百分點，差異較大。

　　按性別觀察，女性勞工規劃退休後之生活費用來源，以「勞保之老年給付」48.4%、「新制的勞工退休金」60.5%、「自己的儲蓄」76.7%的比率高於男性，而男性則以「祖產及財產收入」22.0%，及「舊制的勞工退休金」15.9%的比率高於女性。按年齡層觀察，以「自己的儲蓄」為退休生活費用來源的比率較高；以「新制的勞工退休金」為退休生活費來源的比率以壯年較高；「勞保之老年給付」、「舊制的勞工退休金」為退休

生活費來源的比率隨著年齡的提高而增加。按教育程度觀察，以「自己的儲蓄」及「祖產及財產收入」為退休後之生活費用的比率隨著教育程度的提高而上升，「舊制的勞工退休金」及「勞保的老年給付」則隨著教育程度之提高而減少。（勞委會，2012）。

退休對婚姻的影響方面，《紐約時報》（2005/10/17）介紹「退休丈夫症候群」（Retired Husband Syndrome，簡稱RHS），這個詞原本在日本流傳，在美國也被注意。描述男人退休後終日在家，還如同工作階段繼續期待老婆的關心與照顧，太太因此有強大的壓力，出現各式各樣的身心症狀，婚姻關係因而格外緊張。與兒女、孫子女等的關係，可能更密切，也可能疏離。

退休對健康的影響如何？如果妥善安排，退休對健康反而是好的，生活中的壓力減輕，可以自主安排生活，有更多時間從事運動，在飲食上也較為留心。但多數人的健康狀況有走下坡的情況，主要是因為心理上的調適不佳。擔憂增加，煩惱增多，又因為減少了社會參與而失去成就感。

參、我心已經打烊?!

有幾個英文字可以描述老人的改變機會。transfer移動，不斷走動更強健。走遠路、走危險的路是探險，移動帶來超越（transcend），持續移動、逐步擴展，超越原本的生活空間；超越帶來轉化（transform），而有了不同的存在形式。

經常解釋老人行為的是「參與理論」，相對的是「撤退理論」。表面上看這種主張相反，其實每一個人的時間與精力有限，隨著年歲漸長，參與少、撤退多是必然的趨勢。到底要參加哪些活動雖讓老人為難，但總是要有所選擇。都不參加有些不盡人情，有時與人互動可以增加

見聞，但太重視應酬，喜好到處露面則難以冷靜。

老年時有些里程碑事件（lifetime events），例如退休、子女婚禮、同學喪禮等，是一輩子只有一次、不能錯過的盛事。前衛生署長葉金川是台大醫學系1975年第二屆的畢業生，2005年三十週年同學會時，該班出了一本書《陽光，在這一班》，葉金川如此寫：「年輕時要有活力、創意，如旭日東升；中年時以事業為主，以健康為本，如日正當中；老年時，一般認為是夕陽無限好，只是近黃昏。但我認為要繼續保有工作，重點是利用本身的歷練、智慧與財力。」

天下出版社有許多系列，其中「社會人文系列」主要是各行各業菁英份子的回憶錄。在回憶錄中，作者分享的主要是自己生命中的里程碑事件。例如求學、初次的職業、難忘的工作、特殊的貢獻等。最常被提到的人物是父母、貴人、師長、長官、摯友，配偶與子女有時會被帶上幾筆。

在里程碑發生時常見到一些文字與照片的紀錄，如祝壽集、某某單位多少週年祝賀文集、某某事件發生多少週年回顧、金婚乃至鑽石婚祝賀集，以及最常見的悼念文集。在教育界與藝文界的人常動筆，公務員、企業界等也有類似的材料。但這些主要是熟悉參與者才有興趣的，對於外人的意義不大。參加他人的生日會、榮退聚會等，主要是對方生命的里程碑事件，卻對自己的意義未必明顯。有時為了面子、為了維持關係而參加。關係的親疏近遠、交情的濃或淡、對方邀請的誠意等，都影響自己參與的意願。

張春興教授是國內知名的心理學家，他所寫的《心理學原理》、《教育心理學》是重要的導論，廣受歡迎。他主編了二十二集的「世紀心理學叢書」。最重要的，他編寫了《張氏心理學辭典》，成為本土心理學最重要的辭典。即使在社會學界或社會工作界，還沒有哪一位本土學者撰寫過如此的辭典。

他何以能如此呢？他不演講、不參加座談會、幾乎不應酬，用苦功夫來寫一本本的教科書。對於社交的活動，他的心打烊了。因此能專注於能夠流傳下去的文字工作。時間總是有限，說得多就可能寫得少，精緻的著作都需慢工出細活，身兼數職的人通常難以專心寫作，例如主管、民意代表等少有佳作。

有些人經常擔任主角，對自我時間的控管嚴格，如此比較不願意參加熱鬧的人際活動。有些人昔日位居要津，如今後浪取代前浪，參加時倍感辛酸。有些人際網絡在昔日有不愉快經驗，也不想去勾起痛苦回憶。

有些老人「往前看」，試著創業。臺灣的經濟以中小企業為主，非營利組織也多半規模不大，加入門檻不高，這為老人創業提供較多機會。種種事業紛紛邀約人們帶著資金加盟，也有助於創業，讓很多退休者動心。從不同領域退休的白領階級有更多機會去創業。

有些老人難忘當年的心願，期望老年階段繼續實踐心願。有些老人渴望再次「漲潮」，再創事業高峰。有些老人被他人鼓舞，拿出老本，期盼開創新事業。這些都是參與理論的實踐者。但要成功，完成心願，要比中壯年階段更為困難。畢竟，歲月是考驗《白手起家的故事》（彭懷真等，1985）統計，創業者平均年齡在35歲。

創業要有資本，主要是金錢資本（資金）與社會資本（人脈），資金需籌措，人脈需經營。對內要找適合的幹部，對外要開展人際關係，獲得更多支持以因應任務環境的考驗。這些都得付出大量時間、精神、體力。處理人脈，經驗最重要，尤其是與該事業直接相關的經驗。老人未必充分具備，也使開創成功與保持成功的機會下降。

參與理論相信「老驥伏櫪、志在千里」，但在這重視媒體與公共關係的年代，絕非易事。老人在數位科技的使用上難以與年輕世代競爭，因此擴大了經營事業的難度。在辦理活動造勢方面，老人在這方面也比較吃虧。

　　多數事業分成構想籌辦、創業之初、奠基穩固、擴張與突破、危機與化解、萎縮沒落等階段，有如人生的道路。因此，每一個階段需有相當的時間，無法一蹴可幾。若在年輕與中年創業，有較為充裕的時間逐步進展，老年才創業，一則受制於時間有限，二來面對自己身體的變數加大，不確定性高。在家族企業盛行的臺灣，多數人創業是希望交棒給下一代，如果有子女共同創業，就像是登山時有伴同行，比較安全。

　　在完全的參與及完全的撤退之間，還是有很多種可能。人生的道路有如登山，到了事業的高峰就得下山，老年階段通常都在走下坡，不容易再次往上坡爬。下坡有快速或緩慢的差異，以小心為宜，尤其應該避免「墜入山谷」。急躁的行動很危險，穩步向前是原則。這些考量都是老人在進與退之間的拿捏要素。

CHAPTER 9

制度化與宗教

對老人來說，制度是比較陌生的，制度不像家庭那麼熟悉、不像社區那麼接近，不像團體那麼親切，不像組織那麼清楚，但各種制度卻具體規範著老人的生活。政治、經濟、教育等制度都影響了老人，醫療與宗教制度更是重要。無論健康或疾病，每個人都參加醫療制度的活動。老年階段除了是老人之外，還常常是病人，面對著複雜的醫療制度。

老年階段更得考慮永恆歸宿，宗教制度給予的安慰、關懷，沒有其他制度可以取代。古典大師就認為宗教與社會學是不可分的，涂爾幹撰寫「宗教生活的基本形式」，韋伯做了各種宗教的比較，結構論、衝突論、符號互動論等有不同觀點。進入宗教組織、參加宗教儀式、理解宗教教義、與神職人員或信徒互動等是無數老人生活的重心。

人人都有告別世界的一天，死亡是生理的、更是社會的。社會提供了各種方式處理離世與安葬，親情、友情、愛情都要劃下句點，殯葬是文化活動，細膩規範著參與者的一舉一動。

第一節　社會制度與醫療

壹、配合社會的功能而有的制度

制度（institution）就是社會制度，指社會單位的複合體，目的在解決人們共同面臨的某種問題。在制度裡，廣泛被接受且相當穩定的角色、地位和團體的結合，制度的功能在滿足社會的基本需要。功能分顯性（manifest）或潛在（latent）功能；顯性功能指有意達成的目標，是一個

制度或社會模式產生明顯而精心設計的結果；潛在功能則指不明顯或無意中產生的功能，也是一種制度或社會模式所產生始料不及，且通常不受人注意的功能。

關於制度有幾個必須認識的觀念：

1. 制度性機構（institutional agency）：一個執行某種特殊制度功能的有組織團體。例如，特定的宗教教派乃是宗教制度的制度機構。

2. 制度秩序（Institutional order）：提供類似社會功能的制度，圍繞著中心角色而產生的角色聚結。社會的基本制度秩序為政治秩序、經濟秩序、軍事秩序、親屬秩序及宗教秩序。

3. 制度模式（institutional pattern）：互相關聯的社會規範的模式，它界定了已知社會的某種社會情境中所期望的和適當的行為方式。在社會中，此模式是穩定的、有結構的，並有與之相關的明確社會制裁。

4. 制度專門化（institutional specialization）：顯示複雜社會特性的情況。每種社會制度各自發揮其專門化的功能，因此和其他的社會制度涇渭分明，容易分辨。在此社會中，專門化組織的存在，主要在發揮特殊的社會功能。

5. 制度化（institutionalization）：制度化提供有秩序的社會關係體系。根據正式化的規則、法律、習俗與儀式有了社會互動穩定模式的發展。制度化界定人的行為，而使得社會行為得以預測，這些行為在某特定社會角色上，為人們所期望或被認為適當。制裁體系與制度化有關，順從制度化的期望，即予獎勵；反之，則可能受懲罰。

從制度探討老人個別社會行為背後的社會機制，是要瞭解在社會界定下的互動方式，其中主要透過社會建構觀點（social constructionist perspective）產生相關的主題有：(1)探究老人在社會大眾的印象與其影響。大眾可能認為老人是需要依賴的、欠缺吸引力的，且某些表現看起來來怪怪的，刻板化印象使老人處在不利的環境中；(2)有關老化為何會發生、在何種情境中最嚴重，老人該如何因應、溝通，以使大眾瞭解他／她們；(3)高齡的社會意義會隨著時間而不同，也會因為生命情境而有所差異。此觀點的核心概念有：社會意義（social meaning）、社會現實（social realities）、社會關係（social relations）、對老化與高齡者的態度（attitudes toward aging and the aged）、生命事件（life events）、時間（timing）等。

許多老年社會學的研究借用這些核心概念進行實證分析，例如老人與照顧者的關係、老人與照顧體系的互動。此種觀點探究老人積極參與社會活動具有的重要社會意義，老人的行動創造了社會意義，結構也影響了老人。

老人生活在人群之中，居住在社會裡，社會也得考慮老人的各種需求，設法加以滿足。社會大眾之所以能在一起共同生活並組織社會單位，是因為每個人都想與人交往，有一種同類意識（the consciousness of kind），社會的功能因此就展現在一個人的生活之中。社會的一般功能大致分為以下四種（龍冠海，1997）：

1. 結合的功能：在時間和空間上，社會把人們集合在一起，使他們彼此能夠互動，滿足心理和社會的要求。
2. 溝通的功能：社會供給人們系統的傳訊工具，經由語言及共同符號，彼此能瞭解意思，相互溝通。
3. 延續的功能：社會發展和保存成員共有的及制定的行為模式，使個人在行為上得以有所依循而能夠節省時間與精力，不必事事都猜測，處處都摸索。

4.整合的功能：社會規定地位的高低和階級的階層化體系，使每個人
　在社會中有比較穩定及可以為他人辨識的地位。

　　社會的特殊功能是指社會中某些主要組織或制度，對人們的基本需
要各有其專門的功用，也就是有一些社會制度針對各種特殊功能加以設
計。主要的功能和制度最主要有下列六種：

1.生育的功能：社會有婚姻關係、家庭制度和親屬團體，使社會成員
　有秩序、有規範地繁衍後代，社會得以新陳代謝。

2.教化的功能：社會有教育的組織，使其分子得到社會化和發展，以
　獲得教導和瞭解新知，並且處理種種知識。

3.營生的功能：社會有各種經濟團體和制度，負責生產和分配的任
　務，使成員得到物質和勞務，以維持個人生活的需要。社會也建立
　經濟組織，處理其中的土地、勞力及資本問題。

4.安全的功能：社會有政治的設施和各種公民團體，以滿足人類對安
　全和秩序的基本需要。

5.慰藉的功能：社會有各種宗教組織，以滿足人們在精神上的需要，
　並處理信仰生活。

6.健康的功能：社會也有各種醫療組織，使其成員得以滿足對健康的
　需求。

　　人在求生存的過程中面對各種問題必須去處理。因此發展出各種
「社會制度」，有了制度，處理問題就有了一定的模式。例如人們要有系
統地學習知識，就有「教育制度」。人類也是偷懶的，不希望碰到每一個
問題都重新來處理，不希望遇到每一個人都要重新規範彼此的行為。因此
設計出互動模式，也就是「劇本」。某一類的角色通常有類似的劇本，
「劇本的集合體」形成大眾接受的「社會制度」。

　　社會就像是一個人，每個人都有呼吸系統、消化系統、神經系統、循環系統，如此才可以活著。社會也有各種制度，如此才可以維持。史賓塞說：「社會正如有機體，一樣有生命，會自我成長和演變，其結構與功能日益分化，社會中的各部門無法互相取代，各部門的運作都有助於整體的發展。」（引自Macionis, 2008）。這裡所說的各部門就是各種社會制度。

貳、制度的分歧

　　老人生活在社會制度之中，社會制度是維繫人類團體生活與社會關係的法則和遊戲規則，是社會為了滿足或適應某種需求，建立起有系統、有組織、眾所周知的行為模式。制度是關於社會互動的模式，有相對穩定的結構，又能夠維持相當長的時間。有制度就有組織、有結構，因而傳達文化的價值。

　　「制度」配合婚姻、政治、教育等基本社會功能，產生相當普遍的生活方式。每個制度都建立社會規範，指導人們行為，制度也提供各種方式來規範人們的活動。制度的緣起可能有意或無意，發展反映社會或文化的變遷，制度的存在有賴它的適應能力。社會上的各種團體與組織都已經和各種制度結合了，此現象稱之為「制度的完整澈底」（institutional completeness）。制度使人們的互動清楚，有一基本準則，例如看病必須進入醫院診所，公眾處理權力衝突就進入政治制度中，這類現象通稱「制度化」（institutionalization），人們基於某種社會規範而產生穩定的結構，多數老人的社會互動都已經模式化了。

　　每一種社會制度都有其普遍性、複雜性、聯繫性、相互關聯性、持久性、變異性與強制性。制度可分為「強制的」（coercive）和「制定的」（enacted），前者是隨著社會規範的擴大發展而成，後者是在特定

時間，為了特殊目的所建立的。

　　對老人而言，社會制度有其正向功能，如：(1)行為導向：以滿足老人社會生活的需要；(2)控制：以維持社會秩序；(3)社會化：提供社會化和社會選擇的機制；(4)文化傳播：傳遞文化、促進社會發展；(5)整合功能：產生凝聚力。但是社會制度也可能有負向功能，因為制度本身的惰性，制度內部結構可能出現混亂，或是成員因為品格、能力、意願等導致的問題。

　　任何人口群總是在不同的口中掙扎，一個口主要解決吃飯的問題，表示經濟面，社會執行此種工作的制度是「經濟制度」；官字則是兩個口，顯示做官的常常對上、對下、對內、對外有不同說詞，充分顯示政治勢力的特性，這也是「政治制度」的基本要素；三個口則是「品」，是道德面的，「教育制度」、「家庭制度」與「宗教制度」都在處理這方面的問題。如果「口」生病，如身體或心理有毛病，就要靠「醫療制度」去處理。

　　對某一種制度都需要瞭解其功能、組織、現象及出現的問題，教育、政治、經濟、醫療、宗教等制度都有各種組織聘用相當的人數。在本章中，特別說明與老人最密切相關的醫療制度的宗教制度。

參、醫療制度中的參與者

　　「生、老、病、死」是人生常態，社會要處理這些現象建立的主要社會制度是「醫療」。老人接受各種照顧與護理，直到有一天，油盡燈枯，也多半在醫院走完人生旅程。可能有人不參與任何宗教體系，也有人從來不投票，但是一輩子都不和醫療院所發生關連，機率非常低。老人與醫療體系的互動更是生活中不可少的部分。

　　2013年7月衛生福利部掛牌，設有「醫事司」、「社會及家庭署」、

「國民健康署」等單位，醫事司專門處理疾病的醫療面，但國民健康署、社會及家庭署、護理及健康照護司等都處理疾病的預防與處遇，都有社會層面。有人會好奇：看病不是醫生的專長嗎？為什麼要社會學家也表達意見？因為，醫療化的後果可能導致注重病理學、致病因子的討論，將疾病僅歸因於個人層次，而忽略社會結構的問題。

醫療社會學（medical sociology）的分析對於解釋這些現象頗有幫助，醫療社會學可由兩方面來研究：一是理論醫療社會學，利用醫療機構提供理論社會學研究的資料，從社會學的觀點來評鑑醫療組織；二是應用醫療社會學（sociology in medicine），是對有關醫藥衛生問題之應用，通常是為了決定公共政策的形成；應用醫療社會學以社會學的方法與概念來解決醫療保健方面的政策和行政問題。應用醫療社會學家常以衛生專業人員的判斷為依歸，有計畫地改變地方習俗。

進入20世紀，人們認識到疾病的發生除了病原體這一外在因素之外，還與人體內、外環境之間的生態平衡受到破壞有關，因此有了「生態醫學模式」。注意自然環境和社會環境對人體的作用，看重人體內環境的作用。人要健康長壽，必須兼顧內外環境，保持體內生態平衡，從預防疾病進而保健。進入21世紀，更注意疾病的社會性，包括社會階級與疾病的關係、人口群與疾病的關連性、公共政策與疾病處遇等，通稱為「醫療社會學模式」。除了提供有關影響健康及疾病的社會因素知識外，還將疾病的性質、醫生及病人的角色，放在社會脈絡裡檢視。

醫療服務輸送體系（health care delivery system）是將醫療服務送達病人的一種方法。社會學家研究這個系統以評估各種服務達到社會不同部分的有效性，對不同團體提供的服務是否有差異，以及有哪些政策可以放進醫療服務輸送中。醫療制度的構成要素包括：政府、人民、醫院、診所、保險業者，參與者除了病人之外，還有病人的家人、照顧者、醫療院所的負責人、多元的醫療專業人員、保險人員，以及制訂與管理的政府官

員。由於人們日益長壽，也就是社會上有更多的病人。無數的慢性病患形成新的醫療問題，甚至造成各種社會問題。

人們對醫療的需求多元化了，醫療體系的經營也多元化了。現代的醫院裡提供各式各樣的服務，醫院裡有各種專業人才去執行這些業務。比起政府機關、軍隊、工廠，甚至是學校，醫院還更熱鬧。醫院的主要功能是診斷與治療，復健、修養、長期照顧等不能都待在醫院中，還需要有安養中心、復健中心、康復之家等機構。如何照顧與服務長期病患，是家庭與社會都頭痛的問題，也是醫療界的重要議題。

以文化結叢的觀念，醫療產業結叢（medical-industrial complex）已經出現，商業機構對醫療照顧的影響，包括製藥業、醫院必需品及設備的製造者、私人的健康保險業者，及私立醫院和護理之家的擁有人等。許多私人企業希望從醫療產業獲得最大的利潤。有些人希望政府採取較為嚴格的手段控制與健康照顧有關的費用，包括醫生的收費、醫院的收費及藥物，也有些人建議由政府或政府委託的單位來管理醫療保健服務。

生病具有濃厚的社會意義。在醫療制度與健康照護中有三個相近但意思不同的概念，通常經過三個階段：即生病→看病→接受醫療。生病（illness）是個人主觀感受上有不舒適的感覺，例如發燒、疼痛。他去醫療體系內求助，被判定有疾病（disease），醫療單位診斷他的病症，如病毒感染、癌症等。然後他因患病（sickness）而接受不同的處遇。

老人生病的機率高於其他人口群。生病不簡單，除了生理上的病痛，必然還會影響心情，產生心理和人際關係的變化。生病使病人無法扮演合適的社會角色，反而要符合社會期待去執行「病人的角色」。功能論認為每個人都有該做的行為，犯人對社會是不好的，因為「他們做了不該做該做的事」。病人也不好，他們「沒做該做的事」。所以，社會對待病人與對待犯人有些類似，都有一些不好看的衣服要對方穿，充斥著規定與約束，醫院與監獄的管理類似。

老人是一種角色，病人也是。病人角色（sick role）又稱為病人身分，一個人被確認患有疾病時，就具有了病人身分，在心理和行為上也就產生了變化。派深思（Parsons）觀察病人與周圍人的互動，分析出四種病人角色要素。首先是免除或減少平日的社會角色。當一個人扮演病人角色時，可以免除平日的社會責任，能免除多少視其疾病的性質與嚴重程度而定。其次是病人有接受協助的義務，須依賴他人的協助。第三是負有恢復健康的責任。生病是某些需要未被滿足的狀態，會造成病人的不適甚至死亡，病人也被期待有生存的渴望，對未來抱有希望。第四病人負有尋求醫療協助的責任。

病人角色是從功能論的角度探討醫療制度，從衝突論的角度則看到醫療體系內的種種不公平，老人特別受到限制。從符號互動論的角度，誰生病誰健康都是一種符號，各種疾病也是符號，人們在符號中互動。這三種理論不同的解釋呈現如**表9-1**：

表9-1　對醫療制度的三大理論解釋

	功能論	衝突論	符號互動論
主要論點	醫療保健體系具有特定的社會功能	醫療保健反映出社會上的不平等	疾病在某種程度上是社會所界定的
所發現的根本問題	醫療保健體系製造負面功能	醫療保健體系過度科層化和私有化，導致費用過度增加	病人被過度保護，甚至嬰兒化
對政策的意義	政策應該要設法降低醫療保健體系對於少數群體、窮人和女性的負面影響	政策應該要設法提高弱勢族群、窮人和女性接受醫療資源的可能性	醫生、護士等醫療人員也承擔病人角色作為

資料來源：Andersen and Taylor (2006).

生病是痛苦的，治病是麻煩的，也是昂貴的。許多家庭都擔心無法負擔醫療費用。在民主意識高漲的現代，全民健康保險的推動勢在必

行，不過商業性的醫療保險與醫療制度也愈來愈重要，卻也滋生了不少問題。

醫療體系處理的主要是「已經病了」，至於如何不生病，進而更健康，是愈來愈受重視的議題，例如美容與養生。生物科技的進步使市面上充斥著強調養生、美容的生物科技產品。就連奶粉，也開始針對不同族群添加了各式各樣強身、健體的元素。新聞媒體上出現由醫療專業人員著作的健康專欄，又如電視節目邀請醫師或醫藥記者討論健康議題，網路上專門開設討論疾病症狀與預防的討論區，還有社會上的運動風潮，如公園裡打拳、跳舞的社團，都顯示了現代人對於健康議題的重視。

有些老人或許會發現自己對身體能控制的程度在下降，政府與專家反而常常在控制自己，這稱為「醫療化」（medicalization），是把個人的問題納入醫學領域的趨勢。醫療化賦予醫療專業人員更大的權力介入個人的私領域，吃、喝、運動、抽煙、喝酒、工作甚至是性生活，醫院在健康檢查時都大大方方詢問，醫生也給予直接的建議。你的體重、你的習慣、你的生活起居，都不再是自己能決定的，都要考慮醫療體系的建議。生病不再只是個人或家庭的，與社會、國家都有關係。針對醫病關係，此一互動過程動態而變化。

生病絕對不是愉快的經驗，除了生理的疼痛、心理的壓力之外，還要面對社會角色的調適，因此病人的心情複雜。從護理的角度觀察，老人患病後常見的心理反應如：行為退化、易激動、發怒、敏感性增強、異常感覺增多、猜疑、焦慮、恐懼、孤獨、悲觀、抑鬱、無助感等。因此病人希望得到他人尊重、關心、重視其病情。不過這些心理有時會被忽視，醫療專業人員未必能處理這些感覺。除了病人之外，家屬的心理也很複雜，也需要被注意，但是醫療制度的工作人員忙著治療照護病人，通常不會注意患者家屬的感覺與需要。

住院有如「再社會化」，病房是個狹小的天地，是個半封閉的特殊

社會，受到各種約束，病人一旦住進醫院，除了認識別人、熟悉環境以外，更需要被認識、被重視，希望取得較好的治療環境和較好的治療待遇。病人入院後，在情感上希望被接納，也需要儘快適應環境。一個人面臨新的環境，往往茫然不知所措，會產生焦慮感。病人入院需瞭解醫院的各項規章制度，瞭解飲食起居規律，瞭解查房、處置、治療時間、治療狀況及預後等。病人難免會厭煩，甚至感到無聊、度日如年。難怪許多人不怕老，怕生病，更怕住院，因為住院就是被控制了。

放在社會整體的角度看，老人所面對的是一個充滿問題的醫療環境。臺灣醫界近年急遽變化，醫療制度危機重重，如：(1)急診塞爆、一床難求：大醫院急診像難民營，推床滿到走廊大廳，沒病床的病人躺在地上接受急救，有的醫院更是直接在急診門口立板告知「急診無推床」，醫學中心的門診總是人山人海；(2)「五大皆空、護理人員不足」：從1995至2010年，每萬人口的醫師數增幅近五成。但「內外婦兒」這四大科招收住院醫師持續不足額，急診科也少有醫師願意投入，所以有「五大皆空」的說法。四大科在醫療上具有基礎性及不可取代性，所有的醫學基本知識都以內科為基礎；兒童不是大人的縮影，小兒科自成一格；所有手術治療的知識都以外科為基礎；因為傳宗接代的神聖使命也使婦產科無法取代；外科及急診室的重要性眾人皆知。

未來老人如果找不到醫師開刀，車禍受傷無外科醫師，轉院轉到送命……是何等嚴重！2001至2009年內科專科醫師人數平均每年短少24%、外科少38%；急診醫師全臺至少需要2,000多位醫師才夠，但2011年時只有約800多位具有急診專科執照的醫師。

醫療生態存在諸多問題，如醫療預算規模太小；醫療資源分配不合理；各項評鑑勞民傷財；財務管理掛帥的給付方式導致醫療商業化；對醫德的指責導致醫病爭執愈多；暴力介入醫療體系時缺少公權力的有效介入，使醫者人人自危等都是問題；這些同樣也都衝擊著老人。

第二節　宗教

壹、構成要素

　　醫療體系主要處理「生理」的問題，宗教體系則處理「靈性」的問題。愈接近死亡，就愈需要面對靈魂去處的問題。身體終究是要朽壞，靈魂卻要有永遠的平安喜樂。宗教對老年的意義，特別突出。哲學家田立克（P. Tillich）在其名著《生之勇氣》（*The Courage to Be*）裡提出人的三種焦慮：無意義的焦慮、死亡的焦慮與定罪的焦慮（蔡坤章譯，1977）。他認為宗教正可解決這三樣焦慮：宗教信條能為人提供生活的意義；宗教儀式在生命受到威脅、情緒受到干擾時提供慰藉；宗教教規能提出正確的行為方向，讓人照著遵行而免於被定罪；宗教善於發展組織、凝聚社群、撫慰人心；宗教有優美的音樂、藝術、建築和儀式。更重要的，宗教的慰藉功能是其他制度所無法提供的（陳信宏譯，2012）。

　　宗教（religion）是人類心靈與實在界之間一種複雜的辯證關係，因為它總是不停地否定既得的立場，以致「為人類生命開拓了一個新的向度」（傅佩榮譯，2006）。一項針對五個國家中8,398位老人，及另一針對十一個國家中17,739位老人所做的研究，發現從事宗教信仰活動有助減少或降低老年人的精神抑鬱。經常上教堂的老年人中憂鬱比例明顯較低，尤以天主教徒更明顯。另一個在美國所做的研究，亦顯示宗教信仰能使老年人更有效調適精神健康問題。由於精神抑鬱症狀的類型會受文化環境的影響，宗教代表老年人重要的文化來源。晚年精神抑鬱的類型與信何種宗教有關。在美國所做的研究亦發現，健康不良包括身體功能減弱，導致限制了參加教會的活動，使精神健康狀況惡化，產生更多抑鬱的症狀（均引自林惠生，2004）。

　　宗教包含共同體驗的信仰與儀式。宗教在所有人類社會中都可以發現，而在許多社會中，它對老人的行動影響明顯。宗教信仰（religious belief）是一群人共同持有的一套與超自然秩序相關的信念。宗教信仰是宗教的兩個主要成分之一，另一是宗教儀式（religious practices）。宗教制度（religion institution）是為了解答生活的目的、死亡的意義、痛苦和意外事故的終極問題而組織起來的社會規範與角色系統。宗教界定什麼是神聖的，以及神聖與世俗間的關係。宗教制度包括和超自然與神聖有關的習俗、儀式、禁令、行為標準、組織型式和角色。

　　依照中研院社會學研究進行「社會變遷基本調查計畫」第五期的內容，與宗教有關的關鍵字包括：宗教信仰、命運、宗教行為、宗教態度、宗教團體、宗教容忍、法術、風水、宗教信念、算命、靈修、慈善行為、性觀念、墮胎、社會信任、傳統價值觀等（中研院社會學研究所，2009）。可見宗教議題的範圍廣泛。人們對生活中所發生不可預知和不可控制的事件、機運的事件或機運，無法去改變或適應時，常以宗教來加以解釋或處理，也就促進宗教的發展。

　　就個人而言，宗教信仰產生的方式是一個人皈依於一種宗教，融入某種團體。就社會來說，宗教信仰與其他信仰（思想、主義）一樣，也是一種社會建構，隨著時代而修正（modified）。林杰志（2007）的實證研究發現，臺灣老人宗教皈信的特色有：(1)老人在皈信的同時找到了生命中的關懷，也同時確定了信仰上的大方向；(2)師長與親友對皈信的促成影響極大；(3)由於老人對生命出路的不可知，是促使老人尋找「安心」的一大因素；(4)老人有較高頻率的皈信轉換狀態；(5)老人在「入信」與「轉換」的過程中，受到個人追尋的「終極利益」或「家庭利益」因素的影響頗大。周昀臻（2011）則探究宗教信仰虔誠度對老人自覺身心健康的影響。

　　宗教信仰的內涵（content）與其發源的社會脈絡（social context）密

切相關。宗教是一種複雜的社會結構，闡述某種信仰，組織人們進行儀式行為，而這種儀式行為是回應超自然界的神聖存在與力量。宗教結構的力量既可以整合社會，也可能使社會分崩離析；可以減輕人們的焦慮和緊張，也可能升高族群、階級、地域及宗教信仰本身的既有衝突。

大眾的宗教態度與宗教情操，必然影響老人的思想、言語及行為。每個社會都有宗教，都需要宗教制度。宗教儀式是在宗教禮拜中最可直接觀察、明顯、突出的部分，是個人或集體的行為表現。宗教儀式的心理基礎是行為的重複，經由這些行為把社會中基本的願望戲劇性的表現出來。儀式在建立社會情境中扮演重要的角色，由情緒所激發，表現出宗教的特質。例如臺灣民間宗教儀式中的禮斗、叩問、收驚、扶鸞等儀式，充滿文化的意義。

宗教性（religiosity）是參與宗教活動或對宗教活動有興趣，表現出個人參加宗教儀式的程度，也顯示在一個團體或社會裡被視為宗教的各種行為和態度的總合。對於信仰，許多老人篤信宗教，對宗教澈底認同，積極參與宗教活動、擔任宗教組織的志工、對宗教組織奉獻、認同信仰宗教的價值與規則、研讀宗教經典等。對宗教本質、宗教與社會秩序、宗教實踐與儀式等議題，社會學中的功能論、衝突論、符號互動論有不同角度的解釋，整理如**表9-2**。

貳、組織與要素

在西方，最明顯的宗教組織是教會（church）。教會為一正式組織，被社會視為主要且正當的宗教機構，也是宗教活動的焦點。作為一個正式組織，教會有權威體系、明確陳述的價值與目標、管理成員資格的規條，規範成員的權利與義務。教會包含以下特質：一套信仰理論、互相關聯的角色體系、社會規範體系、固定的儀式及建築物或聚會場所。教會傾

表9-2　對宗教本質的不同理論解釋

	功能論	衝突論	符號互動論
宗教及社會秩序	是社會中的一個整合力量	是群體間衝突的來源。社會中的不平等在宗教組織中反映出來，宗教組織反映種族、階級或性別等的階層化	是在社會上建構且隨著社會及歷史變遷而出現
宗教信仰	藉著集體意識的感受促進秩序	為造成壓迫的社會條件提供正當性	是社會上建構出來的，且受到解釋。也可以透過改信宗教來學習
宗教實踐及儀式	加強了社會歸屬的意識	因界定團體之內及團體之外而產生了團體的界線	是象徵性的行動，這些行動提供了團體及個人認同的重點

資料來源：Andersen and Taylor (2006).

向在某個程度上與世俗世界配合，發展出宗派或新興宗教組織。教會是具有分工及設定不同角色的複雜科層組織。教會僱用專門的、全時間的神職人員，這個神職人員是在專業教育後正式冊封。

世界上各式各樣的宗教信仰多數以教派（denomination）的方式進行，教派把不同會堂（congregations）聯合起來，成為單一管理架構。宗派（cult）則是指反對世俗社會與文化的宗教團體，強調所有成員的積極參與融入，不強調教士和信徒的分野，神職人員未必是全天工作的專業人員。宗派致力於特定目標或領袖有個人魅力（charisma）的宗教團體，跟隨者相信其擁有特殊的能力。教派（sect）是從一個既存教會中分出來的團體，當一個既存宗教內有某個派系質疑正當性或純粹性的時候，教派便出現了。教派的領袖有時候是未經正式神職訓練的平信徒，通常因神學異議而成立。異端（heterodoxy）則是指非傳統或非正統的宗教意見或信仰。

宗教組織需要有教義（dogma），由教會以權威的方式所宣告。教義的陳述通常表現在信條（creeds）或其他正式的宗教性宣言裡。在歷史

上，基督教教義的發展乃是由於異教對於《聖經》中所發現的基本神學信仰之挑戰而起的反應。神學（theology）則是一門研究有關上帝及上帝與世俗關係的學科。許多神學學者視他們的研究是一種特殊宗教的智慧表現。

參、宗派及信徒人數

臺灣的宗教原本就是動態、多元、變化度高的，隨著社會變遷而改變（林本炫編譯，1993）。張家麟（2010）發現許多宗教組織都面對宗教融合與在地化的考驗。朱瑞玲等（2012）更整理了1985至2005年臺灣社會在心理、價值與宗教等方面的變遷。據內政部統計（2012），2011年底我國登記有案的宗教類別計有二十七種，以各教信徒資格認定之信徒總人數為1,005,451人。已登記之寺廟總數計有11,968座；以一般信徒大眾捐資建立之募建者11,527座占96.32%最多，由私人出資建立並管理之私建者432座占3.61%次之，由政府機關或地方自治團體建立之公建寺廟僅9座占0.08%。各宗教中，以道教寺廟9,361座占78.22%最多，佛教寺廟2,354座占19.67%次之，一貫道213座占1.78%居第三，以上三類宗教寺廟數合占比率高達99.67%，其餘寺廟數僅40座占0.33%。教會（堂）計有3,342座，基督教教會（堂）2,556座占76.48%，天主教737座占22.05%，二者合占98.53%，餘者僅49座占1.47%。

臺灣佛教以淨土宗、禪宗及無所屬的宗派居多。就佛教團體來看，則以中台山、法鼓山、佛光山及慈濟功德會等的影響力最大（王順民，1999）。民間信仰基本為多神信仰，以地域性可區分為：福建福州籍移民信奉的開閩聖王、臨水夫人，漳州籍移民信奉的開漳聖王，泉州同安籍移民的保生大帝，泉州三邑人的廣澤尊王、青山王，泉州安溪籍的清水祖師、顯應祖師、法主公、保儀大夫、保儀尊王，客家汀州籍的定光古佛及

其他客家、潮州移民的三山國王。以鸞堂信仰發展的恩主信仰也頗為盛
行。另外,包含玉帝廟、關帝廟、媽祖廟、哪吒廟、王爺廟等等民間信仰
廟宇共8,000間,利用民房設立之中型道壇約在10,000間左右,全職傳教人
員28,000餘人。

在基督新教方面,臺灣基督長老教會約有1,218個堂會,會友人數
217,280人。真耶穌教會直至2004年在臺灣有教會238處、祈禱所32處,
信徒達到51,772人。臺灣聖教會共有八十多個堂會,會友人數11,044人。
教會聚會所信徒增至數萬人。中華基督教浸信會在全臺建立197所堂會,
會友人數25,211人。近年發展最快速的基督教組織是臺北靈糧堂,該堂於
2005年紀念建堂五十年。該教會在有組織、有計畫的發展下,全臺已植堂
五十三個堂會,會友人數約28,258人。也有一些較少與其他教派來往的小
型教派。

根據美國國務院發布的2006年度「國際宗教自由報告」顯示,在
2,300萬臺灣人口中,佛教徒約有800萬人,道教徒約有755萬人。該報告
將臺灣民間信仰納入道教體系,也指出佛、道兩宗教的信教人數具有相當
程度的重疊性。其次是120.7萬人(5.44%)為新教徒、84.7萬人(3.7%)
信奉一貫道、29.7萬人(1.3%)為天主教徒、22.9萬人(1%)信奉彌勒大
道、53,000人(0.2%)為遜尼派穆斯林;另外,合計有4%信仰其他十數
種中國傳統宗教,如儒教、天德教、天帝教、軒轅教等等。除此,新興宗
教(摩門教、耶和華見證人、創價學會、巴哈伊信仰)、儒教與氣功法門
等廣義的宗教信仰在21世紀的臺灣也各有數萬名以上的信徒,各有相當活
躍的傳教活動。

單以老人來看,數據呈現在**表9-3**。以2009年6月的調查來看,有宗
教信仰者占80.66%,其中以民間信仰占58.51%為最高,佛教占11.55%次
之,基督教占5.40%再次之,另約有一成九表示「無宗教信仰」。就性別
而言,女性有宗教信仰者比例為83.60%較男性77.51%來得高,其中女性

表9-3　老人宗教信仰情形（民國98年6月）

單位：%

| 性別 | 總計 | 有宗教信仰 | | | | | | | | 無宗教信仰 | 不知道／拒答 |
		統計	佛教	道教	基督教	天主教	一貫道	民間信仰	其他		
總計	100.00	80.66	11.55	2.04	5.40	1.38	1.49	58.51	0.29	19.09	0.26
男	100.00	77.51	8.78	2.30	4.48	1.08	0.88	59.51	0.48	22.41	0.08
女	100.00	83.60	14.14	1.80	6.25	1.66	2.07	57.56	0.12	15.97	0.42

資料來源：內政部（2012）。

信仰佛教者比例為14.14%明顯高於男性的8.78%。老年女性定期參加「宗教活動」比例為13.29%，較男性的9.24%為高，偶爾參加的都在20%左右。

　　另外，根據「臺灣社會變遷基本調查」計畫第四期第五次宗教組探討老人主客觀宗教信仰虔誠度對其自覺身心健康的影響發現：(1)242位有宗教信仰的老人中，約60%認為自己是虔誠的宗教信徒，但整體而言，受試老人的客觀宗教信仰虔誠度偏低；(2)相對於主觀信仰虔誠度的無影響力，客觀宗教信仰虔誠度與老人本身的社經特徵皆與老人自覺身心健康有顯著相關，且後者的解釋力大於前者，而社經特徵中以教育程度及性別最具影響力；(3)相對於非組織性宗教活動，老人較常參與組織性宗教活動。男性、年齡愈大、及教育程度愈高的老人，參與此類宗教活動的頻率較低；(4)臺灣傳統文化與宗教信仰的多元性，導致老人對宗教信仰的認定及參與宗教活動的類型與西方老人不盡相同。

第三節　臨終與殯葬

壹、對老人的關懷

　　老人有多元的需求，老人是完整的人，老人需要兼顧身、心、靈的全人關懷（愛家基金會，2006）。愈是到生命的尾聲，身體上的治療（cure）不再那麼重要，心理與靈性的關懷（care）愈來愈關鍵。當年長者從自主的生活情境搬到一個需要被監護或持續照顧的機構，往往會經歷「遷徙創傷」（transfer trauma）。年長者遠離他所熟悉的環境與平日經常作伴的人群，這是失落，由失落引起創傷。基督教牧師、佛教法師、天主教神父等到家中或機構進行訪視，給予老人關懷，是老人與宗教制度結合的特殊景象。神職人員所做的有以下幾項：（劉清虔，2006）

1. 傾聽：老人需要有人能傾聽他的聲音，聽他說故事，聽他表達感受，知道有人真正關心他。
2. 探詢：對老人而言，身上的病痛需要有人關切。
3. 勸勉：宗教人士的重要任務是使憂傷的心變成喜樂、使憂慮的靈平靜安穩，勸勉會幫助他們用新的眼光看待自我的處境，換個念頭也轉換心境。
4. 祈禱：基督教人士探訪的最後一個步驟，也為探訪畫下句點，那就是帶領老人祈禱，將他們的身體、心靈都帶到上帝面前，老人知道自己並不孤單，有上帝與他們同在，祈禱讓他們的心安定。

　　「臨終關懷」（hospice）源於中世紀，原意是指朝聖者或旅行者中途休息、重新補充體力的驛站，後引申為一套組織化的醫療方案，用來幫助那些暫停於人生路途最後一站者。現代的臨終關懷機制是1967年由英國

桑德斯（Dr. Cicely Saunders）首先提出，他在倫敦創立「聖克里斯多福臨終關懷機構」（St. Christopher Hospice）。希望幫助末期病人瞭解死亡，進而接納死亡的事實，使自己活得更像真實的自己。同時給予病患家屬精神上的鼓勵與支持，幫助他們有承受事實的力量，進而坦然接受一切即將面對的問題。

靈性關顧最重要的階段是在老人臨終之時所做的關懷，以及對有朋友或親人亡故後對老人或家屬所做的悲傷輔導。養護與安養機構所關心的對象，實在不是只有老人而已，與親人之間的聯繫也很重要。

貳、喪禮

臨終被形容為「人生最後一堂功課」，其實真正最後一堂功課是「喪禮」，只是往生者自己不再是學生，反而像是老師，教導所有來悼念的人。喪禮是公開的活動，充滿社會意義。對喪家是考驗，對悼念者是學習。在其中，有許多社會學理論及概念可以探討。「治喪」是充滿心理衝擊又充滿文化意義的活動，面對往生者，親朋好友的感受複雜，但還得處處考慮文化的規範。喪禮是眾人參與的儀式，不能草率。尤其是在重視「孝道」的社會，喪事的處理如果不合乎禮，可能被人批評，甚至被認為會傷害子孫未來的福氣。

近年來，殯葬漸漸由以家人親友為主，轉變為一種服務業，政府的民政部門也對喪禮及安葬有較多的規定，如此現象顯示了殯葬的市場化與公共化，也就有了更濃厚的社會學意義。在大學裡，生死學系、宗教學系等安排了相關課程以培育人才，如《殯葬臨終關懷》（尉遲淦，2009）；《殯葬服務與管理》（王士峰，2011）；《殯葬服務學》（王夫子、蘇家興，2011）。

「每一個訃聞都是上帝寫給自己的一封信」，都是一種提醒，使自

己體認生命的有限,並採取必要的調整。簡媜在《誰在銀閃閃的地方,等你》(2013)中提到:「2010到2011年之間,親友走了四個,朋友的長輩過世的有十一個,身邊有六個好友面臨重大疾病。這四名往生的人是我的老師,十一個是助教,六個是學長,他們共同幫助我更細膩地觀察。」從生老病死最適合檢視人生,觀察個人、家庭、社會的變遷,有助於面對未來。

「訪友半為鬼」,年紀愈長,參加親友喪禮的機會就愈多。參加喪禮是老人重要的社會活動,一方面表示對往生者的悼念與追思,一方面與昔日所認識的老友打招呼,一方面想像自己人生謝幕的場景,進而有所考量。

在喪事的通知方面,有些低調,最低調的如前法務部部長陳定南,他遺言有四點:「七十二小時內火化,不設祭拜靈堂,除了慰問卡、謝絕花圈輓聯,骨灰留一點和祖先一起,其餘與大地合一。」有些喪禮的籌備則廣發訃聞。在海外,華人報紙常以顯著的版面刊載大篇幅的訃聞,在臺灣,除了少數企業的家族,少見如此明顯的廣告,通常只在報紙報頭下方一小塊訃告。有些老人特別注意報頭的訃聞,留意哪些人辭世。有些家庭在辦完喪事後才刊登,希望不要打擾親友。也有些老人原本的關係網絡就不多,當然也有些老人擔心自己昔日隱藏的秘密在喪禮時被揭露。

殯葬文書更是精緻的文化活動,在臺灣發生過立法院長送錯輓聯、大學校長送輓聯時未考慮往生者的年紀等尷尬的情況。治喪有專用文體與書寫格式,包括示喪、神主牌、招魂幡、訃聞、謝帖、碑文、銘文、祭文、事略、謝辭、輓聯等,近年來出版有關「悼念追思文集」也很常見。這些文體一方面傳達喪葬訊息,一方面表達對往生者的追思。

喪事的處理主要需考慮往生者生前交代的、家屬親友的意見與殯葬業者的建議,這三方面的看法有時不一致。民間社會常把喪禮的規模與排場等同於子女孝心,又與「面子」、「人情」等糾纏在一起,格外複

雜。常見的是老人在遺願中交代喪禮從簡，很多老人長期謙恭低調，即使辭世也不願意驚動太多人。但是子女與殯葬業者常常會把喪禮的規模變大。當然也有長輩希望家人辦一個盛大的喪事，但家人並未配合。

喪事的關鍵問題，參考內政部（2012），整理為以下五個最需要先做決定的：

1. 喪禮的主要形式：常見的考慮是偏向傳統或現代？採用何種宗教形式？
2. 喪禮的流程安排：常見的有：(1)先舉行告別奠禮後安葬；(2)先火化後舉行告別式；(3)先舉行家庭儀式接著安葬，再擇日舉行追思儀式。
3. 預算：大致要花費多少錢，這些錢如何籌措？
4. 參加喪禮的人：有些是必須參加的，有些是邀請的，有些是得知訊息後主動要參加的。
5. 安葬方式：傳統原本是土葬，不過複雜度與費用都高。近代在環境保護的觀念下，火化明顯增加，但仍要考慮安放等問題。近年來環保自然葬的增多，最多的是「綠葬」。不造墳、不立碑、不留記號、不再占有空間，不給地球造成負擔。民國91年通過的《殯葬管理條例》，已經將「樹葬」和「骨灰拋灑或植存」列入其中。其實，自然葬是符合天人合一、萬物一體的價值。例如知名導演李安的父親李昇校長就是海葬，廣告界名人孫大偉採用樹葬，作家曹又方選擇植存。

喪禮當然應該以往生者為主角，多考慮亡者的心願、年齡、職業、人脈、宗教信仰等，更要考慮配偶、子女及家族的情況與想法。接下來就要考慮細節，不可少的細節有：

1. 日子與時辰：民間有「良辰吉日」的說法，參考農民曆，更重要的是「擇日」。傳統的擇日，家屬要提供亡者本身、配偶、兒子、長孫的生肖作為參考。但是適合安葬的日子不多，有時需妥協。

2. 停殯的時間：內政部統計民國95年時從過世到出殯平均13.27天，最常見的是10天。以往七七四十九天的情況已經罕見。

3. 女性的角色：在性別平等是普遍趨勢也是普世價值的21世紀，昔日以男性為中心的傳統習俗陸續走入歷史。女兒與兒子傳承相同的血緣，有權參與討論各儀式，也可以主持。單身或離婚女性的牌位應納入原生家庭，骨灰也可放在家族墓園中。例如考試院長關中為女兒辦告別追思會，突破已婚女性娘家不得主辦及白髮人不送黑髮人的禁忌。

在規模方面，喪禮的規模可能顯示往生者與其家庭的人脈，在世顯赫的人往往有眾多人士悼念。奠禮作為一種重要的社會儀式，提供了情感與關係轉換的機會。但是也有許多知名人士交代一切從簡，如曾經擔任行政院長的李煥先生、知名的肝臟權威宋瑞樓教授都只有家人參與的喪禮。兩位的子女也都功成名就，但遵照他的遺願，沒有辦公開的紀念儀式。不過，對於與亡者有深厚情感、生命交集的人，如果不給對方告別的機會，也有故舊門生認為不近情理。

在過程方面，多數喪禮都有「家祭」與「公祭」兩段不同的時間，前者是屬於「私領域」，只有家族裡的人對往生者悼念。後者則屬於「公領域」，開放給四面八方、各種關係的人。這樣的設計區隔為兩種不同的人際組合，更顯示中華文化對家族的重視。來公祭者的身分、地位、停留時間長短等，都顯示往生者與家族的影響力。往生者昔日的同學、同事、朋友，即使與往生者的關係密切，在追悼場合中，通常要依序等待。

　　在書面資料方面，有些喪禮會為往生者編輯追悼文集，親友紛紛撰文表達追念。誰寫、寫什麼、放了哪些照片等，都具有社會意義。有些則扼要編輯往生者的重要事蹟，有些喪禮播放往生者昔日的風采，有時展現事業、家庭及人脈。

　　在出席時間的長短方面，有些至親好友、同袍同學同事提早到達，待到追思結束，甚至陪家人到火化或送到墓地。顯示對往生者的情誼，更表示對彼此關係的珍重。在喪事結束後，這些昔日同袍同學同事還可能相聚，期盼維繫關係網。

　　「悲傷輔導」對親人、密友、同事等是必要的，社會所安排的機制就是「奠禮」與「告別追思會」。但這些儀式如果安排不合宜，可能造成不必要的哀傷。例如某位小學老師過世，要求班上的同學披麻帶孝，傷害了孩子的心靈。又如刻意排斥家中的女性，使女性覺得不受尊重，造成家人間的嫌隙。

參、各宗教的奠禮流程

　　殯葬服務已經有專業證照，改變了喪禮原本主要是宗教人物負責的情勢。「死者為大」此一信念使殯葬的規範與倫理格外重要，鈕則誠（2008）的《殯葬倫理學》；陳繼成、陳宇翔（2008）的《殯葬禮儀：理論與實務》都是這方面的專書。

　　西方的婚禮、喪禮，常常是牧師或神父主持的。在臺灣，佛教徒在病人往生時助念，安慰家屬。篤信佛教的家庭也會邀請和尚在喪禮中主導儀式。最常見的儀式與流程，依照各宗教的規範，說明如下：

1.傳統民間自宅治喪的奠禮流程：移柩（將靈柩抬至家奠禮場）、家奠、點主、宗教儀式、公奠、封釘、旋柩、啟靈、辭客。客家人有

些許差異,首先需開鑼成服點主、接著迎接長輩開始家奠,公奠後對故人生平做介紹,公奠後遺族致答謝詞。

2. 殯儀館內的奠禮流程:移靈、遺族告靈、小殮、迎請尊長、靈前誦經、家奠禮、故人生平介紹、遺族致答謝詞、公奠、捻香、瞻仰遺容、大殮、出殯發引。

3. 聯合奠祭:因為某個事件有多人一起離世,或為了弱勢民眾而舉行,提供多項免費項目以節約殯葬費用。流程基本的安排是:家屬代表聯合上香、宗教人士誦經、主辦單位團祭、個人憑弔、捻香、啟靈、發引等。

4. 佛教信徒繫念法會:禮佛三拜、引領蓮友出班、子女執香、其他家屬出班、迎請法師、法師誦經、恭送法師、家奠、公奠、捻香、啟靈。

5. 一貫道親家公奠禮:遷棺、遺族拜奠、族親拜奠、家屬代表恭讀哀章、道場追思、生平介紹、遺族代表致謝詞、公奠、捻香、瞻仰遺容、大殮、出殯發引。

6. 天主教教友殯葬彌撒:入殮、守靈、迎靈。殯葬彌撒(進堂式、聖道禮儀、聖祭禮儀、領聖體禮)、告別禮(祈禱、告別曲、灑聖水、獻香、為亡者祈禱文)、家奠、公奠、啟靈禮、發引。

7. 基督徒追思禮拜:宣召、唱詩、禱告、讀經、獻詩、證道、獻詩、追思、家屬答謝、唱詩、祝禱。

不同宗教背景的有截然不同的作法,有些往生者的家族信仰相同,儀式的爭議較小。若往生者與配偶、子女等的宗教不同,或是往生者工作單位有宗教背景而當事人另有信仰,可能會出現超過一種的宗教形式。有時利用奠禮、告別儀式、追思會等不同場合來做安排,例如有些是家祭時採用傳統宗教的,接著追思會採用基督教的。

　　臺灣的禮俗主要來自中華文化，也是華人文化圈保留最完整的地方。關於喪禮的禮俗大致被保留。內政部（2012）出版《平等尊重，慎終追遠——現代國民喪禮》詳列應有的作法，處處顯示出文化的意涵。該書的核心理念就是平等尊重，尤其考慮性別平等、慎終追遠、殯葬自主、多元差異、充分尊重。對於人生的畢業典禮流程主要分為五個步驟：(1)卒：死亡的來臨；(2)殮：遺體的處理；(3)殯：摯愛的告別；(4)葬：遺體的歸宿；(5)祭：靈魂的祭祀。

　　傳統文化對喪事有諸多規定，例如與家人特別相關的如服裝，一旦親人過世，親屬換上素色衣服。守喪時穿戴孝誌，喪禮時穿著孝服，孝服還要考慮首服、身服與足服。

　　喪禮只是一種儀式，向外界宣示某種「通過儀式」（或說是「生命禮儀」rites de passage）。經過此儀式，象徵某種開始或結束，家人就有了新的角色。至於要如何扮演新的角色又是另一回事，其中的考驗挑戰遠大於儀式的那一小段時間。擺在儀式結束之後的任務才是真實又繁重的，所需承擔的壓力極大。人們往往在這些時候會邀請宗教人員來參與，借重他們的協助使儀式更莊嚴隆重。

CHAPTER 10

商業化與機構化

歷史上的老人不像今天的老人要面對資本主義下所考驗的社會，不可能有這麼多老人朝夕相處的是外籍監護工，也不可能有這麼多老人住在各種機構裡。種種蓬勃、動態、多元的服務使老人與社會的關連更加緊密。

當大批老人有各種需求乃至必須依賴外界協助時，產業的商機就出現了。食衣住行育樂、醫療、保險、非營利組織等從業人士紛紛以老人為服務對象。最重要的是「長期照顧的服務」，這不僅是照顧技術的問題，更是公共政策、社會福利、家庭安排等的議題。這不僅需要社會工作、護理、復健等專業領域的投入，公共衛生、醫療社會學等也責無旁貸。

商業活動必然是「供給」與「需求」的市場，在供給方面有老人大學、社區關懷據點、養生村、安養機構、養護機構……，老人與其家人面對多元的選擇。在需求方面，每個老人有各自的期待，為數龐大的老人有各種想法，家人的意見、親友的網絡、政府的政策等，都影響供給與需求。

第一節　銀髮產業

對於老人需求的滿足，照顧重擔必然從家庭化轉為公共化、在地化，以降低民眾的照顧成本。家庭人口少，要分辨自己能做什麼、不能做什麼，更要學習靈活運用資源。資源的來源主要有政府部門或非政府部門。有些人認為政府負有主要責任，這是「福利國家」的觀念，偏向「現代主義」。另有些人認為政府的能力有限，傾向「後現代主義」（postmodernist）。從現代的重點有四：(1)客觀的真實不可能存在，真

理是變動的，看情境與環境而定；(2)分散權力與權威比較好，政府的權力不必大；(3)需常常質疑現實與所謂的真理；(4)在後現代社會，個人的選擇最重要，個別化的服務與商品才是社會運作的主力（Hooyman and Kiyak, 2011）。關於政府對老人的論述是本書第12章的主題，本章則強調商業化與機構化。

老人有多元的需求，依賴外界提供各項協助。當一個人無論是暫時或長期，無法執行生活中應有的功能，他／她就需要依賴。依賴的定義是「一個人靠他人幫助去滿足社會認可的需要」。任何人都有基本的任務必須履行，如維持生活、身體移動、能感受及回應、心智穩定、溝通等，當自己無法承擔這些任務時，會產生無助感、無力感，社會得透過種種制度加以滿足。Bond、Coleman與Peace（2000）依照依賴的原因及老人需求的種類，分析一複雜性高的矩陣如**表10-1**：

表10-1 依賴的矩陣

依賴的原因	需求的種類							
	生命取向	日常生活的活動	交通等流動	職業	社會整合	經濟	情緒	環境
生命週期的依賴								
因為危機								
因為失去功能								
因為精神狀態								
社會與文化定義的依賴								

資料來源：Bond, Coleman and Peace (2000).

政府、企業、非營利組織及老人的家人，可以依照這個架構去分析、去對焦，確認老人依賴的類型、狀況，加以回應。在理性的時代，社會制度與服務的分工日益清楚，不同職業所扮演的角色也不相同。當

然，老年人還有其他需求的原因與類型，以上所列只是核心的部分。這個矩陣大致顯示在需求原因與類型之間交錯的狀態。

老人的依賴提供蓬勃的商機，日本廠商發現，從人口結構來看，日本55歲以上應該占總人口的30%，但信用卡消費的比率，55歲以上的持卡消費不到三成，表示這塊市場還有開發的必要。臺灣的廠商也注目著老人的消費力，他們努力製造各種產品及服務，已經為臺灣社會呈現新的面貌，例如滿街可見的醫學美容診所。現代老人的生活需求逐漸呈現下列三種趨勢：

1. 多樣化：生活水準的提升擴大了老人對食、衣、住、行、育、樂等各方面的需求，對生活品質的要求漸漸提高。
2. 安全化：老年生活最重要的課題就是安全，在財務方面如保險、公債、不動產等經濟安全商品。在生活方面如補助器材、安全設備、居家護理等保健安全商品等。
3. 高級化：富裕老人的增加使高級商品的需求日漸提高，例如購買健康食品以維護自己的健康、購買高級服飾或接受醫學美容以減緩老化現象、購買貴重金屬以保值等。

以下依序介紹與老人特別相關的產業與服務，並舉出實例。

壹、食衣住行育樂

一、食

1. 不少廠商推出標榜低膽固醇、適合老年的飲料。
2. 不少食品與飲料集團公司針對年紀較大的消費者推出鈣含量較豐富的礦泉水。產品商標清楚易讀，瓶身設計利於老年人開啟瓶蓋，即使手部關節炎患者也能輕易打開。

3. 日本許多賣場，原本固定式四人份生魚片，如今也賣一人份生魚片。一般超市的熟菜盒裝出售，改秤重計價，以配合一個人食用。冰櫃有普通尺寸及迷你包裝的飲料，滿足食量變小的銀髮顧客。

4. 日本總務省2011年的家庭支出調查令人驚訝，日本糖果的消費主力是70歲以上的人；50到70歲的零食購買力也有增加的趨勢。固力果2013年3月新開賣的牛奶糖便主打「不黏牙」，以避免產生過黏假牙的討厭經驗。

二、衣與美麗

1. 醫學美容。

2. 老年服裝。

3. 有關恢復青春的行業或產品，如化妝品、染髮劑。

4. 護膚品、護髮品、抗皺霜。

上述這些用品的例子可說多不勝數，如法國歐萊雅公司曾選擇當時已57歲的法國女星凱瑟琳丹妮芙擔任護髮產品代言人，雅詩蘭黛也邀請上世紀70年代的模特兒凱倫葛漢針對中老年市場的新面霜代言。

三、住

1. 養老院和老年公寓。

2. 室內設計和家居用品。

3. 家庭維修和個人服務。

4. 松下國際電子公司在大阪建造具有高科技的綜合型養老院，老年人可以和機器寵物玩耍。

5. 南韓三星針對不同消費層興建老年公寓。

我國實際進住老人住宅及銀髮住宅的人數還不多，不過老人住宅市

場深具發展潛力。從價格及經濟負擔能力來看，老人具有購買力者不在少數。未來老人住宅的需求將與日俱增，並形成高齡化社會中重要的產業之一（林韋萱，2004）。老人所選擇居住的地方，不論是陋室或華屋，要能不改其樂，且需加強和社會的接觸（包括網路與實質）。消極上減緩退化，積極上能繼續從事生產性或公益性活動，厚植社會資本。硬體設施的規劃與軟體服務的配合，都很重要。

部分老人有經濟能力希望由自己安排生活，願意付費居住於安老機構者不在少數。有些住宅式的安養機構，收費雖不貲，但設備良好，以人性化的服務與科學化的管理，開闢了一塊新領域。老人住宅入居的方式相當多元，吸引建築、壽險及健康養生等產業投入。許多老人漸漸認為養兒防老觀念已經落伍，住安養院或是養生村也是一種選擇，房地產業者對老人住宅產業多持樂觀態度。目前市場上有些老人住宅採用買居住權的方式進駐，類似租屋的概念，繳交數十萬不等的保證金，而每月另計生活管理費用，平均每月負擔為15,000元至30,000元不等。

日本「老人住宅」發展出新的居住組合，除高齡者外，也歡迎各年齡層的居民加入。以東京江戶川區區民集資蓋的老人公寓「溫暖館」為例，年輕夫婦、大學生的租金特別折扣，老人間雖然有共同話題，但是常和年輕人生活在一起，也是一種選擇。

四、行與通訊

1. 在電子產品業：移動電話業者推出老年款手機，配備特大按鈕，字母清楚易讀，簡化功能。如為了適應老年人關節不靈活的手指，阿爾卡特、愛立信和諾基亞都推出了新產品。

2. 在交通運輸業：法國巴黎大眾運輸網路推出十五萬份經過簡化而且易讀的地圖，方便老年人使用。如戴姆勒克萊斯勒公司車研所設計出了一款新型賓士車，專門針對老年人思維特點設置新的功能，如

　　將追尾時能自動放慢車速的感應器、在高速公路上行駛時的自動領航裝置及夜視儀等。

3.在汽車製造業：福特公司曾設計了一套名為「第三年紀裝」的工作服，讓工程師們穿上後親身體會和瞭解各年齡層司機駕駛的需要。這套衣服可以讓膝蓋、手肘、腳踝與手腕等部位變得較為僵硬，使人穿上後像是增加了三十歲，此外，腰部還添加了一些東西，使腹部變得又圓又胖，讓試穿人不容易坐下，同時還附有手套，降低手部觸感。透過穿著「第三年紀裝」的體驗，工程師們設計的汽車使老年駕駛上下方便，安全帶較為舒適，儀錶盤也清晰易讀。

五、育

　　各種教育的服務，如百貨公司改裝，多開設咖啡廳及文化教室，提供時間很多的顧客在此度過有意義的時光。文化教室不僅開設茶道、書法這類傳統技藝，更為高齡者設計有芭蕾舞、瑜伽，也有各種語文課程。

六、樂

　　老人旅遊與休閒的設計如下：

1.治療老年癡呆症的圍棋。

2.特殊健康的訓練和設備。

3.英國約克郡的輕水谷主題公園投資近100萬美元建造了一艘新的旋轉滾輪船，降低了原來十分激烈的旋轉速度，以吸引年齡較大的遊客。

4.各地賣場提早營業，唱片行陳列50、60年代的老歌CD，藥妝區擴充老人愛用的漢方藥專區，還有齒科、物理按摩及投資諮詢，都迎合長者需求。

七、網路

政府推出了銀髮網,在民間則有樂齡網的成立。

樂齡網成立了銀髮族生活用品專賣店,全區採用防滑地板外,並貼心安排「超大字體產品說明及價格標」,還設置了「體驗區」讓老朋友們親身體驗產品的便利性。

配合銀髮族身體機能的變化,在商品的設計及服務的提供上都考慮到銀髮族特殊的需求,成為銀髮族商機的觸媒,帶動供給與需求雙向的成長,使更多的銀髮族適用商品得以問世。銀髮族可以用較低廉的方式,獲得更高品質的商品及服務。

八、喪葬服務業

有關墓地、葬儀社以及葬禮的相關產品和服務更為普遍。有一個集團曾經在精品旅館創下佳績,然後投資豪宅,又進入殯葬業,推出所謂的天堂超豪宅「文創園區」。媒體報導的標題是:由「一夜情」延伸至「一世情」,如今再延長至「永世情」。該墓園占地53公頃,總開發規模達上百億元。產品規劃上,最小單位可容納2人,最大是可以容納20多人的家族墓園。投資者說:「此墓園主要為平面的莊園,這裡將不會是生與逝的傷心地,而希望打造家人、親友都能在此團聚、分享思念的公園。未來將常舉辦文化、藝術等活動,以提供家人觀光休閒的場域,並有美麗的風景與景觀,更將提供頂級會館,讓家人可以沐浴更新、在此心靈沉澱、身體放鬆」(《自由時報》,2013/07/29)由此可看出產業界正以嶄新的眼光與作法,從事與老人相關的產業。

在各服務中不再拘泥於「老人專用」,而是從長者等高的「視線」改變經營模式、開發商品、提供服務。《聯合報》(2013/07/14)專題報導日本廠商因應高齡化社會來臨所提供的作法:

「在各地，超市及位於同層的麵包店改清晨七點開門，早起的
長者逛逛超市、買個麵包當早餐，美食區的公共座位區取代公
園的聚會。在賣場，鋁製的小巧推車依著婆婆的步伐，輕輕往
前滑動。身形已經有點兒縮水的婆婆，雖看不清楚飲料冰櫃架
最上層的商品，但眼前陳列架上的物品，她伸手一取、毫不費
力。知名牛排連鎖店配合長者的飲食偏好，嘗試在菜單加入魚
類餐點。可以把雜貨一次買齊的小型購物中心體貼銀髮族，有
的把手扶梯速度降低，有的把洋派的標示牌改成日文的，並放
大字體。新增長者專用收銀台，店員協助裝袋後，還可以幫忙
提到計程車招呼區。」

另外，AEON集團成立銀髮戰略部門，強調：「不只賣『物』（商
品），還賣看不見的『事』。」購物中心以銀髮族為主力客群，內部做了
細緻調整，比如把陳列架降低、放棄鐵製推車，又要求員工接受「失智症
支援者」的訓練，讓他們對失智症患者有正確的認識，知道如何協助這類
顧客。

貳、醫療

在龐大的醫療體系之中，有多元而複雜的人力，他們所服務的對象
主要是老人。另外在預防與公共衛生，也有廣大的需求。醫療服務、健康
照顧，包括老人醫學服務、手術（如白內障）、藥劑、功能性醫藥。多項
特殊製造業，例如保健品、老人美容、視力、聽力輔助器、胰島素注射及
人工關節等，都方興未艾。

臺灣銀色產業以人力服務為主，其中居家照護產業成為明日之星。
在日本，本田公司和百代玩具公司開發服務型機器人，可以為老年人提
行李和端飲料，養老院有能抱人上下床的機器人。百代公司推出了會點
頭、說話和唱歌的高科技玩偶。

　　老人也是用藥比例特別高的人口群，所以製藥與銷售藥品的產業也很重要。此外各種用品必定殷切需求，如：(1)特殊生活用品，如老人床墊、浴盆；(2)護理商品，如手杖、按摩器、治療儀、測量器、輪椅；(3)輔助商品，如老花眼鏡、助聽器、假牙、假髮等。

　　更夯的是「醫學美容」，怕老成為驚人商機，滿街的醫美診所，賺的就是怕老怕醜的錢。運動美容成了顯學。人愈怕老，愈重視健康，愈長壽；人愈長壽，愈重視健康，愈怕老、怕醜，形成了正循環。幾千年來，沒有這麼老且還這麼美麗。

參、保險

　　Schutz（裴曉梅等譯，2010）認為，高齡化的經濟是專門的議題，而以保險與年金為最重要主題。他在《老齡化經濟學》中詳細分析各種商機。在德國，推出了護理險，若投保人因病或失去獨立生活能力，可由保險公司支付部分或全部的護理費用。法國國家人壽保險公司開發長期護理性險種，保險費因年齡而異。美國的長期護理保險既可以單獨承保個人，也可用團體保險的形式提供保障，又按照被保險人在投保時的實際年齡，制定不同的保險費率。該險種自20世紀80年代開發至今，占領了美國本土30%的人壽保險市場。中國的保險公司相繼推出了專為老年人開發的險種，如新華人壽在全國推出了投保年齡高達80歲的「美滿人生」保險、太平洋保險公司推出加投保年齡放寬到70歲的「醫療住院補貼險」等。

　　在我國，長期看護終身保險保單是新興商品。一個看護24小時的居家照顧一天至少要2,000元，一個月需花費多達60,000元，因此如何避免自己日後成為家庭的負擔，長期看護保險逐漸受到重視。此類保單訴求重點是「40歲以上、上有父母下有子女的家庭經濟負擔者」，萬一保險人遭遇

意外或重病,需要長期看護照顧,沉重的看護費用不會拖累家人。它可以保障被保險人在長期失能狀態下,能獲得保險公司每半年或一年的保險金,作為請專人照料飲食起居的費用。新光人壽早在1996年推出看護終身保險保單,為國內首創。國泰、新光所推出的是主約,保誠人壽則是屬於附約,需配搭其他保單購買。

長期看護保險金可以領取的標準,以新光和國泰為例,都是自「免責期間」(指被保險人經公、私立醫院醫師出具診斷書,確定被保險人為長期看護狀態之日起算,持續90天),終了隔日起,也就是第91天,按月或每半年給付保險金額的一定比例。

更進一步的,壽險業推出俗稱「瑪麗亞保單」的長期看護險保單,有壽險業推出新一代的長期看護險搶市,打破現行每半年給付一次保險金的方式,每月給付,讓被保險人可以支付看護費用。新光人壽表示,目前臺灣符合「長期看護」狀態者,多半會請外勞當看護,一個月外傭薪水約2萬多元;若購買長期看護險保單,至少可給付十二年外傭薪水。新壽在民國101年2月將推出長期看護險(簡稱長看險)新款保單,新保單中有一個「瑪莉亞條款」,即當被保險人符合長期看護狀態並持續該狀態90天後,新光將給付長看保險金,且是「每月給付」。若35歲保戶購買100萬元保額,一年保費約4.7萬元;在確定符合長期看護狀態後,保險公司每月給付保額2%,即2萬元,剛好可支付請外籍看護的薪水。但若是請臺灣籍的看護,每月薪水約4萬到6萬元,想要用長看險轉嫁風險,就必須提高保障額度。

壽險同業的長看險保單,多是每半年給付長看保險金一次,給付金額是保額的10%到12%;但是每半年給付一大筆金額,若保戶臨時有資金需求,資金又剛好用完,就不切實際。新光人壽的「瑪莉亞保單」可給付一百四十四次,剛好可支付看護者長達十二年的薪水。不過,國泰及臺灣人壽的長看險目前給付「無上限」,一路給付保戶到「終身」,例如國泰

人壽將給付保戶到105歲。是否符合長期看護狀態的標準，不看「巴氏量表」，而是用「六選三」，即六項日常生活狀態中有三項不便，即認定屬於長看狀態，包括飲食、穿衣、行動、起居、沐浴、如廁。

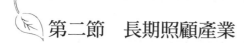 第二節　長期照顧產業

壹、多元形式的協助

照顧老人的類型，以發生的地點與提供服務的密度可分為三種（曾竹寧，2001；許傳盛、彭懷真、陳宇嘉，2006；許傳盛，2009；莊秀美，2009）：

1. 機構式照顧（institutional-based care）：以全天候住院的方式提供老人照護服務，服務內容包括醫療、護理、復健、個人與生活的照顧等；照護工作由專業的醫療護理機構所提供。（內容於後加以介紹與討論）

2. 社區式照顧（community-based care）：在社區中就近提供長期或定期的技術性醫療護理與一般個人照顧服務，使老人能在所熟悉的居住環境中獲得需要的照護服務。社區式照顧須運用到老人既有的人際網絡資源，將其與長期照顧服務網絡的資源配合，藉由機構所提供的外展服務（out-reach services），協助老人及其家屬解決醫療照護實際工作上的問題。（詳細的內容見第六章第二節）

3. 家庭式照顧（home-based care）：由家庭中的成員或聘僱的監護工承擔主要的照顧工作，藉由醫護人員僅到府提供居家護理服務。家務協助及生活服務由居服員做，使老人得以在家中獲得所需的照顧。

　　眾多的老人生活起居有困難，需要各方面的協助。誰來協助他們呢？在**表10-2**中是2005年與2009年調查最近一個月起居活動有困難者的主要幫忙狀況：

表10-2　誰在照顧老人

單位：%

項目別	總計	兒子	媳婦	配偶或同居人	自己	女兒	孫子女	兄弟姐妹及其他親戚	外籍看護工	本國看護	居家服務員（含志工）	機構服務員及志工	其他
94年調查	100.00	13.39	8.92	13.20	29.53	4.49	--	2.14	12.40	5.14	0.89	7.63	2.26
98年調查	100.00	22.30	14.62	14.25	12.12	11.32	3.00	0.97	12.82	3.78	0.52	3.39	0.92
性別													
男	100.00	18.75	10.06	25.43	12.57	6.66	1.67	0.54	11.56	4.56	1.34	6.53	0.34
女	100.00	24.01	16.81	8.88	11.91	13.56	3.64	1.16	13.42	3.41	0.12	1.87	1.20
年齡別													
65~69歲	100.00	18.16	12.53	24.46	19.05	6.61	3.34	1.74	3.27	5.85	1.50	2.41	1.09
70~74歲	100.00	24.26	10.78	21.31	16.02	11.58	1.50	2.09	8.21	1.59	0.76	1.89	--
75~79歲	100.00	18.15	18.67	14.72	16.74	14.01	0.61	--	11.85	0.89	--	1.70	2.64
80歲及以上	100.00	25.23	15.52	5.79	4.72	12.00	4.77	0.52	19.98	5.38	0.20	5.42	0.47

資料來源：內政部（2012）。

　　對老人的服務，已結合福利服務與照顧產業，形成新興的老人照顧服務產業，政府鼓勵非營利組織和民間企業去扮演福利服務提供角色，以回應高齡化社會帶來的照顧需求。照顧服務產業服務輸送的模式主要有：(1)政府部門；(2)志願組織或第三部門（非營利組織）；(3)非正式部門；(4)市場或商業部門（黃旐濤等，2007；黃惠璣主編，2011）。謝儒賢（2005）認為，福利混合供給是安養機構的必然走向。

　　政府除了扮演直接提供的角色外，也透過各種補助或方案的執行來協助第三部門及市場部門提供服務，藉由法令規範營運及服務品質；市場部門以服務向個案收取費用，在收費和成本的價差間去賺取利潤；第三部門為處於國家、社區與市場間的中介部門，具有替代、分擔與增強的功能，當非正式部門無法支應時，扮演替代的角色和增強其照顧能力，分擔正式部門的負荷。許傳盛（2009）說明長期照顧服務產業範圍如圖10-1。

　　老人照護體系朝向「市場化、商品化、產業化」發展時，政府部門、第三部門與商業部門在「老人社會照顧市場」中交織出新互動關係，出現新的福利分工組合模式。非營利組織行使產業化手段時，未必一定要營利，手段是要營利，但目的不是營利。商業不一定代表機構必須放棄自身的核心價值或使命，「責信」還是非營利組織重要的特色。

　　福利產業（welfare industry）是福利財貨與服務提供者（supplier or sellers）的集合。福利與一般財貨及勞務一樣，都是市場的產物，其運作

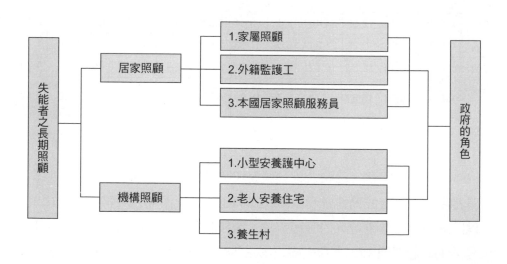

圖10-1　長期照顧服務產業範圍

資料來源：許傳盛（2009）。

與普通一般的財貨及勞務沒有明顯的差異。不過社會福利財貨與服務是屬於社會市場（social market）而非經濟市場（economic market）的一部分；在一般的經濟市場中，主要的機制是交換（exchange），其提供者主要是廠商，是營利的機構，而社會市場中的機制則是移轉（transfer）；社會市場的存在，主要在維繫社會的整合，提供最低生活水準，調整經濟市場所造成的分配不均，福利產業雖然屬於市場，但不全然是經濟市場，是具有很強的社會市場性質的產業。

照顧服務產業是以行政院經建會2003年提出「照顧福利服務及產業發展方案」作為發展主軸，規劃原則與服務內涵是發展具需求急迫性、訓練容易、可企業化，且與現行資源不重複之服務項目，試圖以「照顧服務產業」帶動「就業機會與服務供給」，需求滿足涵蓋經濟、活動、生活及醫療等面向，以「生活及醫療」需求為核心，特別是安養機構、社區照護和居家服務領域。

該方案特別強調需「鼓勵非營利團體及民間企業共同投入照顧服務產業，建構多元化照顧服務輸送系統，全面提升照顧服務品質，達成選擇多元化、價格合理化與品質高級化之目標」。政府希望結合民間力量將照顧服務推向商品化與產業化的道路，小型老人養護機構也必須在社會市場中與其他部門，特別是民間企業來競爭，如何維持機構的運作，同時又兼顧「選擇多元化、價格合理化與品質高級化」的目標，則有賴經營管理技巧（王明鳳，2008；許傳盛，2009）。

依照內政部（2013）的資料，2012年底我國老人長期照顧及安養機構（不含榮民之家及護理之家）有1,045所，依公私立別分：以「免辦財團法人登記，不對外募捐、不接受補助及不享受租稅減免」之私立小型老人機構計897所占85.84%最多，其餘依序為財團法人機構110所、公立機構22所、公設民營16所。可供進住人數57,876人，以長期照顧養護型機構947所占90.62%最多，可供進住人數46,630人，使用率為76.34%；長期照

顧長期照護型機構53所次之，可供進住人數2,707人，使用率74.07%；安養機構34所居第三，可供進住人數7,456人，使用率66.86%。

各機構內工作人員數共21,506人，平均每工作人員服務人數為2.0人。女性18,209人（占84.67%）遠高於男性的3,297人（占15.33%）；各職類別中以服務人員12,711人占59.10%最多，護理人員4,198人占19.52%次之，行政人員2,016人占9.37%居第三，社會工作人員931人僅占4.33%。

關於照顧機構的研究很多，例如紀金山、林義盛（2007）分析組織形式與機構表現的關係。王明鳳（2008）分析養護機構的管理要素CORPS，指「結合人力資源（Participants）、財力資源與物力資源（Resources），經由某一些有組織的活動（Operations），創造某些有價值的服務（Services），以服務社會中的某些人（Clients）」。莊秀美（2009）比較「居家照顧」、「社區照顧」及「機構照顧」三種方式的功能。紀金山、劉承憲（2009）探討居家服務的政策與治理狀況，吳玉琴（2011）也從老人福利聯盟的立場檢視政府的政策。

吳淑瓊（2002）「建構長期照護體系先導計畫」從3,061名社區完訪樣本中，選取具有日常生活活動或工具性日常生活活動障礙者之社區被照顧者及其家庭照顧者，各1,845名之研究分析樣本。研究顯示，僅有1.0%之家庭照顧者完全沒有照顧負荷，有24.0%有很高的負荷；居家服務使用情形方面，沒有使用居家服務之被照顧者共1,599名（86.7%）；有使用居家服務之被照顧者，其每月平均使用居家服務16小時以下者，共148人（8.0%），每月平均使用居家服務超過16小時者，僅98人（5.3%）。每月平均使用居家服務16小時以下者之負荷顯著低於沒有使用居家服務者；每月平均使用居家服務超過16小時者之負荷和沒有使用居家服務者不具顯著相關。除使用居家服務因素外，包括被照顧者年齡、家庭照顧者教育程度、照顧者身分、歷經工作衝突、累積自述病症數、自評健康、上週

半夜照顧天數、對家庭責任的信念、ADLs自述協助需要數等，均為預測
照顧者負荷的顯著因素。

貳、監護工

在臺灣，外籍家庭監護工推著坐在輪椅上的阿公、阿嬤，在大大
小小的醫院、公園、市集的景象，已成為普遍現象。監護工，或稱看護
工、照顧服務員，照顧身體或心智不便之人進食、移動、上廁所、洗澡等
生活起居事項，是一項長時間、長期與人接觸的工作。自2006年1月1日
起，家庭如要申請監護工，必須先經過醫院醫療團隊評估。如果認定為有
全日24小時照顧需求者，則由地方長期照顧管理中心推介人力。長照中心
也負責提供補助、就業推介、確認服務結果等工作。

家人應清楚老人的身心狀況，年老體衰而產生身心功能障礙者，可
分為下列三大類：

1. 日常生活活動（Activities of Daily Living，簡稱ADL）有困難者，
   指洗澡、穿衣、上廁所、上下床、進食等五項，無法獨自執行而需
   工具或他人協助者。
2. 工具性日常生活活動（Instrumental Activities of Daily Living，簡稱
   IADL）有困難者，IADL代表個人顯示獨立生活所需具備的能力，
   指標是無法或不能執行煮飯、洗衣、做輕鬆家事、外出行動、購
   物、理財、打電話、遵照醫生囑咐服藥等八項活動者。
3. 認知功能有困難者，主要是老人失智症者。

對許多老人來說，「家庭監護工」比家人還親，對自己的照顧比家
人還重要。如果沒有監護工，許多家庭照顧幾乎無法運作，監護工在老人
生命中扮演重要角色。我國自1992年開放引進外籍監護工，人數自1997

年的26,233人,至2001年短短的四年內已突破10萬人。到2011年10月,外勞人數(不含外籍專業人士)為420,931人。按國籍分,以印尼籍最多(172,068)、越南籍次之(約93,870)、菲律賓籍第三(82,850)、泰國籍第四(約72,138);其中有半數從事監護工作。

在我們社會,人們受到我國傳統的孝道文化影響,老人有很高的比例喜歡與子女同住,多數老人在生活安排的主觀看法上,不樂意使用安養護機構。因此無法親自照料失能長輩的家屬,紛紛以聘僱外籍監護工的方式來兼顧照顧老人與家庭倫理。

2012年1月19日,立法院臨時會三讀通過就業服務法修正案,外勞在臺工作累計年限,由現行九年延長至十二年,適用範圍不限「家庭監護工」。這項修法因中華民國紅十字會總會會長陳長文曾以「極重度殘障兒子的爸爸」身分疾呼修改,引起社會關注,所以又被稱為「陳長文條款」。與外籍監護工引進有關的需求大致上包括本國勞工工作權益保障和重大疾病患者等受到照顧的權益,前者涉及本國從事監護工作的勞工與在家從事照顧家屬的工作權益保障。因此,如何平衡這三者之間的需求與利益便成為外籍監護工政策應該考量的重點。但也有一些監護工虐待被照顧者,造成各種悲劇。

曹毓珊(2002)分析「老人家庭照顧者僱用外籍家庭監護工對照顧關係影響」發現:(1)僱請外籍家庭監護工的原因:家庭照顧者決定僱請外籍家庭監護工,以個別照顧情境與臺灣正式照顧體系之缺乏為主要的推力;而外籍家庭監護工服務之特殊性,則為主要的拉力;(2)照顧工作的指派與分工:外籍家庭監護工的工作定位及性質,影響著照顧工作的指派與分工;(3)家庭照顧者與外籍家庭監護工間的關係:外籍家庭監護工的形象類同於傳統的「傭人」角色。家庭照顧者試圖藉由建構多層次的家庭界線,突顯外籍家庭監護工僅為「類」家人的角色地位,避免其逾越應有的本分——「照顧的工作本分」和「主僕的階級本分」;(4)外籍家庭

監護工的挑選與評價：家庭照顧者對外籍家庭監護工事前的挑選指標為體格、種族、語言與學歷；而工作表現評價之依據為：監護工的個性主動、提供可信賴的照顧及對老人的態度。二者都反映了「家庭照顧」強調低技術性及愛的勞務之本質；(5)僱請外籍家庭監護工的影響：僱請外籍家庭監護工對於照顧品質、對老人與家庭照顧者產生了不同的影響。綜合而論，僱請外籍家庭監護工的確滿足了部分老人的照顧需求，也降低了家庭照顧者的照顧壓力與負荷。

由於外籍監護工的引進經常引發外籍監護工勞動條件、人權待遇等爭議。因此就中長期目標來考量，應減少家庭對於外籍監護工的依賴，以減少外籍監護工受到家庭雇主不當待遇的事例。更進一步想，外籍監護工真的如此被迫切需要嗎？臺灣引進這麼多未受過護理訓練，同時語言、文化、風俗習慣皆不相同的外國人來照顧自己的長輩，如此做真的是對老人好嗎？

綜合陳世堅（2000）、陳正芬（2006）、許傳盛（2009）等的看法，強化本土照顧體系，發展照顧服務產業是一個解決之道。原因如下：

1. 配合政府補助方案，可減輕照顧壓力：照顧服務產業發展方案，政府皆有免費時數及補助時數，一般民眾只要符合標準，透過申請就可享有這些補助，手續簡便，民眾也可減輕照顧負擔。

2. 民眾可就近在家中接受照顧服務，不必離開熟悉的環境：家對老人來說是最熟悉的環境，這裡有他習慣的人、事、物，在自己的家中接受服務，讓老人有安全感，也有舒適感，相對於機構照顧，不會有被遺棄的感覺。

3. 由本國人擔任照顧服務員，沒有語言、文化的隔閡，老人家不會感到孤單：失能老人並非毫無感情，一樣有喜怒哀樂，有與人溝通互

動的需要，但是現在大量引進的外籍監護工卻無法滿足老人這些心理層次的需要，對老人來說相當殘忍。

一般民眾之所以會僱用外籍監護工，最主要的原因即在於經費負擔的問題，外籍看護工薪資低，一般家庭勉強負擔得起，本國看護工要價高，一般民眾根本請不起。要根本解決外籍看護工引進的問題，一定要解決長照經費來源的問題，長期照顧保險的開辦可以相當程度的解決這個問題，但民眾及政府的決心是關鍵。

尤其要考量到老人的心理及社會層面。外籍看護工雖然幫忙解決了許多照顧上的難題，卻也相對的產生許多適應上的問題，如由於語言的隔閡，老人往往無法與外籍監護工溝通，常常有溝沒通，雞同鴨講，使老人感到挫折，久而久之，情緒也相當低落，覺得自己活著很沒有尊嚴。若老人與外籍監護工相處融洽，產生依賴與情感上的信任，而外籍監護工因時間與合約等諸多問題須行離去，則對老人們產生另一種形態的傷害。另一方面，子女們看到父母這種情形，也會覺得難過，但是很無奈。這種情形對父母與子女雙方來說，都受煎熬！

參、居家服務

居家服務（in-home services）是我國近年來落實在地老化政策的重要方式，強調以服務使用者所熟悉的居住環境作為服務提供場所。在1960 年代，北歐首先提出「在地老化」（aging in place）的照顧理念，強調去機構化及社區化照顧才是最佳的照顧方式。此後，正常化（normalization）和社區照顧（community care）便成為實現在地老化目標的主要策略。

「在地老化」理念源自於對老人生活品質的省思，認為老人如果

能掌控自己的生活，有尊嚴的過著有隱私的生活是最基本生活品質的表徵。居家服務輔助一般老人持續生活在熟悉的居家或社區環境中，協助失能老人延緩接受機構式照顧的重要措施（官有垣、陳正芬，2002）。透過居家支持設施支持失能者留在家中，降低機構式服務的使用。徐思媺（2006）注意到照顧人力從非專業的慈善志工發展到有專業證照的照顧服務員、從社會福利服務方案轉變為經濟、人力發展產業方案。不只為達成社會福利目的，試圖兼顧經濟和就業的外部目的。

我國長期照顧政策受到「在地老化」政策風潮的影響，內涵逐步重視在地化、社區化的服務提供模式。居家服務歷經初期各縣市零星推動，到服務從中低收入戶老人擴大服務對象至一般失能者，無論對中央政策規劃或地方服務執行，都是明顯的發展。

內政部為因應老年人口在數量和比率上持續增加所產生的長期照顧需求，政府已積極推動「長期照顧服務計畫」，包括居家服務、日間照顧、家庭托顧、低收入及中低收入失能老人營養餐飲服務、交通接送服務等，推動至今，使用人數逐年增加，帶動國內居家及社區式照顧服務資源加速成長。內政部為瞭解已接受居家服務補助使用情況，在2007年進行居家服務補助使用者狀況調查，結果顯示，照顧服務員對居家服務補助使用者提供服務項目之普及率，以「洗澡」達75.53%最高，其次是「掃地、洗碗、倒垃圾等其他輕鬆工作」70.94%，再其次是「穿脫衣服」62.34%，顯示服務項目主要是身體照顧服務，有關資源連結、福利服務等項目則偏低。

內政部又在2011年完成1,093個有效樣本的調查，結果顯示，居家服務補助使用者對居家服務提供的服務表示滿意者有85.49%，其中以低收入戶者、中度失能者之滿意度相對較高。有七成五表示會介紹他人使用。居家服務所提供的「協助洗澡」、「協助換穿衣服」、「協助吃飯」、「協助起床、站立」、「協助上廁所」等服務者，各項滿意度皆在

九成以上。接受居家服務以後，認為對生活與照顧上有明顯改善者，計有七成二；認為對家人在照顧負擔上有明顯減輕者計有六成八。對照顧服務員「按約定時間到家提供服務」、「服務態度」的情形表示滿意者有九成以上，對「照顧技巧」、「解答問題與處理狀況」表示滿意者亦近九成。

截至2008年底止，全國共有123家居家服務單位，居家服務員共4,504人，居家服務的使用人數為25,058人，約占339,082需求人口數的7.4%，仍有很大的服務成長空間。居家照顧服務員近五成是由一群中高齡（40至59歲）的女性組成，並以兼職性質者居多。獲得照顧服務員檢定證照者，往往在考量工作性質與收入後，多數會選擇以醫院看護為主要工作場所，如此更影響居家服務員人力的招募，造成在整體服務提供上仍有供不應求的情形存在。

整體而言，在照護性的關係中，老年人和照顧者都需要有以下六項正面的感受，才可能在服務的過程中，提升雙方的生活品質。這六項正面的感受分別是：安全感、持續感、歸屬感、意義感、完成感和重要感。雖然我國居家服務在整體服務量與政府資源的投入逐年增加，然而整體服務上仍然存在不少問題。黃瑞杉（2003）認為，居家服務的問題主因包括：執行機構對照顧服務產業之定位及未來發展充滿不確定性、機構照顧服務員流動率高、受補助之個案量不足、自費個案難推廣、財務制度尚未健全等。

第三節　安養機構

壹、選擇的理由

　　老人選擇安養機構的理由是（Hooyman and Kiyak, 2011）：(1)不想成為家人的負擔；(2)隨時可以獲得照顧，容易確保健康照顧的需求；(3)減少維持家戶的麻煩；(4)可以獲得支援性的服務；(5)容易享受社會、教育、活動方案。配合科技產品，例如電腦、監視器、救護設備、資訊檔案等，更能有效協助老人。畢竟這麼多科技產品，很難由個別家庭提供。

　　機構照顧基本上是長期照顧服務，根據《社會工作百科全書》（*The Encyclopedia of Social Work*），對為數眾多的體弱者與失能老人而言，所謂的長期照顧（long-term care）是一種方式，其服務包括了由護理之家（nursing home）等照護機構為基礎，以及以社區為基礎（community-based）所提供的多種服務。另外，在《社會工作辭典》（*Social Work Dictionary*）中，則將長期照顧界定為一個因功能受損，導致其在日常生活活動有困難的人，在特定的一段時間內提供其在社會、個人以及健康上的服務系統。因此，長期照顧服務不但是「診斷、預防、治療、復健、支持性及維護性的服務」，更是依照個人健康狀況及社會性需求的不同，以提升案主在生理、社會與心理之功能為目標所提供之長期醫療照護與社會服務，也是基於案主需求，強調服務的提供具有連續性與全面性的照顧服務。

貳、主要形式

　　依照內政部（2012）頒布「老人福利機構設置標準」第二條，機構式的服務是24小時皆有照顧人員照顧老人家的生活起居，又可分為：

1.護理之家：收住對象為日常生活上須協助、或是插有管路（尿管、氣切管、胃管）的老人家，通常是由護理人員負責，24小時均有人員照顧，必須向所在地的衛生局申請，屬於護理機構。

2.長期照護型：以罹患長期慢性病且需醫護服務之老人為照顧對象。亦是24小時提供照顧服務，不同之處是設立的負責人非護理人員；必須向所在地的社會局申請，屬於老人福利機構。

3.養護型：以生活自理能力缺損需他人照顧之老人或需鼻胃管、導尿管護理服務需求之老人為照顧對象。

4.安養機構：收住日常生活能力尚可的老人家，亦屬老人福利機構。

5.榮民之家：收住對象為榮民，大部分屬於日常生活能力尚佳的榮民，為退輔會所屬機構。

參、需求及供給

內政部的研究顯示：如未來生活可自理而願意進住老人安養機構、老人公寓、老人住宅或社區安養者僅19.5%；如未來生活無法自理而願意進住老人長期照顧機構或護理之家者則達42.4%。2011年6月底止，我國老人長期照顧及安養機構計有1,065所，可供進住人數56,893人，占全國65歲以上老人比率為2.28%；實際進住者42,600人，使用率達74.88%，分別較2010年底增加1.59%及0.34個百分點：

1.依公私立別分：以免辦財團法人登記、不對外募捐、接受補助或享受租稅減免之小型老人機構計916所占86.01%最多，餘依序為財團法人機構110所、公立機構23所、公設民營機構16所。

2.依機構類別分：以長期照顧養護型機構960所占90.14%最多，可供進住人數43,934人，使用率為77.11%；長期照顧長期照護型機構50

表10-3　機構照顧的類型、服務對象及內容

類型	服務對象與內容
安養中心	服務對象：生活可自理者。 服務內容：同一般仁愛之家。
養護型	服務對象：自我照顧與生活自理能力缺損，但無技術性護理服務需求。 服務內容：護理照顧及執行日常生活照顧。（24小時）
居家護理	服務對象：需要護理人員至家中協助技術性護理服務或指導者。 服務內容：每月服務以兩次以內為原則。
日間照護	服務對象：罹患有輕中度失能，或失智者。 服務內容：白天到機構，晚上回家由家人照顧。
護理之家	罹患長期慢性疾病須醫療服務及技術性護理之老人。（24小時）
呼吸治療中心	提供長期用氧或呼吸器照護的專業照顧機構。

資料來源：內政部（2012）。

所次之，可供進住人數2,607人，使用率74.42%；安養機構42所居第三，可供進住人數9,098人，使用率69.81%；社區安養堂及老人公寓之使用率為16.91%及39.31%，明顯較低。

Davenport（1999）提醒：照顧老人常面對各種考驗，老人的不可測甚至古怪帶給工作人員不少問題。2011年6月底老人長期照顧及安養機構工作人員20,421人，其中女性計17,425人（占85.33%）遠高於男性的2,996人（占14.67%）；按專業類別分，以服務人員11,297人占55.32%最多，護理人員3,841人占18.81%次之，行政人員2,122人占10.39%居第三，社會工作人員833人占4.08%最少。2011年6月底各老人長期照顧及安養機構平均每一工作人員服務人數為2.09人，較99年底微降0.05人；按公私立別觀之，以公立機構2.95人最多，公設民營機構2.85人次之，財團法人機構2.30人居第三，小型機構1.90人最少。

就政府部門的規劃理念，「商業化」的目標應不在於使照顧服務

「營利化」，而是使照顧服務產品更具多元性，增加消費者選擇的多樣性；期待藉由市場原則淘汰不良的服務商品、提升對老人的服務品質，不只希望「量」的多樣性，也能達到「質」的精緻性；引進企業化的經營理念來減少資源浪費和增加機構的運作效率，並透過自由市場經濟的刺激，促使機構提供多元且高品質的服務，來滿足具付費能力的消費者。對老人養護機構而言，收費機制除了增加穩定的財源來維持機構的運作外，「使用者付費」的觀念可以讓無自我照顧能力但有經濟能力的老人，能自由且有尊嚴的選擇符合自我需求的照顧服務。至於市場機能無法運作的社會救助部分，則仍需由政府部門、非營利團體介入，以保障弱勢老人族群的福利權益。

行政院於2003年大力推展照顧服務產業，開放老人住宅營利事業單位經營，2006年度又選擇「建構長期照護十年計畫」發展福利產業，作為社會福利的旗艦計畫，同時在2007年修改老人福利法、老人福利機構設置標準等法規，這些施政措施必然對各銀髮產業產生大小不一的刺激與影響。

CHAPTER 11

階層化與歧視

社會學始終關心「不平等」，認為不平等並非個人因素而是社會使然。無數老人晚景淒涼，又窮又苦，因為長期處在不利的社會位置之中。當有錢人累積優勢時，許多人則深陷惡性循環的困境。源自馬克斯的階層化理論提供了全面的解釋。龐大的弱勢老人有不同的屬性與問題，需深入瞭解。

中華文化原本敬老尊賢，如今社會充斥著排除、歧視、偏見，老人被子女、監護工或機構管理人員虐待，身心受創，而這些現象往往被忽視，只有老人死亡時，媒體才會零星報導。

更嚴重而影響廣泛的是世代間的衝突，社會學一向注意人口群之間的衝突對立，提供了許多解釋與概念。當經濟不再快速成長、政府財力吃緊，老人的福利、退休金、津貼等成為眾矢之的，年輕人累積不滿的情緒，將使老人的地位持續下滑。

第一節　貧窮與劣勢

壹、累積劣勢與階層化難以翻轉

社會學不僅注意不平等，更注意機會結構（opportunity structure）的差異，不同社會人口群所能利用的機會情況顯然不同。「富者愈富、貧者愈貧」，有錢老人到死亡時都有用不完的財富，貧困老人朝不保夕。最足以說明此狀況的是累積優／劣勢（cumulative advantage and disadvantage）理論，貧富差距加大的現象在資本主義社會中特別容易發生，擁有充足資本的可以靠著資本的累積享有高品質的生活。沒有錢的卻入不敷出、日子難過。在老化的過程中，隨時間的演進，產生了系統性分化的現象。一個

人原本的金錢、社會地位、健康，使他／她日後的生活機會截然不同。富裕老人與貧困老人、社會地位高與社會地位低的老人、健康老人與生病老人的生活，都有天壤之別。在世界各國，這是殘酷但普遍存在的現實。

　　資本主義是現代社會最重要的推動力量，資本不僅是金錢，還包括「社會資本」（social capital）。家世好、多接受教育、多參與活動、多擴展人脈、身體健康都有助於社會資本的累積。相對的，教育程度低、工作僅能餬口、認識的人有限、無法保養身體，要脫離貧窮是十分困難的。社會資本進一步累積成「生命歷程資本」（life course capital），愈到晚年愈重要。老本、老身、老友、老居、老伴等，都需要多元的資本。

　　不同背景的老人，生活機遇（life chances）差別很大，不同群體裡的成員能夠期望的物質利益、薪資報酬和社會文化機會都有顯著差異。生活機遇最初是韋伯（Weber）提出的一個概念，韋伯用來對階級進行有關分析，這一概念也為達倫多夫（Dahrendorf）所採用。老人面對的是保健醫療服務的不平等和與平均壽命的不平等。

　　「老化」與「貧窮」有密切關係，探究貧窮人口時會發現「低收入戶」以獨居老人最多。多數長輩的貧困不是一朝一夕的突發現象，而是長時間累積的，貧困甚至橫貫整個生命歷程。生在資源有限的家庭，所受教育通常有限，成長後無法獲得好的工作機會，難以儲蓄，即使有子女，子女的發展也有限，難以供養父母。如此惡性循環，使貧窮在代間延續。

　　《經濟學人》（*Economics*）在2011年1月22日的封面主題是"The Rich and the Rest"（富人與其他人），說明這個世界分成富裕群體及其他人，如果無法擠入富裕群體，只能得到有限的資源。社會科學對所得分配的研究通常是五個等分，稱之為「基尼係數」（Gini coefficient），以此觀察最高五分之一家戶所得是最低五分之一家戶所得的倍數。探究老人的居住與生活，也可以用「幾顆星」的架構來區隔，每一顆星代表1萬元。如果

每個月可以支付食衣住行的錢不到1萬，則代表生活水準低；如果花費2萬，則稍微好一些；如果每個月有5萬元可以用，對一位老人來說是很充裕的。以老人安養機構來看，普通的與高級的之間收費有顯著差異。

累積優／劣勢理論的核心概念有（Bengtson, Elizabeth and Parrott, 2008）：

1. 系統傾向（systemic tendency）：指因個人所處位置不同，在各種力量交互影響下逐漸成為明顯的分類。
2. 人群分化（inter-individual divergence）：指群體之間、世代之間的差異。
3. 終生回報率（lifetime rate of return）：一生繳納社會保障的總支出與預期收益的比率。一筆定期存款的現值，依照某特定利率的複合利息，到兌現日期累積的款項數額。
4. 生命週期假說（life cycle hypothesis）：經濟學家預測個人儲蓄行為發現，個人為了退休與把資產留給子孫而儲蓄。動用儲蓄的主要活動發生在晚年，最理性的選擇是去世前把儲蓄花光。

貧困老人在社會階層中難以翻轉，甚至債留子孫，最足以說明階層化（stratification）現象。艾森史塔（Eisenstadt）在 *Generation to Generation*（1964）一書中指出，年齡階層化是穩定社會的重要因素，在社會結構之中共存著兩套價值：家庭關係的特殊性以及公共分工的普遍性，年齡群扮演公領域和私領域之間的緩衝器，並且給予成員融入一體感和支持。年輕人完全參與成人社會的機會被親屬關係（kinship）和繼嗣（descent）體系給擋住了，年齡群成為地位以及代間權力鬥爭的主角。

從階層化的角度來探討，階層化是社會結構的一種狀況，較偏向於靜態性的研究，而社會階級（social class）的分析偏重動態性。社會階級指在生產組織中占有相同結構性位置（common structural positions）的一

群人。階級以個人在生產活動中所處的位置為基礎,階層則以個人擁有的財富、權力、地位等的差異而劃分。階層之間,不一定彼此排斥。但階級之間的人口群則可能懷有敵意,並且進行對抗性的活動,此即「階級鬥爭」。階層容易僵化,有抗拒改變的韌性(inertia),不易改變,容易受到社會力量的約束(張華葆,1987)。

以老年人來說,階級不是問題,階層卻是大問題。因為多數不參與生產活動,所以沒有必要單獨以老人為階級進行分類。但不同老年人口在階層上是有意義的,因為財富多寡、權力有無、地位高低等,有很大的差異。更因為老人已經無法透過積極的行動在社會地位上晉升,一旦淪為弱勢,很難改變困境。

社會學注意的不是個人之間的不平等,而是從社會的角度來看群體與群體之間的不平等關係(unequal relationship),可以將這些不同的群體稱為社會階層(social strata),依照某些標準區分社會類別的社會位置(social position)。在同一社會階層裡,同一群體的成員往往享有同等的或類似的社會資源,包括金錢、財富、教育程度、專業技能、權力及聲望。隸屬於不同階層的成員,處於不同的地位。例如民國38年來臺的軍人,後來成為「榮民」,榮民是臺灣容易辨認的群體。

群體之間的不平等關係在短時間內不易產生大幅度的變動,主要根源於經濟關係(economic relationship)、地位關係(status relationship)和政治統治關係(relationship of political domination)等的不同。由於所處位置的差異,在下列三方面明顯不同:

1.生活機會(life-chance):指能夠改善生活品質的物質利益,主要指標是財富、收入及舒適的環境。人要生活,致力於生活的更好,能夠解決和改善生活的飲食、衣著、交通、房屋、醫療服務等,都是大家希望得到的。在貨幣經濟社會裡,金錢就是資源,所謂「有

錢能使鬼推磨」，絕大部分的生活機會，都可以用它來換取。

2. 社會地位（social status）：指在社會成員的眼中，具有較高的地位及聲望。地位是社會大多數人心目中比較崇高、容易得到社會認可的位置。地位高的人，往往權力較大，能獲得較多財富，這是地位所擁有的功利價值。

3. 政治影響力（political influence）：指某一群體對其他群體統治（dominate）的能力或對政治決策的影響力。權力與生活資源有非常密切的關係，它可以與金錢相互增強。

因為上述的差異，三種類型就產生決定階層化原則：第一類是階級——依經濟原則：擁有愈多的經濟資源，則其階級也愈高。第二類是地位——依社會原則：個人依附團體所擁有的榮譽愈多，則其地位也愈高，反之則否；所以，「德高望重」或「地方大老」即屬社會原則所區分的高低地位階層。第三類是政黨——依政治權力原則：以擁有政治權力的多寡來安排個人或團體在社會階層結構中的位置，「優勢團體」成為政治體系中的高階層。這三大類中，有些老人在乎的是「地位」，能夠被他人所尊重。

老人面對成年「社會封閉」（social closure）的壓力，被成年人所排斥，原本優勢的社會群體為了保證其社會情境的利益而壟斷資源，並限制成員吸收和不容外人進入的過程。社會封閉一詞是韋伯首先提出的，韋伯對馬克思主義的批判，認為財產只是權力的一種基礎，也僅僅是社會封閉的一種形式。族群淵源、性別、技能水平和宗教等不同社會身分團體（status groups）所具有的特徵，也都可以成為封閉策略的基礎。主要有兩種封閉策略或封閉過程的類型：一種是排他（exclusion）；另一種是侵奪（usurpation）。排他指將本群體與外來者分開的作法；侵奪是低層群體或權力較少的群體爭取被別人壟斷利益和資源的方法。

　　階層化不僅發生在社會大環境之中，也存在於照顧老人的機構裡，如醫院、安養機構、社會福利體系等。Taylor（楊康臨、鄭維瑄譯，2007）提出「機構化階層」的概念，在這些體系裡，醫師的地位高於護理人員或社工，其實醫師與老人的接觸有限。護理人員或社工的地位又高於老人及老人的家人，因工作人員熟悉機構裡的政策、規則、複雜的程序，老人及家人所知有限，往往無助又無奈地接受各種要求。工作人員要求老人或家人簽署各種文件，有時為了規避責任。因此日後有法律訴訟時，老人及家人陷於不利的處境。

　　「醫病關係」強調醫療體系對病人的尊重，但處處出現在「機構化階層」的現象，Taylor（楊康臨、鄭維瑄譯，2007）分析的議題如：(1)費用、帳目與行政人員的態度；(2)醫生的技術不當與誤診；(3)告知與訊息揭露；(4)是否採用了適當的治療方法；(5)替家庭成員決定移除病人的維生系統；(6)替病人決定危險的治療；(7)捐贈器官；(8)對疼痛的控制；(9)造成家人的過度負荷；(10)欺瞞藥物或治療的狀況。對這些議題，老人與家人皆處於不利的位置，雖然身體的健康與生命都在老人身上，老人卻沒有發言權。

　　從「結構依賴理論」的角度，老人由積極活動轉入消極活動，從生產生活進入無生產力的生活，不是自願的。企業與國家長期的經濟與社會政策，就是建構老年必須依賴社會，如建立了老人退休制度、機構照護及所得維持體系的老人福利制度。老人被排除在勞動力市場之外，使老人自然落入了必須在經濟上依賴社會，因而邊緣化。

貳、各種劣勢的老人

　　年長者都曾經為臺灣的美麗付出時間與精力，臺灣成為美麗又富裕之島，主要是依賴長輩們昔日的付出。如今他們不再美麗，臺灣也可能跟

著不美麗了。以生態來說，無數長者昔日種稻、種樹、種花，但今天田園荒蕪、建商到處砍樹蓋房子。老人家的根，在臺灣工業化的浪潮中，不斷被拔除。他們的生命，彷彿綠葉緩緩落下。生死學大師，臨終關懷的倡導者伊莉莎白·庫伯－勒羅斯所寫的最後一本書就是《當綠葉緩緩落下》，她說：「要傾聽臨終者的話，他會告訴你需要知道的事，但你往往忽略。」

為什麼是以綠葉緩緩落下為書名呢？在醫院、安養機構與榮家，看著被癌症折磨與插著管子的長輩，特別能體會「緩緩」是過程，正如「老化」是不停止、不可逆的殘忍過程。然後，氣息結束，落在土地上，不可能再接回樹上了。塵歸塵、土歸土。但是，這些長輩正告訴我們許多需要知道的事，而我們往往忽略。

無數人爭著看黃公望的「富春山居圖」。在那個人生七十古來稀的年代，八十幾歲的黃公望想要透過這幅畫描述什麼？他畫了「緩緩」也道盡了「落下」。無數人打拼而有的臺灣經濟奇蹟豈不正緩緩地因為高齡化和少子化而下滑嗎？昔日守著家園撫育子女的，如今一一老衰。昔日繁華的農村，如今日漸沉寂。昔日熱鬧的鄉鎮，如今連年輕人都看不到。昔日捍衛臺灣的老兵，如今快速凋零。

老人問題千萬種，其中錯綜複雜，牽連甚廣，從社會學的角度，注意到這些老人的「文化匱乏」（cultural deprivation）困境。文化匱乏指的是生活環境中缺乏文化刺激，因而有較多生活適應的問題。各種劣勢老人的種類有：

一、經濟困難的老人

經濟困難的老人包括退休後因收入減少，支出卻因行動不便、身體衰退而加遽，逐漸入不敷出。還有一些早年退休，在通貨膨脹壓力下，幣值大貶，生活日漸拮据。至於無退休金可領的老人，生活更可能陷入絕

境。政府雖開辦了中低收入戶老人生活津貼，但提供的資源有如杯水車薪。

二、獨居老人

2011年列冊需關懷的獨居老人計有47,255人；依身分別區分，計有中低收入老人11,986人、榮民4,384人、一般戶老人30,885人（內政部，2012）。在報章或電視新聞中卻經常看到獨居老人自殺身亡或貧病交加死了好幾天才被發現的報導。獨居老人的生活大多相當清苦，榮民津貼或中低收入老人生活津貼金額不多。獨居老人增多，在長期乏人照顧的情況下，多半營養不良而身體虛弱，一碰到天氣轉冷，就容易引發感冒、支氣管炎等疾病，更嚴重者心臟病發作、中風等，甚至病倒，送到醫院時已回天乏術。

三、罹患疾病的老人

65歲以上長者有95.6%以上在前一年平均就診達二十七次。89%的老年人有一項慢性病，患有三項以上的比率高達五成，高血壓（46.67%）、白內障（42.53%）及心臟病（23.90%）為長者最常見的慢性病。這幾種疾病若不能妥善控制，嚴重威脅長輩的身心社會功能、獨立自主能力與生活品質。長期患病、身體嚴重衰退的老年人由於久病不癒，多年為慢性疾病所苦，需要各方面的醫療資源。

四、失智與失能的老人

失智與失能的老人據統計有30餘萬之多。這些老人，除部分接受醫院的治療與養護機構的收容之外，大多數還是由家人照顧的。失智與失能，對個體及家人都是莫大的打擊，如何予以適當輔導及支持，都是重要的議題。老人在六項生活起居活動均能自理無困難者占87.88%、輕度失

能者占4.82%、中度失能者占2.28%、重度失能者占4.60%。

依據IADL量表評估標準，上街購物、外出活動、食物烹調、家務維持、洗衣服等五項中有三項以上需要協助者即為輕度失能。老人日常生活五項能力均未勾選失能項目者占83.05%、勾選一項失能者占9.20%、勾選二項失能者占3.82%、勾選三項以上者占3.93%。就性別而言，女性輕度失能者比例為5.69%，較男性的2.05%為高。

整體而言，老人輕度以上失能比例占11.70%。就性別而言，男性自理無困難者比例為90.82%，高於女性的85.13%；女性在各項失能程度的比例均較男性的比例為高。

五、人際關係欠佳的老人

年紀大了，許多老人的人格特質都有了某種程度變化，性情暴躁、猜疑心重，加上自卑、孤獨的心理，影響了正常的夫妻關係、親子關係，乃至親朋好友的關係。

六、心理不健康的老人

不少長者均普遍存在著孤獨感或失落感，尤其是剛從職場退休或者準備退休的老人，往往感受到被冷落、遺棄的疏離感。男性老人有13.0%、女性有17.2%有憂鬱現象。

Williams（2003）發現，男性社會經濟地位對健康狀況的影響非常明顯，低所得者的健康情況遠不如中高所得者。Zimmer、Chayovan、Lin及Natividad（2004）比較了三個亞洲國家老人社會經濟地位指標（indicators of socioeconomic Status），發現各國都與老人的身體功能直接相關，如果身體變差、社會經濟地位下滑。另根據2009年內政部的老人狀況調查，詢問長者對生活最擔心的問題，前三名為「自己的健康問題」（35%）、「經濟來源問題」（17%）、「自己生病的照顧問題」（16%），另

有33%長者表示沒有擔心的問題，可見健康是長輩最擔心的事，其次是經濟。詢問長輩對老年生活的期望，前三名為「身體健康的生活」（51%）、「能與家人團圓和樂的生活」（40%）及「經濟來源無虞的生活」（18%）；這些數據顯示長輩最希望保有健康，其次是經濟來源，這是高齡生活品質與尊嚴的基礎。

參、LGBT被不公平對待

某些老人因為LGBT的性傾向受到不公平的對待，LGBT是由女同性戀者（lesbians）、男同性戀者（gays）、雙性戀者（bisexually）、跨性別者（transgender）所構成的集合用語。

先看人數較多的同性戀者，酷兒（lesbgays）是女、男同性戀者的集合名詞。女同性戀者俗稱蕾絲邊、拉子；男同性戀者俗稱Gay。Homo則源自於homosexuality，homo的意思是「相同」，也就是喜歡相同性別的人。T是指女同性戀中，扮演相似於男性角色的一方，傾向於陽剛，或外貌喜歡作男性化、中性化裝扮者，相對於T的角色稱為P。出櫃則是同性戀者公開自己的性傾向，意思是將原本藏在衣櫃裡不可告人的秘密對外公開。雙性戀者（bisexually）是指不考慮所戀愛對象的生理性別。

Germain（楊語芸、張文堯譯，1997）整理許多老年同性戀方面的研究，得到幾個重點。首先，老年的男性與女性同性戀者都得面對社會的刻板化印象及社會對老人的態度；其次，同性戀者也與其他老人一樣有愛、健康、安全等需求；第三，老年的同性戀者比許多異性戀者更能夠成功老化，對老化的負面感受不明顯，不太在乎變老與寂寞；第四，女同性戀者比寡婦或離婚的非同性戀者更容易在老年時找到伴侶；第五，老年男同性戀者在選擇伴侶方面比女性重視年輕與外貌；第六，整體而言，同性戀者並不寂寞、也不孤獨。許多老人加入各種組織，例如美國有一個團體

名為SAGE（Senior Action in a Gay Environment，同性戀環境中的長者）。

異性戀在青春期及成人前期是比較受注意的話題，年輕人會特別看重其他人是否有異性朋友，可能會私底下議論一直沒有異性朋友的人。但到了老年，異性戀在生命中的重要性下降。同性戀與否已經不是那麼重要的問題。持續維持同性戀取向所承受的外在壓力漸漸弱了，某些原本掩飾或隱藏同性戀傾向的長輩也可能重新開始同性戀的關係。

但是社會上仍存在著對性傾向、外貌、婚姻狀態等的種種歧視，小由語言、態度，大至法令、制度，都在人與人、群體與群體之間形成壁壘及不公平的對待。根據中研院社會學研究所2013年出版的「臺灣社會變遷基本調查計畫第六期第三次調查報告」，臺灣非異性戀占總人口4.4%。Hooyman與Kiyak（2011）調查在LGBT人口群方面，估計有8%屬於同性戀。年長者的比例為何？主張高於此比例者認為，年紀大了，不必太在意他人的看法，出櫃的機率上升。有些人結束婚姻的束縛，與同性建立親密關係。也有許多曾經長期有異性關係者降低對異性的興趣，轉變為與同性建立親密關係。

主張人數不多者認為，當代老人成長在對同性戀充滿敵意的年代，同性戀人數不多。與年輕世代的同性戀者相比，年長者比較不敢出櫃、容易隱藏自己的性取向，認為親友不能接受自己的同性戀，會被認定為是「局外人」。另一方面，同性戀者被認為罹病與孤獨的比例較高，平均餘命低於異性戀者。

在美國退休人員協會（American Association of Retired Persons）2004年的調查顯示，超過70歲的受訪者之中，5%的男性、1%的女性表示調查時「有同性伴侶」。這些長輩如果有持續的伴侶會呈現較高的生活滿意度，對老化有較佳的適應，也會持續性活動及興趣。為了滿足此種需求，還有專門針對長輩的性治療（sex therapy），主要內容包括：醫療介入、行為練習、強化親密接觸、提供更多討論的機會、自信心建立等。

LGBT的老人仍有一些困擾，如社會的各種照顧老人的機制還未充分考慮他們的需求。又如遺囑的處理，若想交遺產給伴侶，可能得面對一些法律上的問題。

第二節　被社會排除

高齡人口的比例不斷增長已經使年齡被視為是一種社會問題。老人被賦予負面性的刻板印象（stereotype）和低下的社會身分（social status），在學術論述中，也使用「依賴的負擔」（burden of dependency）和「依賴率」（dependency ratio）來凸顯負面的形象。後兩個名詞指的是經濟上不活躍的老人數目與經濟上活躍的年輕人數目比率，及年輕人的勞動提供服務給年長一代的數目。

20世紀末期，學者注意到老人被歧視的普遍現象，接著社會大眾對老人的偏見成為社會心理學的議題。到了本世紀，從政治、經濟、社會等綜合面向，老人承受社會排除的問題也被注意到了。社會排除有五個指標：貧窮與低所得、缺乏接近工作市場的可近性、微弱的或沒有社會支持或社會網絡、鄰里與地方社區的負面影響、被排除於公共服務之外，許多老人都符合，此外雖然很多老人有意願參與，但因為某些他們所無法控制的原因，而不能參與社會中公民的正常活動。老人在勞動市場的邊陲地位、貧窮、社會孤立等現象的交互影響，而形成多重的劣勢情況（張菁芬，2005）。

社會排除有一些共同的特徵，參考王永慈（2001）、李易駿（2007）的分析，包括：

1.社會排除是社會及經濟變遷的結果。

2. 社會排除為一多面向且具有累積性的過程，亦是一種邊緣化或隔離的系統性過程，其過程涉及經濟、社會、政治與文化的諸多方面，每一面向會互相影響且相互增強。當人們處於某一排除面向時，在許多面向中亦會被長期隔絕。

3. 社會排除是一動態過程，著重在個人被剝奪到推擠至社會邊緣，形成社會孤立的過程，而非個人陷入貧窮、失業的單一處境，且需考慮代間傳遞的情況。

報紙上，斗大的字「老，我們分手好嗎？」，旁邊介紹各種號稱能「打『老』賊」的化妝品。這些，都是歧視。ageism原本指與年齡有關的歧視，是因為年齡而有的歧視，且只針對老年，所以被譯為「老年歧視」。McMullin及Marshall（2001）對ageism的定義是"Systematic negative stereotyping of and discrimination against older people simply because they are old."，此定義有幾個重點：

1. 是系統性的，也就是持續的。
2. 是負面的。
3. 是帶有刻板化印象的。
4. 是一種歧視。
5. 是針對著老人。

他們進一步指出，老年歧視不僅是一種態度，甚至成為一種信仰，認為老年欠缺能力，不應該擁有太多的資源與機會。又可分為兩個相互關連的面向：看不起老人的意識型態，與對老人有敵意的歧視。

年長者愈來愈「不感覺自己變老」，未必喜歡「限定老人」的商品或服務，反而傾向接受「銀髮族也適合」。以手機為例。NTT Docomo是日本第一家推出「高齡者專用手機」的通訊業者，第一代手機螢幕顯示字

體超大、按鍵也大，利於老花眼的人操作；它加強音量，重聽的人不會漏接電話，機身造型易於緊握。從各方面來看，它的功能非常符合長者需求，上市以後卻賣得奇差。經過市場調查，長者不想使用的最大理由是「產品設計充滿老人味，我討厭被當成老人。」該業者檢討後重新設計，加強對長者的輔助功能，也重視手機的流行感，產品就暢銷了。

日本有些企業稱老人族群的顧客為「Ｇ‧Ｇ世代」。Ｇ‧Ｇ世代是原創名詞，為Great Generation（優秀世代）的簡稱。過去日文以senior（年長者）稱呼，難免被人與「老」字聯想在一起。老人希望不顯老，也不喜歡人家把他叫老。「Ｇ‧Ｇ世代」是個充滿正面能量的詞，重新定義年長顧客，結合心理學、經濟學與社會學的思維。

當代社會的基礎是「資本主義的勞動市場」，以無數的藍領工作者長時間流汗打拚為核心，老人多數不能如此工作，被認為不再適合勞動市場的運作法則，因此被貶損。例如McMullin及Marshall（2001）研究生產服裝的工廠，發現老人在此難以持續工作。

早在1972年，Susan Sontag就發現社會大眾對老年常有「雙重標準」（double standard）。當人們見面詢問對方：「您今年貴庚？」之時，可能開始假定對方的年齡，以及與該年齡有關的歸類。政府的各種措施多以年齡為界線，認為某個年齡以上的人是同一種人，忽略了老人群體的差異性。

老人長期奮鬥，進入高齡階段，原本可以享受昔日努力的成果，卻須面對來自四面八方的偏見、歧視、責怪，在家庭裡、在機構中，各種虐待的事件，層出不窮，這些現象都是社會應該正視的議題。

壹、對老人的偏見

網路上廣傳一篇短文主題是「明天不一會更好，但一定會更老」。

消遣的話一籮筐：

1. 承認地心引力的厲害，器官樣樣俱在，只是都下垂，「萬般皆下垂，唯有血壓高。」

2. 「坐著打瞌睡，躺著睡不著。想記的記不起來，想忘的忘不掉。」

3. 哭的時候沒眼淚，笑的時候一直擦淚。

4. 頭上是「白髮拔不盡，春風吹又生」，男士們的髮型是「地方支持中央」──兩邊往中央梳，遮住稀疏的部分。

5. 皮膚不長Pimple（粉刺），卻開始長Wrinkle（皺紋），酒窩變皺紋，皺紋變酒窩。

6. 記憶力衰退，從一個房間走到另一個房間，就是想不起到這兒來要做什麼？

7. 「知識退化，器官老化，思想僵化，等待火化」。

這些說法表面上有趣，實際上帶著歧視與偏見，並非完整的事實，反而是誇大的說法，明顯對老人有偏見。連「銀髮族」都不是好的說法，現代人重視營養運動，注意體能，七八十歲的男人還生龍活虎，被叫老翁，情何以堪；稱熟女為老婦，不是血口噴人嗎？臺灣老人喜歡以傘代杖，顯示不喜歡拐杖。已有眾多的不老騎士，還有更多潛在的不老騎士。中年是青春期的延長，老年也只是剛告別成年期，老人不一定滿頭銀髮，為什麼還硬要稱他們銀髮族呢？

早在Margolis（1990）就出版專書《拯救美國老人》（*Risking Old Age in America*），這二十多年來老人地位繼續下滑，對老人有偏見的情況愈來愈普遍。Danigelis及Cutler（2007）檢視不同年齡層對老人的看法與政治經濟態度的變化，發現偏見持續存在。偏見（prejudice）起源於刻板印象，刻板印象可能是「最不費力的規則」。由於世界太複雜了，人們很難對每一件事都有很大的差異態度，為了節省時間與精力，只對少數人

認真，而對另一些人則採取簡單概括的看法。偏見的第一步是製造團體意識，以某些特徵將某些人歸類為一個團體。如內團體偏見，以正面情緒和特別待遇去對待內團體成員，以負面情緒和不平等看法去對待外團體成員。成年人普遍對成年人有好感，對老年人則往往缺乏同樣的好感。人們藉由對特定社會團體的認同，以提高個人自尊；自尊的提高總是在認為自己所認同的團體比其他團體優秀時發生。

「老和醜」、「年老力衰」都是傳媒的主題，但老人並非真的如此。對老人工作能力與表現的偏見，主要有（蔡文輝，2008）：(1)做事慢、無法跟上工作的節奏；(2)體能衰退、體力不夠；(3)病假較多；(4)不容易學習新的技能；(5)增加聘僱單位的退休金和醫療費用等負擔；(6)反應不夠快，不適合劇烈競爭的情況；(7)不易配合工作所需去調動。這些並非事實，卻使老人在職場上不容易持續工作。

資訊浪潮使人們多了些方便，「不必帶錢包、不用信用卡、靠一隻手機走天下」提供了無數人便利，但是對老人來說可能成為某種歧視。老人不一定擁有或能夠使用智慧型手機，即使有，未必能方便使用。例如購買高鐵票，可以下載票證QR碼，就不必排隊買票，但不能買老人票。年滿65歲購買老人票者需主動出示身分證，有些老人會覺得不方便。在臺北如果搭乘捷運，若去服務台購買可以打四折，但須排隊，也不方便。

媒體有時大篇幅報導老人間的兇殺案，年長者間發生激烈衝突導致人員傷亡。在老人機構裡固然確實發生過有集體的鬥毆，但是特例，也應考慮身處其中的老人所面對的環境是多麼不好。在老人群居的地方，情緒和行為如何在群眾間迅速散播是需考量的。當面對曖昧不明的情境時，人們可能會依賴他人對情境的解釋，而當情境曖昧不明時，模糊性是主要的因素，愈感到不確定，愈會依賴他人的判斷。在危急情境中，通常沒有時間停下來好好想想應該做什麼；不幸地，所仿效的人可能和自己同樣感到害怕和惶恐，而他們的行為自然不合乎理性。

醜化老年的論點到處可見，但「變老沒有錯」，老人無須對自己的年紀感到愧疚，反而更應充滿信心地前行。長輩都是飽經憂患，度過種種危機，有堅強的生命力，是社會大眾都該尊敬的。媒體應避免對老年的歧視、貶損、諷刺，人們在日常生活中應以尊重的態度與長輩相處。

貳、對老人的歧視

老人常是偏見的受害者，對老人的歧視甚至是敵意都很普遍。許多人對老人有刻板印象，對老人「一概而論」，將某種特定的性格用於團體裡每個成員身上，無視他們之間的實際差異。很可惜的，刻板印象一旦形成，很難因為新資訊而改變。藤原智美（黃薇嬪譯，2011）以「暴走老人」來形容許多不遵循社會規範的老人。Worden（李開敏等譯，2011）整理社會大眾對老人的歧視主要有：

1. 貶值化（devaluation）：認為老人沒有生產力、固執僵化、無趣、退縮、癡呆，對社會沒有貢獻，是社會的寄生蟲，因而刻意排擠。
2. 邊緣化（marginalization）：忽視或遺忘老人、漠不關心、不在乎老人的感受與需求，視老人為隱形人。這樣的心態在大眾媒體與電影中經常可見。
3. 內化（internalization）：把對老人的負面態度內化，當作自己的一部分，因而失去學習與做事的信心，心態上先老化，行為跟著退縮。
4. 標準化（normatively）：認定老人家就是某種負面的形象，如果有老人穿著光鮮時髦或約會戀愛等，便認為不正常，而投以異樣的眼光。

年齡歧視是一個對老年人系統化的刻板與歧視過程。老年人被歸類

為senile，被認為在思想與態度上固執，對道德保守，又強調老年與壯年人截然不同。放在社會關係來看，如果拒絕老人擁有機會與資源，是差別待遇；如果以刻板化或敵意對待老人，則是偏見。**表11-1**進一步針對年紀與對身體的看法，區分出四種不同類型的歧視。

表11-1　對老年的不同歧視

	差別待遇	偏見
對年紀	年齡界線（例如保險規定投保人只能在65歲以下）	統計上刻意修改（例如對老年身分有意排斥）
對老化的身體	正式的拒絕（例如不邀請老人擔任模特兒）	忽視（例如社會活動有意忽略老人）

資料來源：Bytheway (2005).

　　人們有意無意抗拒「老」，排斥老人。在文化中處處有害怕老的說法，彷彿年齡漸漸增長是一種咒詛。人們的口頭禪是「我老了，好可怕！」「認為超過某種年紀就無法做什麼了！」社會上因此拒絕老人的參與，例如求才廣告裡限制超過某種年齡者申請。又如把老人視為不完整的個體，不應該享有與成年人相同權利，倒是要被保護。

　　除了個別的歧視外，歧視可能成為制度性的（institutionalized），例如在各種表格中要填寫年齡，然後超過某種年齡者就無法參加。在商業性的保險中，常見到「限幾歲以下可以投保」，超過某種年齡就不能申請貸款。在臺灣，好些年長者連租房子都遭到拒絕，遇到年長者（尤其是男性）要租屋，不願意出租的房東很多，迫使長輩無處可去。又如廣告中總是見到老人是虛弱、無助、醜陋的。對年輕歌頌，對年長貶抑。Hedda、Matti及Laura（2001）分析社會有計畫將老人制度化，尤其是生病之後，忽略了老人的個體性，如果罹患阿茲海默症，更難以被尊敬。

　　政府的公共政策及媒體常出現「看輕老人、忽視老人」的現象。在2012年底政府檢視年金與保險，許多人批評老年，認為老年應該要為財政

吃緊負責。政府也取消了某些退休軍公教人員的年終獎金，甚至有「世代不正義」與「世代傾軋」的言詞，然而，老人多數是沉默的。出面澄清的聲音微弱，大眾媒體對這些訴求也鮮少報導。

性別歧視（sexism）與老年歧視（ageism）有時同時發生，使老年女性承受雙重歧視（Coyle, 2001; Palmore, 2001）。對於性別歧視，許多女性主義者反擊；對於族群歧視，各種反制的行動都有。但對於老人的歧視，長輩鮮少反擊。如此一來，年齡歧視持續存在，更加惡化。在許多抗爭性的社會運動中，很少看到老人，老人因而更加孤立。

老化這樣的行為是在社會的環境之中，如果社會是年輕導向的，老年就比較辛苦。社會便存在種種歧視的說法，如認為老人是衰老的、虛弱的、貧困的、沒有吸引力的、寂寞的、老古板、嚴肅的、乏味的、無用的、社會的負擔、不受歡迎的、是家人的羞恥等等。此外，各種關於老人的居住描述多偏向負面，如獨居老人、安養機構、護理機構等（楊語芸、張文堯譯，1997）。某些老人更是辛苦，例如原本就貧困、原本是身心障礙、原本就生病、原本是弱勢族群，再加上「老化」的因素，更為艱困。這些人口容易承受「雙重歧視」甚至是「三重歧視」的壓力（Calasanti, 2008）。

在學術的研究中也存在漠視與歧視的現象，在各種年齡層中，專門以老年人為對象的研究很少。在發展心理學的論述中，3歲、5歲、13歲、20歲都是不同的，都屬於不同的人生階段。但對年長者，彷彿過了某個年紀就都相同，沒有進一步年齡層的深入比較。其實，65、75、95歲的人，一定有很大的差異。

即使是教導與學習「老人領域」的知識，也可能被貶抑。許多老人福利科系的師生都要忍受外界貶損的言詞與態度，彷彿專門探究與服務老人不是尊貴的職業。老人相關科系欠缺獨立的位置，難以定位，在各大學中歸屬於不同學院，老人學的研究在國科會中並沒有專門的獨立學門，也

造成學者與學生的挫折。

從社會心理學的觀點，責怪受難者的心態很普遍，將個人的受苦受難責怪到他們自己身上的傾向（也就是對他們做性情歸因）。在資本主義社會中，媒體總是歌頌年輕、美麗、纖細等老年人多半不具備的特質，產生了「資訊式社會影響」的機制，大眾學到文化媒體傳送的所有訊息都暗示：纖瘦就是美麗的身材，因而對老人有了各種「年齡歧視」。

參、虐待老人

楊小萱（2009）對老人知覺被遺棄經驗之探討，深度訪談了十四位自認被遺棄之老年女性，發現女性老人個人因素主要為個性剛烈與身體功能障礙。子女方面則歸因出：(1)子女婚姻型態：離婚、分居；(2)缺乏扶養責任感；(3)經濟狀況不穩定；(4)不良嗜好；(5)健康狀況不佳；(6)奉養觀念改變；(7)照顧責任分擔不均等。有些受訪者出現認命／等死、賭氣／抗爭、恐懼／擔憂與自知理虧等因應方式。

對婦女或兒童的虐待，媒體會注意與報導，但對老人的，則鮮少追蹤與報導。老人虐待是指對60歲以上老人施加各種型式的暴力，危害老人健康、生存或尊嚴。常見的受虐型態可分類如下：(1)身體虐待；(2)精神性虐待；(3)性侵害；(4)物質剝奪：剝奪老年人處理財務的權利，或是對老年人的金錢與財產做不當的處置；(5)疏忽：拒絕提供或故意不滿足其生活所需；(6)自我疏忽：老年人拒絕生活所需的食物、個人衛生或醫療服務，又可再分為刻意自我疏忽及非刻意自我疏忽；自我疏忽程度較嚴重者為自我虐待；(7)遺棄：有扶養義務的親人故意離開或拋棄老年人。

國際疾病傷害及死因分類標準第九版（International Classification of Disease, ICD-9），診斷（N Code）老人虐待包含：995.80（養護欠妥）、995.81（身體受虐）、995.82（情緒或心理受虐）、995.83（性受虐）、

995.84（疏於照顧）、995.85（其他受虐和疏於照顧）。外因補充分類碼為E967.0（被父親、繼父或男友迫害）、E967.1（被其他特定之人迫害）、E967.2（被母親、繼母或女友迫害）、E967.3（被配偶或夥伴迫害）、E967.4（被子女迫害）、E967.5（被手足迫害）、E967.6（被祖父母迫害）、E967.7（被其他親戚迫害）、E967.8（被非親屬之照護者迫害）及E967.9（被人迫害）等。（邱鈺鸞等，2011）。使用1997至2008年全民健保資料庫，串連「住院醫療費用清單明細檔」與「醫事機構基本資料檔」，選取老人受虐個案進行分析，發現因遭受虐待而住院的老人計342人，病患平均年齡為74.1歲，男女住院比例分別為52.3%及47.7%。平均每位受虐老人患有1.4個慢性疾病，2.2個急性傷害，傷害類型以顱內損傷比例最高（34.2%）；受虐患者多至地區醫院就醫（56.7%），以65至74歲年齡族群住院比例最高（59.1%）；平均住院天數為8.33天，平均住院費用約4萬餘元。十二年整體住院率趨勢無顯著變化。

　　受虐老人的高危險人口群是：年齡愈大、慢性疾病纏身、認知功能障礙、缺乏社會支持、低收入、低教育程度、酒精成癮、藥物濫用、罹患精神疾病、有家庭暴力的家族史。家中照顧者方面，若有經濟負擔、對老化有負向的看法、有高度的生活壓力、有家庭暴力史、有酒精成癮問題、經濟依賴老人等，較可能對老人施暴。

　　在各種以老人為主的機構中，虐待是更常見的問題，最常發生的虐待狀況與原因有（李開敏等譯，2011）：

1.嬰兒化：認為老人是沒有辦法為自己負責的嬰兒。

2.非人化：只以制式、類似生產線的方式提供服務，不在乎老人差異化的需求。

3.反人性化：不在乎老人的隱私與尊嚴。

4.加害化：言語虐待、威脅、恐嚇、偷竊、勒索、處罰等。

　　機構的工作者常不詢問老人的意思便代為決定，刻意與老人保持距離、淡化漠視老人的需要。尤其在人手不足時，更容易出現這些狀況。許多老人都覺得自己很無助，內外煎熬。

　　慢性照護機構的照護品質也和老人受虐直接相關，老人被虐的可疑徵狀包括：手腕或腳踝皮膚損傷；非疾病引起營養不良、體重減輕或脫水；老人害怕照顧者；照顧者對老人表現冷淡甚至漫罵。除身體上的傷害外，受害人常有生理或心理症狀，如慢性腹痛、頭痛、肌肉骨骼症狀或焦慮憂鬱，也較易有酒精或藥物依賴等失調的問題。

　　根據內政部統計（2011），老人因遺棄、虐待、疏忽、其他等因素接受服務的人次，從1999年4,936人次增至2009年10,992人次，成長五成之多。在美國每八位被虐待之老人，最多只有一位被舉報，照此推算2009年臺灣老人實際受虐之總案件數應逾87,936件，若再參酌中西方文化差異，臺灣實際通報案件可能更加之多。老人虐待受到關注的程度遠不如婚姻暴力和兒童虐待等議題來得大。其實，無數老人被虐，尤其是老太太。老人為何受虐？不能只是看施虐者的個性，更應注意社會與文化的力量，從社會結構為出發點，探究發生的原因（Miller, 1964; Walker, 2000; Mordini and Hert, 2010）：

1. 傳統上家庭暴力被認定是「家庭隱私」，家庭有權拒絕外來的干涉，而「家庭隱私」觀念普遍存在。
2. 虐待和「權力」密切關連，是一個有權力者對另一方的強制、威脅，使其屈從的過程。家庭成員不平等的地位關係，可能來自於角色、體力、資源可用性、性別、年齡的差異，而這些都造成「權力差異」而產生暴力。老人往往是無酬勞動市場的殘存者，在家庭中沒有地位，也沒有權力，而此種權力差距也是配偶暴力的主因，權力差距愈大，其虐待關係愈可能發生。

3. 施暴者因「無權力」的失落感，為達到自己的控制感使出暴力來對付老人。有些男性在工作場所或社會關係領域中，覺得缺乏權力，包括沒有控制工作、同事、經濟地位，欠缺滿足感，為補償其無權力的感覺，可能對老人施暴以展現自己的權力控制。所以虐待案件的加害者常常是在職場中充滿挫折感的子女。

4. 愈是和社區缺乏互動或愈少參與社區的家庭，愈可能是社會邊緣人或社會邊緣家庭，愈可能發生婚姻暴力。愈是缺乏親屬關係及朋友關係網絡或社區關係者，愈可能產生虐待。家庭的孤立或隔離並非止於地理性的意涵，居住於都市密集區者並非沒有高孤立感的家庭，而居住於鄉下地區未必表示孤立與隔離。缺乏家族連帶和社區連帶缺乏的家庭易發生暴力，例如常搬家，因此和社區較少互動的家庭，相較其他家庭更易發生家庭暴力問題。

5. 社會中存在的結構不公平，包括：經濟上、教育上、政治上和性別、種族的不公平，尤其是可運用的醫療及社會服務上資源的不公平，導致家庭產生暴力問題。

6. 父權是家庭暴力中看不見的一隻黑手，權力屬於男性，女性則附屬於男人的地位之下，男人對女人施暴，父權結構維護家庭中的男人權威，在資源分配不公平和資源稀少的情況時更為嚴重。依社會學習理論的觀點，學習傳統的性別角色——家庭的父權結構，男性繼續藉由家庭的階層結構，將權力歸屬於自己，用以控制他人。

7. 社會文化默許與接納婚姻暴力，視男性的攻擊性行為為正常現象，默許男性優越主義的歧視與身體暴力行為。既有的社會文化價值觀提供了家庭內暴力的存在環境，也助長「家庭暴力學習」。社會中的性別歧視，塑造了「家庭是男人的城堡，所有事情由他主宰；女人則是婚姻的俘虜，完全聽命於家庭（尤其是丈夫）」，這種男人主宰的文化規範成為虐待與暴力的來源。

在老人照顧問題引起重視之後，老人受虐待的議題才逐漸被重視。2010年起國內各縣市運用公益彩券回饋金，增設一位老人保護服務社工員，但老人福利推動聯盟推估老人保護服務社工員最少需要九十三位。

　　老人福利法自民國86年起增訂老人保護專章，對受虐者，不同領域的人員需同心協力幫助。專業團隊的成員應包括第一線的照顧醫師（通常是家醫科醫師）、精神科醫師、心理師、護理人員、社工人員、患者的代理人及警方人員等。政府就可依職權介入老人保護工作，但幾年下來，執行成效相當有限。民國96年1月31日修正之老人福利法更增訂醫事人員、社會工作人員、村（里）長與村（里）幹事、警察人員、司法人員及其他執行老人福利業務之相關人員，於執行業務知悉有疑似老人保護案件有通報責任。直轄市、縣（市）並應結合警政、衛生、社政、民政及民間力量，定期召開老人保護聯繫會報，以強化老人保護網絡。各直轄市及縣（市）政府均設置「單一窗口」，主動掌握相關資訊及資源，以落實老人保護、安養照顧服務。政府亦結合民間單位完成老人保護資訊平台建置網站，內容包括提供老人保護各項資訊、各縣市政府通報專線、專業人員案例討論區等，藉以提升社會大眾對於老人保護工作認知。

　　總之，年齡是複雜的概念，不是某些阿拉伯數字（你幾歲、你是哪一年生的）就能夠充分顯示其內涵。即使是生理的年齡都不容易歸類，更何況是心理年齡、心智年齡。不妨用階段（phase）來看年齡，各階段相互連接。

　　當前老人福利政策的嚴重問題是未賦予老人有適合21世紀意義的新角色。老人被認為是「老朽」、「坐以待斃」、「毫無價值」，而傳統社會中那種敬老尊賢的美德早已蕩然無存，取代的是大眾的漠視與厭煩。久而久之，老人難免會有一些失調或疾病，因此帶來了家人的不安。惡性循環的結果，使問題錯綜複雜。社會上對老人的看法，需有正確的態度，避免對老人有負面的觀感。

對老人的歧視、排除、誤解，是否經得起檢驗？仔細檢視，人們的種種想法往往是一種社會心理現象。其中有「從眾的效應」，大眾媒體的報導未必符合事實，未必深入。許多新聞工作者都很年輕，人生經驗有限，所接觸的人口群不多，對於老人的認識不夠全面，取材的對象與資訊的來源並不廣泛，偏見時有發生。

媒體的經營者與主管多是擅長行銷之人，行銷最重要的是依賴廣告，廣告的對象鮮少以老人為主。或許是因為老人人生經驗豐富，對於新聞與廣告比較不會輕易相信，從眾的可能性較低，也由於老人的發言與意見甚少出現在媒體中，使各種對老人的誤解與偏見鮮少引起老人的反擊。

在美國，1967年通過「就業年齡歧視法案」（Age Discrimination in Employment Act），嚴禁任何公司機構對40至70歲的員工有任何不合理的職位安排、解雇、減薪等歧視政策。1986年更加上了禁止強迫退休的法案。不過這些規定執行起來並不容易，自覺受歧視的一方若需進行訴訟，往往也得找到足夠的證據。

第三節　代際衝突

壹、現實衝突與代罪羔羊

在美國，年齡歧視透過諸如灰豹（the Grey Panthers）運動的出現而成為一個政治問題。這種運動立意在保護老人的公民權，並反制將年輕加以商業化，促使老年人負面形象更加彰顯。對此，許多研究持續進行，Guillemard（2008）探討老年、退休與社會階級結構的關係，Hendricks（2008）探討世代理論，Lehmann（2011）討論到許多老人難以擁有充足

資源的原因。這些論述都分析了當前世代老人所經歷的時代背景。

嬰兒潮（baby boomer）指在某一時期及特定地區，出生率大幅度提升的現象。在二戰結束後，遠赴戰場的男人解甲返鄉，觸發了嬰兒潮。在許多國家均有此現象。嬰兒潮世代創造臺灣人口的高峰，從1945年開始，每年出生嬰兒數超過25萬人，1950年代中期每一年嬰兒數達40萬以上，直到1964年開始推動「家庭計畫」為止。嬰兒潮人口是我國人口最多的一代，這群人口達600萬。這個世代靠著自己的實力不僅累積財富，也累積紮實的專業技能，成為就業市場的主力。他們的態度與行為，對經濟、職場及整個社會制度帶來各方面的幫助。

到2014年時，臺灣的「戰後嬰兒潮」世代，從最年輕的50歲到最年長的70歲，較年輕者仍在工作崗位上，較年長者已屆待退或已退，多數都還耳聰目明、身手矯捷。

近年來，各國經濟情勢日益險峻，同時老年的人數快速增加，因此有些責怪老人的聲音出現。此種現象可透過「現實衝突理論」來解釋：資源有限會導致各團體之間的衝突。當時局困難而資源稀少時，不同年齡團體成員讓成人團體成員感受到更多的威脅，進而有了更多的偏見、歧視與暴力。

代罪羔羊（scapegoat）理論也可以解釋何以人們在遭遇挫折或不快樂時，將攻擊轉向被厭惡的、可見的、相對弱勢的團體之傾向。年輕人就業不易時可能怪罪老人，通常這樣的偏見以一種含蓄、間接的方式表露，但對老人確實不友善。

偏見與歧視更進一步可能產生攻擊，是以引起他人身體或心理痛苦為目的之故意行為。主要包含：

1.敵對性攻擊：源於憤怒感，目的是將痛苦加諸於他人的一種行為。
2.工具性攻擊：以攻擊為手段來達成某種目的。

「挫折－攻擊理論」認為，當一個人意識到自己受到阻礙，無法達致目標，他做出攻擊的可能性將會提高。當遇到挫折時，也會提高攻擊行為。如果環境中有某些事情助長攻擊行為，挫折會造成憤怒或苦惱，使人準備攻擊。

貳、成因及現象

Schulz（2010）分析引起代際衝突中的三個最基本的因素：老年人經濟地位的提升、年輕世代經濟地位的下降、政府巨額的財政赤字。由於年輕世代失業率比總經濟人口失業率更高，即使就業也難以獲得合理的報酬，使年輕人有強烈的挫折感。各項社會保障必然面對「誰出資？」的基本問題，除了加入保障者本身所需之負擔外，雇主與政府也都需持續負擔，政府自然必須編列預算，加重了國家財政的沉重負擔。

Robert J. Samuelson在1994年首先提出「代際衝突」的概念，他認為：「人口高齡化隱含著大量的社會與政治問題，將大量的賦稅強加在勞動者的身上以支付老年的養老金，而老人卻持續又健康、又富有，然而這樣公平嗎？」Schulz（裴曉梅等譯，2010）提醒：「美國聯邦預算中一個意義重大又半公開的事實是：美國的公共資源正在愈來愈多地分配在這個國家的一個群體——老年身上。」在臺灣，政府預算與國債問題逐漸嚴重，其中最重要的，就是為了老人的各項開支。

世代之間有差異是正常現象，但世代之間對立則是近年來應重視的社會問題。美國《華盛頓郵報》（*The Washington Post*, 2012/08/05）及《經濟學人》（2012/10/20）直接挑明：「繼歐債、失業及經濟成長減緩之後，下一個全球經濟危機就是——世代傾軋（Generation Squeeze），將導致『嬰兒潮世代』與年輕世代間的衝突。」《經濟學人》並將嬰兒潮世代比喻為「海綿世代」，意指這一世代的人將所有的經濟利益吸乾抹

淨。

　　許多國家人口陸續出現負成長的現象，我國也將在2018年如此。意味著參與勞動人口的減少，更明確地顯示一個必然的事實：「目前的年輕一代及今日出生的一代，必須在成年到65歲持續工作，來撫養日益增多的老年人。」隨著年輕人口的減少、年老人口的增加，每一年輕人口的負擔自然日益沉重。由於勞動人口結構的改變，影響了政府稅收，而政府所要支付的老年福利費用大幅增加，嚴重影響了國家的財政狀況，可能無法將有限的稅收投資於經濟的持續成長，因此又造成惡性循環，工作機會少了、稅收也少了，老人福利支出仍在不斷增加。

　　「嬰兒潮世代」不僅在所得上輕易超過之前各代人，而且靠著人數眾多更創造出一種「紅利」。他們不但是受教育最好的一代，也是「教育報酬率」持續提高的一代；他們也剛好趕上股市及房地產等資產價格大幅上漲的時機，而使他們容易致富。整體而言，嬰兒潮世代的所得成長及財富累積，是靠多種千載難逢的機會所造就的。

　　世代間傾軋的現象出現在（Shipler, 2005）：

1. 年輕世代無法期待能像嬰兒潮世代那樣碰到資產價值上漲。嬰兒潮世代現在開始賣出住宅及股票，以供退休生活花用，使股市及房市承受壓力，也阻斷了年輕一代輕鬆致富的途徑。

2. 嬰兒潮世代由於人數多，而他們會持續投票給同一世代的人，做出對他們有利的政策。

3. 嬰兒潮世代為政府留下的負債，將使得成長減緩，並使年輕世代勞動人口的負擔更重。

4. 世代之間對貨幣政策也發生衝突。年輕的勞工基本上是債務人，而寬鬆政策將使通貨膨脹升高，實質利率下降，因此對他們有利。但中老年世代擁有龐大儲蓄，因此反對低利率與高通膨。

參、瑪土撒拉密謀及世代包容

　　Bengtson及Achenbaum（1993）的代間契約架構（the contract across generations），認為老人的代間關係不是依賴，而是雙層次的契約，包括微視（家庭內）與鉅視（公共領域）的。老一代曾經在私領域（微視）照顧子女，在公領域（鉅視）納稅與工作；老年後可能得到子女的孝順奉養（微視），也得到某些公共資源（鉅視）；因此這些是互惠的，只是交換的內容與狀況不同。在**表11-2**中，從鉅視與微視的角度整理了重要老人的六個議題。

表11-2　對重要老人議題的微視與鉅視分析

議題	微視（私領域）	鉅視（公領域）
對下一代社會化	家庭社會化的投資	公共投資
對老人世代的支持	家庭支持（如情緒、經濟）	公共年金或退休俸
老人的依賴	家庭照顧	公共支持（社會安全、老人健康保險）

資料來源：Bengtson and Achenbaum (1993).

　　整個時代的趨勢由私領域為主朝向鉅視面，家庭的重要性下降，公共資源的重要性上升。屬於鉅視面的，需要政府扮演積極角色，這也是下一章要討論的重點。

　　整體而言，臺灣年輕世代對上一代的抱怨並不明顯，不像西方國家七、八年級生仇恨戰後嬰兒潮世代。因為臺灣社會階級還不算太明顯，年輕人也很善良，雖然青年失業多，仍不難就業，不像有些西方國家年輕人根本找不到工作；臺灣長輩也關注下一代的就業問題，整體社會氛圍對世代包容，還是樂觀的。

　　老年人口的快速增加是明顯的趨勢，當老年人數與比例明顯增高，形成了新的情勢。如此眾多人口勢必要使用更多的資源，假若資源無限，老年人再多也不是問題，但經濟情勢不是太好，各級政府的財力普遍

吃緊,各家戶能夠支配的也有限,生產力不是特別強的老人就可能被質疑。社會上就會有種種歧視乃至限制老年的論點。

老人當然不能認同這種貶損老人的論點。在歐洲,近年來有「瑪土撒拉密謀」的說法,瑪土撒拉是《聖經》中最長壽的人,以他的名字作為長輩的代表是傳神的描述。《聖經》中提到這位活得最久的人,但可並未說明他的老邁虛弱,反而強調他在187歲時生了一個兒子,以凸顯他的生殖生產能力。所謂「瑪土撒拉的密謀」是長輩們能創造最大的自由決策空間,讓人們能自主的決定。反對「年輕至上的意識型態」,對於各種電影、影集、傳媒對老年人的醜化強烈質疑。「老和醜」、「年老力衰」都是傳媒的主題,但老人並非真的如此(吳信如譯,2006)。

社會強加在老人身上的指責可歸類為:(1)經濟上的,退休系統的支出龐大;(2)生物上的,老人無法生育下一代,以致無法為社會創造生命力;(3)社會上的,輿論不再以正面態度對待長輩。但是這三方面的指責都有待商榷,老年真的在工作上表現得較差嗎?這並非事實。老年當初也生育過下一代,而且無數老人都有良好的形象,自助也助人。如果用「給與取」的觀點分析,老人取之於社會的固然增加,他們給社會的,也在增加。

時代的潮流肯定進化,反對退化。老化經常與「退化」連在一起,其實未必。老人的穩定和保守,的確不是社會中最重要的進化動能,卻也使社會避免躁進。長輩的經驗是各家庭、各組織重要的資產,也透過選舉使政治的走向較為穩健。非老年應該珍惜長輩的貢獻,老年人也不必自我設限。老年也是電影、影集、舞台劇、小說等的主角,在企業界活躍的老人比比皆是,政壇中有長青樹,學校、教會、非營利組織等,長輩的貢獻舉足輕重。

醜化老年的論點到處可見,但「變老沒有錯」,老人無須對自己的年紀愧疚,反而更需要充滿信心地前行。長輩都是飽經憂患,度過種種危

機的世代,是昔日的贏家,如今也可以繼續加油,享受美好時光。美化老年不必要,但美好的老年很珍貴。

　　媒體應避免對老年的歧視、貶損、諷刺,人們在日常生活中應以尊重的態度與長輩相處,老人也需要注意傳媒中相關的言論,適時表達不滿。在這輿論如此重要的時代,老年若閉口不言,只會讓情勢更糟。

　　老年及社會都需要「新的自我定位」,長輩需要對自己的美好未來積極定位,適度地參與,對抗社會歧視貶損老人的意識型態。不是老年的人們,乃至政府、企業、教會、媒體、家庭等也應該以合理的態度重新定位老人。協助老人都能如瑪土撒拉,健康、自信、有生產力。老人如何更活躍、更積極、更有建設性地參與,成為家庭、教會、社會與國家的祝福,這是老人們的功課,也是社會共同的功課。任何人都不希望看到有老人與非老人之間的戰爭吧!

CHAPTER 12

公共化與政府

關於老人的論述最多的就是老人福利，老師教導學生認識政府對老年的法令、政策、計畫，各項考試也以這些為多，因為此方面比較清楚、明確。的確，政府的所作所為直接影響老人的一切，但往往過於注意「老人福利行政」明顯忽略背後的理論假定。因此本章從政治經濟學派、批判理論、道德經濟學等觀點，提供了觀察老人與國家機器關係的學理。本書不贊成政府對老人的過度干預，反而強調應從生活品質的角度使人們的老年階段更有意義。

接著從聯合國的文獻到我國的法律，從大計畫到細部作法，解釋政府應對老人的經濟安全、健康維護、生活照顧。這些資料的依據都是來自過去，作者認為最關鍵的是要有前瞻性，因此從社會學的各種概念與研究提醒政府要瞭解老人的需求，充分考慮老人與社會的關係，進而透過教育體系培育老人領域的各種人才。

第一節　理論與理念

壹、理論及理念

綜合Bond、Coleman及Peace（2000），以及Bengtson、Burgess及Parrott（2008）的論述，介紹政治經濟學派（political economy perspective）、批判學派（critical theory）及道德經濟學（moral economy）理論，說明如下：

一、政治經濟學派

「政治經濟學派」源自於馬克思主義、衝突學派、批判理論，提出

與結構功能論相反的看法，認為經濟與政治力量決定了與老人有關的社會資源。透過檢視公共政策、經濟趨勢、社會結構等，發現老人逐漸喪失權力、自主性與影響力。社會上種種結構因素限制了老人的機會、選擇空間及經驗，使老人被邊緣化。老人的照顧、醫療、學習等，常是大環境所決定的。此理論的核心概念有：結構限制（structural constraints）、社會資源的控制（control of social resources）、邊緣化（marginalization）、社會階級（social class），都顯示了階層的影響。

例如年紀老化與性別、階級、族群等密切相關，如果兼具多種弱勢的身分，將更為辛苦。老年女性、貧窮老年、原住民老人等，在社會大環境中，發展空間更小。不但如此，他們的困境延續到下一代，造成世代的困境。

當然，政治經濟環境不一定都對老人不利，某些公共政策對老人有利。有時老人也可以爭取到機會，最常見的是老人透過選票間接強化自身有限的權力。近年來，有關老人的「充權」受到許多社會工作實務工作者的重視，認為老人持續在充實權力，對大環境發揮影響力。近年來，許多老人或服務老人者都設法積極參與公共政策。

社會力、經濟力、政治力彼此之間相互影響，老人在這三種巨大力量之間生存。個別老人的選擇必須多元考量。討論退休年齡、年金、長期照顧、社區服務等議題時，此學派的觀點特別有參考價值。

社會建構了老化的本質，各種制度或多或少成為限制老人的手段。社會發展出一種「老了就沒有用」的意識型態，進一步採取許多干預措施，使老人不再重要。McMullin（2008）整理了過去二十年從政治經濟學派，歸納出最重要的研究主題，包括：政府製造了什麼樣的社會政策使老人必須依賴？銀髮產業是如何將老人的需求商品化以累積出資本？在社會的分工機制中，老人如何被安排成為「依賴者」，而難以獲得合理的機會？退休如何成為一種宣判人們「社會死刑」的制度？給予老人某些社會

福利又是否成為逼迫老人離開就業市場的手段？

　　年紀愈大，愈受到政府的影響，愈難自主生活。政府是由許多部門所組成，與成年人特別有關的是就業與社會保險，如政府規定勞動者退休的年齡與條件、勞保與公保等的保費、退休的年齡與年金等，都是由政府決定的。與老人特別有關的是醫療與社會福利，如政府決定要編列多少預算、安排多少人去從事醫療與社會福利。有時政府會以「高齡化」做訴求來改革，未考慮到老人的需求，反而鞏固了政府官僚體制的控制力量。

二、批判學派

　　批判學派注意到老人的多元性，從人道主義的觀點檢視大環境對老人的不利之處，進而主張「激進的老人學」，全面反省老人的困境。基於人道主義取向，分析快速的社會變遷迫使老人在就業、資訊取得、生活空間等都受到限制。此理論的核心概念有：權力（power）、社會行動（social action）、檢視年齡與老化的社會意義（social meanings in examining the social aspects of age and aged）等。

　　以退休制度為例，是一種社會資源的分配，也與生命發展階段密切相關。老人有如棋子，常無法被合理對待，社會需要人力或國家財政吃緊時，老人就得延後退休。有時又以各種方式逼退年紀稍大的工作者。制訂政策的行政、立法部門又總是假定老人沒有聲音、沒有力量。

三、道德經濟學

　　道德經濟學源自於老化政治經濟學理論，納入道德與互惠的觀點，重點在探討世代平等、互惠規範、經濟發展與分配正義等的關係。由於已開發國家普遍減少對老年的社會福利預算，政府設法減輕自身的角色而將照顧老人的責任轉移給老人與老人的家庭，加深了老人的弱勢與家庭的負擔。從政府與公民的角度，老人為社會付出一輩子，又納稅、又工作，認

真履行自己與政府所定的社會契約，到了晚年卻遭到政府的漠視，而這是不道德的。

　　政府有責任透過公共衛生、醫療服務、社區照顧、安全維護等機制協助老人、保障老人，也使社會穩定。若大批老人只能生活在惡劣的環境中，只能獲得有限的社會資源，被迫在又老又窮的困境中度過晚年，對政府的正當性是很諷刺的。

貳、國家需注意老人的生活品質

　　老人不僅要生活，當然要有更好的生活水準與生活品質，國家對此也有責任。「生活水準」（standard of living）是指個人或家戶的實際購買力等物質福利水平。同一水平的購買力，在家屬人數不同的家庭中，造成不同的生活水準。生活水準的概念是比較機械的，而所謂的「生活品質」（quality of life）則是更重要的概念，生活品質是常見的觀念，但很難嚴謹定義，也不容易有周全的解釋。對臺灣地區生活品質（Quality of Life, QOL）的研究逐年增加，重點主要有：「健康生活品質」、「都市生活品質」、「生活環境品質」及「工作生活品質」等，這是許多學科共同關注的主題。過去探究的架構可以從客觀（如擁有的資源）或主觀（是否覺得幸福快樂）的角度區分，Daatland（2005）用外在品質代替客觀指標，而以內在品質代替主觀指標，考慮機會或結果，提出了架構如**表12-1**。

　　表12-1的架構是從兩個面向加以探討：外在或內在、機會或結果。內在品質的概念從心理層面分析，認為老人自身的感受是生活品質的關鍵，只要老人自己覺得活得不錯就好了。但外在品質則需要考慮社會層面，大家應該注意到政府和社會各種制度是否提供資源與機會使老人享有好的生活。許多長輩並未擁有合理的生活機會（life chance），也不容易

表12-1 生活品質、機會與結果的概念架構

	外在的品質	內在的品質
生活機會	對環境的適應	生活的能力
生活結果	生活中使用資源的能力	對生活感恩

資料來源：Daatland (2005).

使用各種社會的資源，參與人群的活動，容易陷入障礙、貧窮與疾病的困境之中，亟需社會福利體系予以協助。

　　Hooyman及Kiyak（2011）編著的《社會老年學》，有一章的主題是〈生活安排與社會互動〉（Living Arrangements and Social Interactions），顯示不同的生活安排就有不同的人際互動。每一個人都住在環境之中，如果住在環境差的地區遇到危險的機會就會增加。根據Hooyman及Kiyak（2011）的看法，生活品質的關鍵要素（critical elements）包括：(1)感受到保障、安全和秩序；(2)身體上的安適，遠離痛苦；(3)享受日常生活；(4)從事有意義的活動；(5)保存執行功能的能力；(6)增進尊嚴；(7)確保隱私感；(8)有機會去享受親密、表達性需求；(9)確保獨立、自主和選擇；(10)靈性的統整。

　　國家負起老人的收入保障是近代社會福利不可少的機制，代表國家機器對個人與家庭生活的介入。王方（1999）從民意與階層化的角度對老人政策做社會學實證分析，整理出贊成與反對者的種種論點，此外尚提供Schutz（裴曉梅等譯，2010）所歸納的觀點，這些贊成者的理由是：

1.可以進行社會財富的重分配，幫助那些最需要的人，尤其是原本就業率低的女性。
2.覆蓋面廣，參與者眾多。
3.多數人參加可以降低社會保險在管理、基金投資、轉移、理賠、監管等的成本。

4.能夠隨著經濟成長，個人、雇用單位、政府能提撥更多資源，增加
對老人的照顧。

5.可以降低通貨膨脹的衝擊，因為許多人繳交社會保險的費用，不得
不減少消費。

6.社會保障是受益固定的計畫，風險由政府而非個人承擔，這些風險
包括資金投資、提撥收益資金等。

贊成者強調，許多國家都透過大眾長期繳交社會保障的費用而有充
足的資金推動公共建設，尤其在「人口紅利」期，龐大的生產人口不斷繳
交的社會保障費用有助於經濟發展。

反對者的理由則主要是：

1.不同群體之間繳交占總支出的比例差距很大，收入不高的人還要繳
交社會保障費用是沉重的負擔。

2.經濟情勢難以預料，當前和未來不同世代繳費負擔和福利保障差距
很大。

3.個人為老年階段所進行的儲蓄減少了可以支配的現金，這些現金如
果用來創業或投資，可能可以得到較高的回報率。

4.當前的社會保障水準難以維持，政府財政赤字勢必擴大。

這些反對的理由在21世紀都陸續應驗，顯示社會保障確實有其限
制，不是老人可以穩定信賴的收入。日後隨著高齡化加快，充分的社會保
障實在難以持續。這是由於人口結構改變所導致的長期籌資難題。另一方
面，景氣不佳會使籌資出現難題。20世紀後五十年是歷史上社會福利發展
最快速的階段，對老人也最為有利。由於全球經濟暢旺，容易就業，也容
易儲蓄，政府的社會福利措施持續推出，保險與年金給予的保障較為寬
裕。因此大部分老人的經濟情況比上一代好。但到了21世紀，全球經濟發
展都遇到瓶頸，失業率普遍攀升，通貨膨脹率也上升，因此儲蓄不易。

各國政府紛紛採取緊縮社會福利的作法，也就有愈來愈多生活不易的老人。

社會保障要持續，便必須不斷籌資，問題是：誰應該出資？未來可能享用的人應該出資，國家也應該，雇用員工的單位也出資，但這三方面的比例如何，各界的看法不一。有些人因為身心狀況障礙、或受傷或是遺族，無法依照比例繳交時，國家應該代為支付到什麼程度？等等都應深入討論。

參、國內外法令與計畫

「老人議題是公眾議題」已經成為共識，此種理念的確定，在國際上有聯合國（UN）與經濟合作發展組織（OECD）等的倡導。在國內，憲法、老人福利法及政府多項政策都強調政府對老人責無旁貸。

一、執行聯合國與經濟合作發展組織的老人綱領

2002年聯合國召開「老化問題世界大會」，關注如何將老人融入社會各層面、擴展老人角色，以及活力老化等政策議題；世界衛生組織並彙集全球性友善老人城市計畫（Age-Friendly Cities Project, AFCP）實驗成果，於2007年公布以住宅、交通、戶外空間與建築規劃、社會參與、溝通與訊息傳播、市民參與及就業、社會尊重、社區支持與醫療服務等八大發展指標，期望排除環境中的障礙，積極增進老人的日常活動與社會參與（聯合國統計年鑑，2009）。

經濟合作暨發展組織（Organization for Economic Cooperation and Development, OECD）會員國於2009年以「健康老化政策」（healthy ageing）為主題，針對如何提升老人健康與福祉提出重要的推行策略架構，成為我國制定相關政策之依據。健康老化是生理、心理及社會面向的

「最適化」，老人得以在無歧視的環境中積極參與社會，獨立自主且有良好的生活品質。

從社會層面來看，健康老化的重要政策內涵包括：(1)老人是社會重要資產而非社會負擔，個人獨立自主是維持其尊嚴和社會整合的重要基礎；(2)應關注健康不均等（health inequalities）問題，將社經因素及老人需求之異質性納入考量；(3)以「預防」為健康促進工作的重點。所關注的焦點是如何減緩老人生理功能退化，維持個人自主以降低其對醫療照護及福利資源的依賴，達到個人福祉與整體社會福祉提升的雙贏結果。改善老人的經濟及社會生活是OECD特別看重的，主要作法是延後退休及增強社會資本（social capital），使老人在離開職場後透過志願服務、同儕與公民活動之參與，建立其對社區的信任感，消除社會孤立與疏離感。

二、執行憲法的理念

推動社會福利是我國憲法所明定的基本國策。多年來，政府為照顧老人，特別針對老人的醫療保健、經濟保障、休閒育樂與機構安養等需求，採取多項措施，並配合老人福利法修正通過，研訂相關子法，落實社會中老人的福利。

三、執行老人福利法

「老人福利法」於2007年1月31日修正公布。新修正之架構包括：總則、經濟安全（新增專章）、服務措施、福利機構、保護措施、罰則、附則等七章，合計五十五條，較修正前條文增加二十條。本次修法以全人照顧、在地老化、多元連續服務等作為老人照顧服務之規劃原則，以達到促進長者尊嚴、獨立自主老年生活之政策目標。

四、政府的重要計畫

　　政府部門的社會福利需更快速回應人口老化所帶來的需求，將資源作「有效的整合、分配、運用與管理」是現行老人福利服務的首要課題。行政院1998年開始為期三年的「加強老人安養服務方案」，方案目標為：加強老人生活照顧、維護老人身心健康、保障老人經濟安全、促進老人社會參與。之後，政府也提出了一連串有關社會服務產業重大方案，期望能藉此建構出符合社會背景和老人期望的措施。重點計畫如：

1. 挑戰2008年國家發展計畫「照顧服務福利及產業發展方案」，包括機構照顧、居家服務、老人住宅、外籍看護工之引導與管理、本國籍看護工之養成與運用等。
2. 健康六星計畫，包括產業發展、社區治安、社福醫療、人文教育、環保生態、環境景觀。
3. 2006-2008高齡社會研究成果報告書中，將老人相關議題區分為健康照顧、社會照顧與社會參與、經濟安全、就業與退休、老人住宅與交通等。
4. 大溫暖計畫：內含四大重點：縮小城鄉／貧富差距、強化老人安養、因應少子女化、促進國民健康，依序規劃為十二項重點計畫。其中最受重視的是「旗艦計畫—建構長期照顧體系十年計畫」，內含五項目標，包括建構完善長期照顧體系、結合民間資源提供長期照顧服務、建立支持家庭照顧者體系、強化長期照顧服務人力培育與運用、建立穩健長期照顧財務制度。政府於2013年7月23日正式設立「衛生福利部」，首要任務就是落實對老人的長期照顧。

第二節　政府對老人的服務

　　面對高齡化社會的來臨，不但牽動政府與民間對老人的需求與問題的關注，促使政府單位調整目前的老人社會福利政策，以提供有效的因應措施，結合民間資源共同加入服務（蔡啟源，1999；江亮演，2009；葉至誠，2010）。王雲東（2006）等認為老人的人權是臺灣人權的最重要項目之一。行政院於2009年核定「友善關懷老人服務方案」，以「活躍老化」、「友善老人」、「世代融合」為三大主軸，規劃推動全方位的服務措施，透過加強弱勢老人服務，提供關懷照顧保護；推展老人健康促進，強化預防保健服務；鼓勵老人社會參與，維護老年生活安適；健全友善老人環境，倡導世代融合社會等四大目標、十六項執行策略、六十三項工作項目。政府對老人的服務重點以經濟安全、健康維護、生活照顧等三大面向作為政策主軸，整理重點後說明如下：

壹、經濟安全

　　所得保障是老人最關切也是政府施政必須優先考量的。世界銀行於2005年提出老人的保障方式應是多元的，須包括：(1)非繳納式的社會救助或社會福利制度，例如社會救助法中的低收入戶生活扶助費等；(2)強制性的社會保險制度，例如全民健康保險、老年年金制度等；(3)自主性的員工退休金制度，例如勞保、農保、軍公教人員的退休金制度等；(4)自願性的個人商業保險制度等；(5)倫理性的家庭供養制度。

　　所得保障的重點是所得的持續性（income must be continuous），目標是保障未來生活所需會被達成，如果所得會損失或明顯地減少，則財務安全被威脅，唯有真實所得（real income，指可利用金錢去購買所需之服

務）能增加，才可確保經濟安全，也能超過維生的水平（陳琇惠、林奇璋，2010）。

對不同的老人，經濟安全的機制並不相同。社會保險基本上是一種危險分攤的制度，以勞雇雙方繳納的保費為主要課收方式。社會救助則是一種所得移轉的制度，在給付資格上，不必經過資產調查的手續，以老弱殘貧為對象；以政府稅收為課收方式，給付資格需經資產調查，功能在於「濟貧」（王正，鄭青霞，2007）。

我國老年年金制度以「社會保險制度」預防老年貧窮風險作為主要保障體系，目的是保障老年經濟安全，須持續性、定期性給付，是強制性的社會保險，強制的對象是25至64歲未參加社會保險的國民。「社會津貼制度」提供普及式的「福利津貼」作為次要保障體系。就功能分工而言，社會保險制度是實現社會連帶相互保障，普及式的津貼制度是實現公民地位的權利，此兩種制度在臺灣是以職業人口為對象來建立相關的所得保障體系，提供老人基本經濟安全。許多方案都是與非營利組織合作，進行持續推動。具體的作法主要有以下四個方面（官有垣、陳正芬，2002；彭書媛，2006；黃旐濤等，2007；吳玉琴，2011）：

1.年金與退休保險制度：政府推動的軍公教保險、勞工保險、農民保險等，都希望能保障老人的經濟安全。2008年10月國民年金保險開辦，特別規劃了老年基本保證年金。

2.中低收入老人生活津貼：為保障中低收入老人的經濟安全及維持基本生活，對年滿65歲以上經濟弱勢又未接受政府公費收容安置者，直接提供經濟援助。家庭總收入按全家人口平均分配，未達最低生活費用標準1.5倍者，每人每月發給生活津貼6,000元，達1.5倍以上2.5倍以下者，每人每月發放3,000元。單是在民國100年度就發放有1,424,019人次，核撥7,618,069,900元。

3.中低收入老人特別照顧津貼：針對領有中低收入老人生活津貼，且未接受機構收容安置、居家服務、未僱用看護、未領有政府提供之日間照顧服務補助或其他照顧服務補助者，每月5,000元。民國100年度計補助8,116人次，核撥40,621,100元。

4.對於確有進住長期照顧機構需求之失能老人：從低收入戶老人擴展到家庭總收入未達社會救助法規定的最低生活費用1.5倍之重度失能者，由縣市政府全額補助。民國100年度有2,755位老人獲得協助。

貳、健康維護

除了「老本」，「老身」的健康最重要。衛生福利部成立後，可以更進一步結合各種專家幫助老人維護健康，相關的作法有：

1.老人預防保健服務：政府主管機關定期舉辦老人健康檢查及保健服務，並依健康檢查結果及老人意願，提供追蹤服務。

2.中低收入老人裝置假牙之補助：依衛生署國民健康局調查推計，65歲以上老人全口無牙比率高達21.5%，惟假牙係屬健保不給付項目，政府自2009年度起，補助低收入戶、領有中低收入老人生活津貼、領有身心障礙生活補助，或經各級政府全額補助收容安置，或經政府補助身心障礙者托育費或養護費達50%以上老人，依其裝置假牙類別，提供每人最高15,000至40,000元之補助。民國100年度計補助6,008人。

3.中低收入老人重病住院看護費補助：為使機構內老人因重病住院期間，能獲得妥善照顧並減輕其經濟負擔，編列經費提供財團法人老人福利機構及附設老人福利機構之財團法人，辦理中低收入老人重病住院看護費補助。

4.為使失能者使享有尊嚴、安全、獨立自主的生活，由各縣市政府編列預算補助失能老人購買、租借輔具，及改善居家無障礙環境等，十年內以每人最高補助10萬元為原則。民國100年度服務人數合計6,845人。

參、生活照顧

主要是對「老居」的安排及協助，重點有：

1.社區式照顧：

(1)日間照顧：主要提供輕、中度失能、失智老人，定期或不定期往返日間照顧中心，維持並促進其生活自立、消除社會孤立感、延緩功能退化，促進身心健康，由各縣市政府結合民間資源，提供個案照顧管理、生活照顧服務、復健運動及健康促進活動、諮詢服務及家屬服務等。政府依服務對象之失能程度核給不同補助額度，輕度失能者每月最高補助25小時、中度失能者每月最高補助50小時、重度失能者每月最高補助90小時。民國100年度服務人數合計33,188人。

(2)營養餐飲：提供營養餐食以減少老人炊食之危險及購物之不便。各縣市政府最高補助低收入戶及中低收入失能老人，由服務提供單位送餐到家，一方面解決老人炊食問題，一方面讓老人與社會接觸，獲得情緒支持。各縣市政府最高補助低收入戶及中低收入失能老人每人每餐50元，由服務提供單位送餐到家。民國100年度服務人數合計6,048人。

(3)輔具購買租借與居家無障礙環境改善：為幫助失能者使享有尊嚴、安全、獨立自主生活，由各縣市政府編列預算補助失能老人購買、租借輔具及改善居家無障礙環境等。

2.建立社區照顧關懷據點：政府於2005年起執行「建立社區照顧關懷據點實施計畫」，促進社區老人身心健康，落實在地老化及社區營造精神，結合有意願的村里辦公處、社會團體參與設置社區照顧關懷據點，由當地民眾擔任志工，提供關懷訪視、電話問安諮詢及轉介服務、餐飲服務、辦理健康促進活動等，以延緩長者老化速度，發揮社區自助互助照顧功能，並建立連續性之照顧體系。截至2011年底止，各縣市共計設置1,714個據點。

3.失智症老人多元服務方案：因應失智人口急速增加，為提升照顧品質，並開發更多元與切合需求之服務模式，辦理「失智症老人團體家屋試辦計畫」。

4.強化獨居老人關懷服務：民國100年度列冊需關懷的獨居老人計有47,255人，政府部門對獨居老人除提供生活照顧服務、緊急救援連線（警民連線或安全警鈴）外，也結合民間單位、志工、社區資源及社會役人力等，加強關懷與協助。民國100年度提供電話問安430,310人次、關懷訪視406,071人次、陪同就醫14,470人次、餐飲服務1,258,874人次；也提供4,595位獨居老人安裝緊急救援系統，轉介機構安置服務614人。

5.其他方面：最重要的是對老人受虐的防制。任何老人如果受到家庭暴力的侵害，都可以依法向法院申請保護令。目前全國警察機關各分駐派出所都已設有「社區家庭暴力防治官」專責人員，可提供民眾必要協助；如遇到身體暴力或言語暴力，都可以撥打113專線，請求專人提供相關協助與諮詢服務，「113」是24小時免付費的諮詢專線，老人撥打電話求助，專線就會轉接到當事人在地的家暴防治中心，由專人提供各種諮詢服務，包括：(1)提供心理諮詢；(2)討論安全計畫；(3)提供法律諮詢；(4)提供緊急救援；(5)提供緊急庇護。當家庭暴力防治中心介入，老人可以得到救援，短期內可協

助診療、驗傷、採證及緊急安置。防治中心也可提供或轉介被害人心理輔導、經濟扶助、法律服務、就學服務、職業訓練、就業服務、中長期安置、住宅輔導等服務。

政府積極規劃推動辦理之「長期照護保險制度」，這是為保障國民於老年或失能時，生活起居可以得到協助與照顧的一種制度（衛生福利部，2013）。老人對政府推動長期照護保險制度表示贊成者占67.86%，不贊成者僅10.52%。就性別而言，男性贊成比例為69.38%，略高於女性的66.44%。若實施長期照護保險制度，老人認為一般失能者比較願意「在家接受服務」者占67.24%最高，「住到機構接受服務」則占12.16%，另有20.60%表示不知道或拒答。就性別而言，女性願意「在家接受服務」者為69.68%，較男性的64.63%為高。

長期照護問題，癥結有二：一是中央政府能否確實解決「老本問題」，無論是居家服務、安養、養護，都需穩定的政策。政府首長屢次宣布要推動長期照護方面的保險，但相關的財務問題太多。二是人們觀念的改變，老人與子女都得面對「家庭功能已經式微」的現實，根本無法因應長期照護的工作，要某個家人來負責，實在是奢望。針對老人生命權這個基本需求，最簡單的處理是「國」與「家」各自負起責任。政府如果能運用公權力幫老人家處理「老本」，讓老人無須憂心經濟問題，而家庭這私領域的小單位負起老友、老伴這以感情為基礎的責任。至於居住，則視老身、經濟狀況、子女工作等來安排。

除了老本之外，老人家還需要健康的老身、適合的老居、能談得來的老友（最好還有老伴）。「家有一老如有一寶」的時代早就過去了，除非政府先看重老人是寶，在乎每一位長輩昔日的貢獻，否則各種悲劇會層出不窮，甚至更加殘忍。

第三節　政府因應高齡化的挑戰

　　政府看重高齡化的趨勢，尤其在社會福利體系之中。內政部所出版的《社區發展季刊》在近年持續以老年為中心議題，如2005年第110期的中心議題是「高齡化社會福利政策」；2009年第125期中心議題是「高齡化與少子化」；2010年第132期的中心議題是「活躍老化」；2011年第136期的中心議題是「健康照護與社會工作」；2013年第141期中心議題是「長期照顧」等；每一期都有十幾篇到二十幾篇的專文論述。在該刊物的各主題中，以老年議題為最多。

壹、瞭解老人的需求與心聲

　　讓我們想像2060年時的臺灣，那時65歲以上人口數將大幅增加為2012年的2.9倍，其中，又以85歲以上老年人口增加最多。推計80歲以上人口占老年人口比率，將由2012年25.4%，大幅上升為41.4%。

　　至2060年，老化指數將高達401.5%，也就是說老年人口約為幼年人口的4倍。每百位15至64歲工作年齡人口所需負擔之總依賴人口，由2012年的34.7人的歷史最低點，隨著老年人口快速增加，2060年將增加為97.1人。生產者與高齡人口之比，將由2012年每6.7個青壯年人口負擔1位老年人口，2060年轉變為每1.3個青壯年人口負擔1位老年人口。

　　如此龐大的人口勢必對政府產生莫大的挑戰，政府必須在公共政策方面有所因應。老人的需求與問題，將會愈來愈多（謝美娥，2004）。因為老人隨著身心機能退化、生活功能與社會適應力變弱，各類照護服務其實對老人狀況的改善有限，照護服務的功能不宜侷限在維持（maintain）生活機能及減輕（reduce）生活不便。畢竟老人健康問題對於經濟與社

會層面都帶來廣泛的挑戰，例如龐大的醫療服務耗費也耗時、需要長期照護、家庭對於老人的照護工作，伴隨著家中子女數變少、家庭結構改變、成年子女外出工作、家庭內照護人力萎縮等因素，使得老人的照護問題與社會負擔愈形沉重，家庭已經很難繼續獨力承擔照顧之責。

表12-2是老人對政府各項福利措施未來的需求情形。老人對「中低收入老人重病住院看護補助」措施表示有需求之比例為54.37%、「中低收入老人生活津貼」項有需求者為51.66%、「中低收入老人特別照顧津貼」有需求者為50.04%，較其他福利措施別為高；而「設置長青學苑或老人大學」未來需求比例為27.70%較低。

就性別而言，兩性在「中低收入老人生活津貼」、「中低收入老人重病住院看護補助」二項都超過五成；男性是在「提供老人日間收托照顧服務」、「獨居老人的關懷服務」及「遭受虐待遺棄老人之保護」三項，未來有需求比例較女性高約五至六個百分點。

政府如果只是想把老人放到機構中，就違反多數老人的意願。調查顯示，有72%的人不瞭解機構服務內容，女性不瞭解比例73.6%，高於男

表12-2　老人對政府各項福利措施的需求

民國98年6月

單位：%

性別	中低收入老人生活津貼	中低收入老人特別照顧津貼	中低收入老人重病住院看護補助	居家服務	提供老人營養餐飲服務	提供老人日間收托照顧服務	中低收入老人住宅設施設備改善補助	居家護理	喘息服務	獨居老人的關懷服務	遭受虐待遺棄老人之保護	設置長青學苑或老人大學
總計	51.66	50.04	54.37	42.25	41.71	39.82	42.51	44.28	43.71	43.04	30.39	27.70
男	50.69	48.82	54.64	41.03	42.94	42.20	42.46	45.61	44.57	45.38	33.40	27.03
女	52.77	51.42	54.07	43.65	40.33	37.11	42.56	42.79	42.73	40.39	26.97	28.54

資料來源：內政部（2012）。

性的68.6%。當未來生活可自理時，男、女性表示願意住進老人安養機構、老人公寓、老人住宅或安養堂者之比例都只有19.46%，不願意者占66.93%。即使未來生活無法自理時，也只有四成二老人表示願意住進老人長期照顧機構或護理之家，其中男性為45.5%，高於女性的39.0%。

貳、廣泛考量老人的社會適應

　　政府提供一些資源，但老人獲得了嗎？政府的資源常忽略老人的差異，也忽略了老人與家人能否就近且方便獲得這些資源。例如晚年病痛難免，面對病痛的心理調適和尋求支援是老人必學的功課。一位83歲的老先生因不捨患有帕金森症的妻子受病痛折磨，竟以螺絲起子釘死妻子，令人震撼。許多事業有成的男性長輩樂於助人，自己遇到問題卻不想麻煩別人，在家庭或情緒陷入困境時不願向外求助，在沉重壓力的累積下，做出難以預料的行為。昔日擁有燦爛人生的長者需要學習面對自己與妻子的老去，大方接受他人幫助，在遇有困難時，對外呼救，讓社會體系伸出援手。另一方面，政府是否有足夠方便性協助老人，更是問題。

　　與金融機構互動是現代人必然會有的日常活動，但也有無數老人會為此困擾。提供領鈔、轉帳、補摺或存款等基本功能的ATM，對許多人來講，就像水龍頭一打開，就會有水流下來一樣，不僅理所當然，也是不可或缺。但臺灣所有鄉鎮市區中，有些地區居民，得不畏風吹日曬雨淋，騎行數十公里，才領得到錢。沒有銀行的行政區在2007年時已經有一百四十七個，2013年更上升到一百六十三個（《聯合報》，2013/07/29）。這些地區正是老人比率高的地方，因此對老人十分不便。

　　政府應更注意老人與社會的結合，充分考慮老人的社會適應議題。老人相關的議題非常多，2006至2008年高齡社會研究成果報告書中將老人相關議題區分為六大類，以下分述其要點：

1. 健康照顧：健康狀況、健康照顧認知、健康照顧經驗、急性後期醫療、預防保健、休閒養生、體能促進、營養補充、另類照顧等。
2. 社會照顧與社會參與：社會服務方案、心理健康支持、心理狀況量表、非正式社會支持、休閒活動、再教育等。
3. 經濟安全：經濟來源、經濟狀況、老年準備、保險等。
4. 就業與退休：就業情形、退休經驗、退休準備與規劃、退休認知、未就業原因、志工經驗等。
5. 老人住宅：居住安排、空間使用、居家安全、房屋整修、住宅配備、智慧型科技等。
6. 交通：交通工具、交通經驗、交通困擾、公共交通搭乘意願等。

照顧不僅是個人的行為，龐大的照顧需求絕非個人所能提供，照顧絕非技術性的工作，而是得靠健全的制度、有效的組織，更須政府在政策上的規劃與執行。如果把照顧當作是老人服務的主要內容，明顯忽視了老人多方面的需求，尤其忽視了健康老人的需求。「經濟安全」、「就業與退休」、「老人住宅」、「交通」是每一位現代公民都需要的，老人更有權獲得這些領域的服務。

又以醫療機構的數目來說，鄉下地區醫療嚴重不足，雲林、屏東、花蓮、連江縣明顯欠缺，影響居民健康及壽命。許多住在鄉下和離島的老人，因為大眾運輸工具不方便，看個病得要花好久的時間等車。急重症的病人，需要送到都市醫院救治，慢性病照護費時費力，對經濟弱勢的老人是龐大的支出。

健康照顧、社會照顧、經濟、就業、退休、住宅、交通等，都是鉅視面的議題，都與各種社會制度有關，都依賴社會組織來運作，都與社會整體密切相關。每一位專業人士在對老人提供服務時，絕對不是個別的行動，而是在社會建構的情境裡，深受社會文化的影響。

以老人安全領域最重要的兩大問題「行的安全」及「老人虐待」來看。老人交通議題過去常見到政府提供之接送服務，而對整體老人交通環境、行為等卻少有論述。高齡者使用車輛出門活動的移動力受到限制，尤其是住在大眾運輸不方便地區的高齡者。老人開車安全也是大問題，是社會應關切的。美國聯邦交通部所屬之公路交通安全局及美國全國警長協會網站特別針對老人交通安全設有老人教育相關措施（older drivers program），目的在降低老人開車引起的傷亡。老人交通不應僅局限在討論老人行的安全，應再延伸討論整體交通環境的安全。

2013年臺中市75歲林姓駕駛日前因腳抽筋，連撞5輛車，理賠金逾300萬元，公路總局臺中區監理所協助銀髮族透過勾選自我健康評估，銀髮族詢問駕照繳回意願增多。不少銀髮族視力退化、心血管疾病等因素，車禍風險大增，因此監理所鼓勵70歲以上長者做駕駛風險自我健康評估，只要有一項不合格，經向醫師諮詢仍無法改善者，建議繳回駕照，既省養車費，也不用擔心肇事風險。有的銀髮族自認身體勇壯，開車沒問題，在場也有的已繳回駕照的銀髮族分享「腳麻」、「手顫抖」車禍經驗，認為身體狀況突然變差，始料未及，因此一發現不對勁，就要注意了。

在老年人口迅速增加，老人照顧問題引起重視之後，老人虐待的議題才逐漸為人所討論。有關「老人虐待」之議題一直未見被各界所積極關注，官方機構對此議題的重視也不足。

「老居」是老人最關心的議題，也是複雜的社會問題。在老人住宅方面，日本於2000年制定「確保高齡者居住安定之法律」，保障老人居住安全。我國在老人住宅相關法規有2003年「老人住宅綜合管理要點」、2004年「老人住宅基本設施及設備規劃設計規範」、2004年核定「促進民間參與老人住宅建設推動方案」，鼓勵民間企業投資興建老人住宅，2013年推動的「以房養老」政策等，但實際執行及細則尚需深入討論與落

實。依莊朝榮（2005）研究，目前我國實際進住老人住宅及銀髮住宅的人數及家數都不多，而由老人住宅市場的發展潛力分析，從價格及經濟負擔能力來看，老人具有購買力者不在少數，但從進住意願的調查分析，願意進住老人住宅的比例卻相當低。這些現象都與社會文化密切相關。

參、規劃相關領域人才

「事在人為」，對於老人的服務需要大量的人才。政府需在各大專院校培育各種老人領域的人才，如老人社會福利服務、老人教育服務、老人保險服務、老人財務管理服務、老人休閒旅遊服務及其他相關服務管理。需規劃相關的證照或資格，部分已有規範之證照或資格，如社會工作師證照、社會工作員資格、居家服務督導員證書、照顧服務員丙級技術士證照、照顧服務員證書、喪禮服務員丙級技術士、國民體能指導員、老人保健師、健康管理師、領隊人員、導遊人員、保險人員等。

以畢業系所而論，與社會福利服務有關的包括各老人服務學系、社會工作相關系所，與老人健康有關的護理、復健等科系，與老人教育有關為成人教育系所，與老人保險、財務管理有關的如銀行保險、財務金融相關系所，與老人休閒旅遊服務有關的有觀光休閒、運動休閒與休閒管理、餐旅服務等相關系所，與其他服務管理工作有關的更有各類商業管理、服務等系所。

政府應與各大學合作，開設各項課程以培育上述人才。邢雅苹（2010）整理老人服務學類各科系大學部四年制所開設的，按照課程名稱分類，健康照顧多達五十五門課，其次是社會支持與照顧四十七門，第三位是老人產業、機構服務與管理，只有十九門，第四位是心理支持與照顧十五門，老人教育十二門，老人住宅九門，老人休閒、老人就業與退休各七門，臨終關懷照顧、經濟安全各六門，老人政策與發展四門，老人

交通則一門課程都沒有。總共一百八十七門課程，有一百二十三門課程與「照顧」有關，占了65.8%，其餘各種課程加總起來，只占了三分之一。

但在老人產業不穩定與市場機制、證照資格困境中，老人相關系所應可先運用既有優勢創造職場上之不易替代性，例如配合政府現行積極推動之社區式日間照顧服務（失能型、混合型、失智型），擔任服務中心之照顧服務員；因為日間照顧服務中心之照顧服務員有別於一般醫療院所、居家服務之照顧服務員，工作內容並非完全著重於照顧層面，還包含活動設計與帶領、行政資料繕寫等。

因應老人人口激增，對老人的服務必須加強醫學、健康促進及其他相關老化服務專門技術。老人相關系所課程包含健康照顧、社會支持與照顧、老人保護、老人政策與發展、心理支持與照顧、臨終關懷照顧、老人產業與福利機構、老人教育、老人休閒消費、就業與退休、經濟安全、老人住宅、老人交通、其他等。其中「老人社會工作」、「老人機構管理」、「老人休閒服務／老人旅遊」、「老人生活規劃」、「老人生命服務」、「老人健康促進」等，某些科系都已規劃出課程模組，有一系列的課程，並配合實習的機制，如「社會工作實習／福利實習」及「老人服務事業實習／校外實習」。

隨著世界老年人口的不斷增加與其所衍生問題之日趨複雜，老年社會學的研究內涵不斷擴大與加深。相關學科的領域，亦將有更多的研究。老人學的範圍仍在持續擴大中，例如老人住宅、老人交通、老人保護等，都被殷切期待。

中華文化有「老吾老以及人之老」的傳統，關心老人生活品質是大眾及政府共同的責任。有些經濟自由派的學者及政府官員傾向把老人生活品質的責任，推給老人及老人的家屬，認為老人應該降低慾望，儉樸度日，無論是健康、環境、工作等機會都要自己努力，國家只需給予必要協助即可。因此政府所做的，主要是殘補式的福利，只以有限的資源協助少

數的老人。在老人議題方面，政府只推動有限的社會福利，欠缺全面改善老人生活機會的方案。這樣的觀念，大有問題。

在北歐、日本，政府十分看重老人的生活機會，總是將此當作施政重點，由國家提供大量的預算來增進老人的幸福感。政府看重所有老人的生活機會，提供全面的福利與協助，如此才可促成更多老人「成功與健康老化」。依照聯合國與世界衛生組織所倡導的「成功老化」觀念，政府的確對老人的生活機會負有主要責任。我國設立「衛生福利部」之後，政府更應負起對老人健康與福利的通盤責任，如此對老人、對社會都是關鍵的。

參考書目

一、中文部分

孔繁璐譯（2012），Heidi Howarth著。《阿公好聰明》。臺北：大穎文化。

文崇一（1972）。〈中國傳統價值的穩定與變遷〉，《民族學研究所集刊》。臺北：中央研究院，33：287-301。

文崇一、蕭新煌（1988）。《中國人：觀念與行為》。臺北：巨流。

王士峰（2011）。《殯葬服務與管理》。臺北：新文京。

王夫子、蘇家興（2011）。《殯葬服務學》。臺北：威仕曼。

王方（1999）。「民意與階層化：老人政策之社會學實證分析」。發表在中央研究院社會問題研究學術研討會。

王正、鄭青霞（2007）。〈降低貧窮與國民年金〉，《社區發展季刊》。臺北：內政部，116：50-74。

王永慈（2001）。〈社會排除：貧窮概念的再詮釋〉，《社區發展季刊》。臺北：內政部，19：72-84。

王宏仁、龔宜君（2010）。《臺灣的社會學想像》。臺北：巨流。

王明鳳（2008）。《以管理矩陣及家族因素分析屏東縣民間老人養護機構》。臺中：東海大學社會工作研究所博士論文。

王振寰等（2009）。《社會學與臺灣社會》。臺北：巨流。

王健（2012）。《誰說人老會變醜：優雅 樂活 老寶貝萬歲》。臺北：立緒。

王淑玫譯（2012），理查·羅爾（Richard Rohr）著。《踏上生命的第二旅程》，彭懷真序〈放下傲慢，享受下半場的驚喜〉。臺北：啟示。

王晶譯（2000），Peter G. Peterson著。《老年潮：人口老化的浪潮，將如何改變我們的世界》。臺北：聯經。

王雲東（2006）。「臺灣人權指標調查報告：臺灣老人人權指標調查報告」。中國人權協會。

王雲東（2009）。〈臺灣高齡者就業的現況與展望〉，《社區發展季刊》。臺北：內政部，125：101-111。

王順民（1999）。《宗教福利》。臺北：亞太。

丘忠融、李紋鋒譯（2005），Maria Bakardjieva著。《網路社會與日常生活》。臺北：韋伯。

矢部久美子（2002）。《回想法》。新北市：檢書堂。

伊慶春、陳玉華（1998）。〈奉養方式與未來奉養態度之關連〉，《人口學刊》。臺北：臺灣人口學會，19：1-32。

好吃編輯部（2012）。《跟阿嬤學做菜：家傳食譜＆灶腳裡的料理智慧》。臺北：麥浩斯。

成令方等譯（2006），Allan G. Johnson著。《見樹又見林》。臺北：群學。

朱岑樓（1972）。〈從社會個人與文化的關係論中國人性格的恥感取向〉，收錄在李亦園、楊國樞編《中國人的性格》。南港：中研院，85-126。

朱岑樓主編，彭懷真等譯（1991）。《社會學辭典》。臺北：五南。

朱芬郁（2012）。《退休生活經營：概念、規劃與養生》。臺北：揚智。

朱楠賢、胡夢鯨、黃錦山（2007）。《高齡教育政策與實踐》。臺北：五南。

朱瑞玲、周玉慧、林本炫、郭文般、陳杏枝、陸洛、傅仰止、黃 莉、瞿海源（2012）。《台灣的社會變遷1985～2005：心理、價值與宗教》。臺北：中研院社會所。

江亮演（2009）。〈高齡社會老人在地老化福利之探討〉，《社區發展季刊》。臺北：內政部，125：195-210。

江亮演（2009）。《老人社會福利》。臺北：五南。

江素慧譯（2006），Angela Steinmuller、Karlheinz Steinmuller著。《外卡效應：讓趨勢突變的58個未來關鍵事件》。臺北：臉譜。

何穎怡譯（2003），Marilyn Yalom著。《太太的歷史》。臺北：心靈工坊。

吳玉琴（2011）。〈臺灣老人長期照顧之政策之回顧與展望：老盟觀點〉，《社區發展季刊》。臺北：內政部，136：251-263。

吳玉琴、呂寶靜（2010）。〈老人保護社會工作人力之探討〉，《社區發展季刊》，台北：內政部，129：200-214。

吳老德（2003）。《高齡社會理論與策略》。臺北：新文京。

吳信如譯（2006），Frank Schirrmacher著。《瑪土撒拉的密謀：顛覆高齡化社會的迷思》。臺灣：商務。

吳淑瓊（2002）。〈建構長期照護體系先導計畫——理念與實踐〉，收錄於《「挑戰與躍升——打造新世紀長期照護體系」研討會論文》，9-380。

呂美女譯（2013），橋田壽賀子著。《簡樸最好——減法生活術》。臺北：天下。

呂素琳（2013）。《嚐過都說讚！60道我們最想念也最想學會的傳統家常菜》。臺北：皇冠。

呂寶靜（2001）。《老人照顧：老人、家庭、正式服務》。臺北：五南。

呂寶靜（2012）。《老人福利服務》。臺北：五南。

宋和譯（2012），林耀華著。《金翅：傳統中國家庭的社會化過程》。臺北：桂冠。

李亦園（2010）。《信仰與文化》。臺北：華藝。

李亦園、楊國樞編（1972）。《中國人的性格》。南港：中研院。

李光福（2012）。《阿公的牛牛要出嫁》。臺北：小螢火蟲。

李易駿（2007）。〈臺灣社會排除人口之推估〉，《人口學刊》。臺北：臺灣人口學會，35：75-112。

李英明（2001）。《網路社會學》。臺北：揚智。

李開敏、林方皓、張玉仕、葛書倫譯（2011）。J. William Worden著。《悲傷輔導與悲傷治療：心理衛生實務工作者手冊》。臺北：心理。

李鴻章、劉政良、張志賢（2012）。《阿嬤家常菜》。臺北：康鑑。

李維靈、施建彬、邱翔蘭（2007）。〈退休老人休閒活動參與及其幸福感之相關研究〉，《人文暨社會科學期刊》。彰化：大葉大學，3（2）：27-35。

杜娟娟（1998）。〈老人教育的社會學分析〉，《社區發展季刊》。臺北：內政部，83：53-61。

沙依仁（1996）。《高齡學》。臺北：五南。

沈健譯（1986），Dekkerl, D. L.著。《老年社會學——老年發展進程概論》。天津人民出版社。

邢雅萍（2010）。《大學院校社會服務學門老人相關科系課程規劃及師資之研究》。臺中：東海大學社會工作學系碩士論文。

周月清等譯（1994），Pauline Boss著。《家庭壓力管理》。臺北；桂冠。

周昀臻（2011）。《宗教信仰虔誠度對老人自覺身心健康的影響》。臺南：成功大學老年學研究所碩士論文。

周芬姿等（2009）。《老人休閒活動設計與規劃》。臺北：華都。

周怡利譯（2000），Erik H. Erikson、Joan M. Erikson及Helen O. Kivnick著。《Erikson老年研究報告》。臺北：張老師。

周家華（2000）。《老人學研究：理論與實務》。臺北：正中。

周家華（2009）。〈社會變遷與三十年臺灣老人研究──兼論老人政策之推動〉，《社區發展季刊》。臺北：內政部，125：368-393。

周業謙、周光淦譯（2005），David Jary、Julia Jary著。《社會學辭典》。臺北：貓頭鷹。

孟祥森譯（2000），Robert Theobald著。《社群時代》。臺北：方智。

官有垣、陳正芬（2002）。〈我國居家服務購買服務契約體系運作之初探〉，《社區發展季刊》。臺北：內政部，98：170-181。

林子宇（2011）。《南投縣老人社會支持與生活滿意度之研究》。臺中：東海大學社會工作學系碩士論文。

林本炫編譯（1993）。《宗教與社會變遷》。臺北：巨流。

林羽穗（2011）。《隔壁家的小腳阿嬤》。臺北：培育。

林明禎（2007）。《老人日間照顧服務輸送品質之研究》。臺中：東海大學社會工作學系博士論文。

林杰志（2007）。《臺灣老人宗教信仰之研究》。新竹：玄奘大學宗教學碩士在職專班碩士論文。

林松齡（1994）。《老人社會支持來源與老人心理適應》。臺北：中央研究院中山人文社會科學研究所。

林芬郁、沈佳姍、蔡蕙頻（2012）。《沒有電視的年代：阿公阿嬤的生活娛樂史》。臺北：貓頭鷹。

林韋萱（2004）。〈銀髮住宅市場加溫，哪裡是退休桃花源〉，《2005理財特刊》。臺北：遠見。

林娟芬（1999）。《婦女晚年喪偶適應之研究》。香港：香港中文大學社會福利博士論文。

林家羽譯（2012），菅瞭三著。《到阿公阿媽家過暑假》。臺北：大穎。

林祐聖、葉欣怡譯（2005），David Held、Anthony McGrew著。《全球化與反全球化》。臺北：弘智。

林惠生（2004）。《老人宗教信仰虔誠度與精神抑鬱度之關係》。臺灣人口學會民國93年4月23-24日「人口、家庭與國民健康政策回顧與展望」研討會論文。

林瑞穗譯（2006），Craig Calhoun、Donald Light與Suzanne Keller著。《社會學概

論》。臺北：麥格羅‧希爾。

林滿秋（2011）。《阿公的茄苳樹》。臺北：讀家。

林歐貴英等譯（2007），Rosemary Blieszner與Victoria Hilkevitch Bedford著。《老年與家庭：理論與研究》。臺北：五南。

林瓊嘉（2005）。《論老年財產權之保障》。嘉義：中正大學法律學研究所碩士論文。

林麗惠（2006）。〈臺灣高齡學習者成功老化之研究〉，《人口學刊》。臺北：臺灣人口學會，33：133-170。

邱天助（2002）。《老年符號與建構》。臺北：正中。

邱天助（2007）。《社會老年學》。高雄：復文。

邱天助（2011）。《老年社會學導論》。臺北：巨流。

邱玉卿（2008）。《超級阿公》。臺北：新苗。

邱鈺鸞、鍾其祥、高森永、楊聰財、簡戊鑑（2011）。〈臺灣老人受虐住院傷害分析〉，《臺灣老年醫學暨老年學雜誌》。臺北：臺灣老年學暨老年醫學會，6（2）：105-115。

俞敏智、陳光達、陳素梅、張君玫合譯（1996），Pamela Abbott與Claire Wallace著。《女性主義觀點的社會學理論》。臺北：巨流。

施瑞珍譯（2001），John Bayley著。《長路將盡》。臺北：高永。

柯朝欽、鄭祖邦譯（2011），George Ritzer及Douglas Goodman著。《社會學理論》（上）（下）。臺北：巨流。

柯瓊芳（2002）。〈誰來照顧老人？歐盟各國奉養態度的比較分析〉，《人口學刊》。臺北：臺灣人口學會，24：1-22。

洪明皇、林怡婷（2012）。〈政府政策對老人退休前後所得分配之影響〉，《社會政策與社會工作學刊》。南投：臺灣社會政策學會，2012年12月抽印本。

洪晟惠、周麗端（2012）。〈中年世代的家人關係與生活滿意度〉。臺北：《人類發展與家庭學報》，14：53-82。

紀金山、林義盛（2007）。〈臺北市老人養護機構組織形式與組織績效表現之分析〉，《社區發展季刊》。臺北：內政部，119：328-346。

紀金山、劉承憲（2009）。〈臺灣長期照顧服務政策與治理：以居家服務為例〉。臺北政治大學主辦：第一屆發展研究年會。

胡幼慧（1995）。《三代同堂：迷失與陷阱》。臺北：巨流。

胡幼慧、周雅容（1996）。〈婦女與三代同堂：老年婦女的經濟依賴與居住困境探索〉，《婦女與兩性學刊》。臺北：臺灣大學婦女研究室，7：27-57。

胡守仁譯（2003），Mark Buchanan著。《連結》。臺北：天下。

胡志強文、王素英圖（2011）。《活出生命的色彩 阿嬤ㄟ調色盤》。臺北：台象。

夏嵐（2013）。《阿公的腳踏車》。臺北：培育。

宮力譯（1994），堀紘一著。《不斷追求再生的社會》。臺北：錦繡。

徐思嫄（2006）。《影響居家服務使用情形及其相關因素探討——以臺北縣為例》。臺北：台北大學社會工作系碩士論文。

徐麗君、蔡文輝（1985）。《老年社會學》。臺北：巨流。

秦秀蘭（2012）。《認知老化的理論與實務》。臺北：威仕曼。

袁緝輝等（1991）。《當代老年社會學》。臺北：水牛。

馬康莊、陳信木譯（1989），George Ritzer著。《社會學理論》。臺北：巨流。

高雪芳譯（2009），日野原重名著。《快樂的15個習慣》。臺北：天下雜誌。

尉遲淦（2009）。《殯葬臨終關懷》。臺北：威仕曼。

張月霞譯（1997），Larry C. Coppard、Akiko Hashimoto及Hal Kendig著。《老年人的家庭支持》。臺北：五南。

張世賢（1982）。《林布隆》。臺北：允晨。

張可婷、黃彥翔及張雅琇譯（2008），Kathy S. Stolley著。《社會學的基石》。臺北：韋伯。

張君玫、劉鈐佑譯（1996），Charles Wright Mills著。《社會學的想像》。臺北：巨流。

張春興（1989）。《張氏心理學辭典》。臺北：東華。

張苙雲（1986）。《組織社會學》。臺北：三民。

張家麟（2010）。《臺灣宗教融合與在地化》。臺北：蘭臺。

張菁芬（2005）。《社會排除現象與對策：歐盟的經驗分析》。臺北：松慧。

張華葆（1987）。《社會階層》。臺北：三民。

張嘉玲（2005）。《臺中市獨居老人社會福利服務使用狀況及其相關因素之探討》。臺中：東海大學社會工作學系碩士論文。

張德勝（1998）。《社會原理》。臺北：巨流。

張閭蘅、張閭芝（2011）。《張學良與趙一荻的清泉幽禁歲月》。臺北：聯經。

張鐘汝、范明林（1997）。《老年社會心理》。臺北：水牛。

孫隆基（2005）。《中國文化的深層結構》。臺北：花千樹。

曹毓珊（2002）。《老人家庭照顧者僱用外籍家庭監護工對照顧關係的影響》。
臺北：台大社會學研究所碩士論文。

梁永安譯（2011），Thomas R. Cole、Mary G. Winkler著。《老年之書：思我生命
之旅》。臺北：立緒。

梅可望（1998）。《從憂患中走來》。臺北：天下。

梅可望（2011）。《晚霞滿天──十樂老人，80後的回憶》。臺中：臺灣發展研
究院。

梅可望（2012）。《95歲長壽大師的不老秘訣》。臺北：皇冠。

梅可望、黃堅厚、彭駕騂（1999）。《老人生涯規劃手冊》。臺中：中華民國幸
福家庭促進協會。

梅陳玉嬋、齊銥、徐玲（2006）。《老人學》。臺北：五南。

畢可生、鄔滄萍（2004）。《老年社會學》，見「中國大百科智慧藏」。中國大
百科全書出版社。

章英華（1994）。〈變遷社會中的家戶組成與奉養態度──台灣的例子〉，《臺
灣大學社會學刊》。23：1-34。

莊秀美（2009）。〈從老人的類型與照顧者需求看「居家照顧」、「社區照顧」
及「機構照顧」三種方式的功能〉，《社區發展季刊》。臺北：內政部，
125：177-194。

莊英章（1994）。《家族與婚姻：臺灣北部兩個閩客村落之研究》。臺北：中央
研究院民族學研究所。

莊朝榮（2005）。〈探討我國老人住宅的市場規模〉，《臺灣經濟研究月刊》。
28（10）：13-18。

許木柱等譯（1996），George P. Murdock著。《社會結構》。臺北：洪葉。

許正芳（2008）。《阿公的小吃攤》。臺北：福地。

許傳盛（2009）。《從居家服務實踐經驗檢視長期照顧服務產業的營運與管
理》。臺中：東海大學社會工作學系博士論文。

許傳盛、彭懷真、陳宇嘉（2006）。〈當前我國長期照顧工作產業化之研究〉，
2006年「社會服務產業發展研討會」。屏東：美和技術學院。

郭玉錦、王歡主編（2005）。《網路社會學》。北京：中國人民大學。

郭鐘隆、林歐貴英譯（2003），Nancy R. Hooyman、Asuman Kiyak著。《社會老人學》。臺北：五南。

陳人豪、黃惠璣、蕭文高、郭旭格、陳政雄、陳俊佑、陳瑛瑛、曾月盃、詹鼎正、石慧玲、毛慧芬、張淑卿、黃源協、蔡秋敏、王寶英、林志鴻（2011）。《老人照顧與服務》。臺北：威仕曼。

陳世堅（2000）。《社政與衛政平行整合的長期照顧系統模式之建構──合作與分工運作之探討》。臺中：東海大學社會工作學系博士論文。

陳正芬（2006）。《從老人居住安排及未滿足需求論我國長期照顧政策》。嘉義：中正大學社會福利研究所博士論文。

陳正芬、王彥雯（2010）。〈從生命週期觀點檢視臺灣老人居住安排的模式與轉變〉，《臺灣社會福利學刊》。嘉義：臺灣社會福利學會，8（2）：67-116。

陳年等（2008）。《老人服務事業概論》。臺北：威仕曼。

陳其南（1985）。〈房與傳統中國家庭制度〉，《漢學研究》。臺北：漢學研究中心，3（1）：127-83。

陳信宏譯（2012），Alain de Botton著。《宗教的慰藉》。臺北：先覺。

陳南宏（2011）。《阿公草》。臺北：玉山社。

陳珊珊譯（2010），廣野多珂子著。《阿嬤的菜園》。臺北：小天下。

陳韋庭、紀金山（2010）。〈社區照顧與社區資源動員模式之探討：以雲林縣小太陽老人日間照顧中心為例〉，發表在臺中靜宜大學2010年5月14日所舉辦的「社區工作理論與實務學術研討會」。

陳琇惠、林奇璋（2010）。《銀髮族經濟安全與財務規劃》。臺北：華都。

陳湄玲、阮筱琪（2011）。《愛心阿嬤陳樹菊》。臺北：人類。

陳雅馨、黃守義譯（2010），Craig Calhoun、Chris Rojek、Bryan Turner著。《進階社會學手冊》。臺北：韋伯。

陳榮政編譯（2011），David Newman著。《日常生活的社會學》。臺北：學富。

陳肇男（1993）。〈臺灣地區鰥寡老人之居住安排〉，《中國社會學刊》。臺北：臺灣社會學會，17：163-179。

陳肇男（2001）。《快意銀髮族：臺灣老人的生活調查報告》。臺北：張老師。

陳燕禎（2007）。《老人福利理論與實務》。臺北：威仕曼。

陳燕禎（2009）。《老人服務與社區照顧》。臺北：威仕曼。

陳燕禎（2012）。《銀髮照顧產業之發展》。臺北：威仕曼。

陳寶蓮譯（2006），島田洋七著。《佐賀的超級阿嬤》。臺北：先覺。

陳繼成、陳宇翔（2008）。《殯葬禮儀：理論與實務》。臺北：五南。

章詒和（2004）。《往事並不如煙》。臺北：時報。

傅佩榮譯（2006），Louis Dupre著。《人的宗教向度》。臺北：立緒。

彭書媛（2006）。《南部七縣市非營利組織接受政府委託從事獨居老人照顧之夥
　　伴關係——以社會交換理論為基礎》。高雄：中山大學公共事務管理碩士論
　　文。

彭駕騂（1999）。《老人學》。臺北：揚智。

彭駕騂（2006）。《老人心理學》。臺北：揚智。

彭駕騂、彭懷真（2012）。《老年學概論》。臺北：威仕曼。

彭懷真（1987）。《進入社會學的世界》。臺北：洞察。

彭懷真（2004）。〈社區照顧代表對人的真正在乎〉，《社區發展季刊》。臺
　　北：內政部，106：1-4。

彭懷真（2006）。〈瑪土撒拉的長壽是祝福——評介《瑪土撒拉的密謀》〉。臺
　　北：基督教論壇報。

彭懷真（2009）。《社會學概論》。臺北：洪葉。

彭懷真（2010）。《社區活動的強化與志工人力的充權——三個臺灣實踐的例
　　子》。促進中國現代化學術研討會論文。

彭懷真（2010）。《婚姻與家庭》。臺北：巨流。

彭懷真（2012）。《工作與組織行為》。臺北：巨流。

彭懷真（2012）。《社會學》。臺北：洪葉。

彭懷真（2012）。《社工管理學》。臺北：雙葉。

彭懷真（2013）。《社會問題》。臺北：洪葉。

彭懷真（2013）。〈喝酒——被低估的雄性暴力〉，《社區發展季刊》。臺北：
　　內政部，142：251-263。

彭懷真、彭駕騂（2013）。《老人心理學》。臺北：威仕曼。

彭懷真主編（2006）。《公民與社會》（A）、（B）。臺北：東大。

彭懷真等（1985）。《白手起家的故事：台灣青年的創業歷程》。臺北：洞察。

曾竹寧（2001）。《失能老人社區照顧服務網絡建構之研究》。臺中：東海大學
　　社工系博士論文。

曾炆煋，李亦園、楊國樞編（1972）。〈從人格發展看中國人性格〉，《中國人

的性格》。南港：中研院，227-250。

曾瀝儀、張金鶚、陳淑美（2006）。〈老人居住安排選擇——代間關係之探討〉，《住宅學報》。臺北：中華民國住宅學會出版，15（2）：45-64。

游韻馨譯（2013），弘兼憲史著。《人生60才開始的43個方法》，彭懷真序〈樂齡60，智慧傳承〉。臺北：紅通通。

焦桐主編（2013）。《當你失去親愛的人：走過悲傷的幽谷散文選》。臺北：二魚。

費孝通（1946）。《鄉土中國》。上海：觀察社。

費孝通（1948）。《鄉土重建》。上海：觀察社。

費孝通、吳辰伯（1948）。《皇權與紳權》。上海：觀察社。

鈕則誠（2008）。《殯葬倫理學》。臺北：威仕曼。

馮克利譯（2012），Ezra F. Vogel著。《鄧小平改變中國》。臺北：天下。

馮克芸、黃芳田、陳玲瓏譯（1998），Robert Levine著。《時間地圖》。臺北：商務。

馮輝岳（2009）。《阿公的八角風箏》。臺北：聯經。

馮瓊譯（1997），京極高宣著。《思考老年——設計晚年生活》。北京：社會科學文獻出版社。

馮馨儀譯（2008），Christopher Hudson著。《預約幸福退休人生》。臺北：天恩。

黃天中等（1991）。《生涯與生活》。臺北：桂冠。

黃光國（1988）。《儒家思想與東亞現代化》。臺北：巨流。

黃守義譯（2005），Darin Barney著。《網絡社會的概念：科技、經濟、政治與認同》。臺北：韋伯。

黃松林（2005）。《如何建立社區照顧關懷據點：理念與實務》。南投：內政部社會福利工作人員研習中心

黃松林、洪碧卿、蔡麗華（2010）。〈活躍老化：臺灣長青志工之探討〉，《社區發展季刊》。臺北：內政部，132：73-92。

黃婉玲（2012）。《阿嬤的廚房：尋找臺灣道地古早味》。臺北：樂果。

黃淑玲、游美惠（2008）。《性別向度與臺灣社會》。臺北：巨流。

黃富順（2007）。《各國高齡教育》。臺北：五南。

黃富順（2008）。《高齡教育學》。臺北：五南。

黃惠璣主編（2011）。《老人服務與照護》。臺北：威仕曼。

黃發典譯（1996），Maximilienne著。《社會老年學》。臺北：遠流。

黃旐濤、吳正華、戴章洲、賴添福、詹貌、簡鴻檳、黃鎮墻、徐慶發、陳星宇
　　（2009）。《老人退休生活規劃》。臺北：五南。

黃旐濤、徐慶發、賴添福、蔡芳文、吳秀鳳、黃梓松、辛振三、林梅雅、黃偉
　　誠、周慧敏、戴章洲（2007）。《老人服務事業經營與管理》。臺北：心
　　理。

黃旐濤、戴章洲、黃梓松、辛振三、徐慶發、官有垣、黃志隆（2007）。《社會
　　福利概論——以老人福利為導向》。臺北：心理。

黃源協（2000）。《社區照顧：臺灣與英國經驗的檢視》。臺北：揚智。

黃瑞祺、張維安譯（1986），Lewis Coser著。《古典社會學理論》。臺北：桂
　　冠。

黃瑞祺主編（2011）。《當代社會學》。臺北：東華。

黃道琳譯（2011），Ruth Benedict著。《文化模式》。臺北：巨流。

黃碧霞、莊金珠、楊雅嵐（2010）。〈高齡化社會新對策——從「友善關懷老人
　　服務方案」談起〉，《社區發展季刊》。臺北：內政部，132：3-14。

黃瑞杉（2003）。《照顧服務產業初步評估——以雲嘉南辦理中低收入失能老人
　　居家服務方案為例》。嘉義：南華大學非營利事業管理研究所碩士論文。

黃誌坤、王明鳳（2009）。〈高齡者上網環境友善情形之調查研究〉，《社區發
　　展季刊》。臺北：內政部，125：485-502。

黃薇嬪譯（2011），藤原智美著。《暴走老人》。臺北：時報。

塞西爾‧莫菲著（2008）。《老的漂亮——迎接美好的老年生活》，彭懷真序
　　〈我們和平共存吧！〉。臺北：天恩。

愛家基金會（2006）。《銀髮族的全人關懷》。臺北：臺灣文藝。

新路編譯小組譯（1998），Robert Hemfelt著。《愛是一種選擇》。臺北：新路。

楊小萱（2009）。《女性老人知覺被遺棄經驗之探討》。臺中：東海大學社會工
　　作學系碩士論文。

楊國樞主編（1996）。《中國人的人際心態》。臺北：桂冠。

楊康臨、鄭維瑄譯（2007），Alison Taylor著。《家庭衝突處理——家事調解理論
　　與實務》。臺北：學富。

楊語芸、張文堯譯（1997），Carel Biley Germain著。《社會環境中的人類行

為》。臺北：五南。

楊靜利（1999）。〈老年人的居住安排──子女數量與同居傾向因素之探討〉，《人口學刊》。臺北：臺灣人口學會，20：167-183。

楊懋春（1973）。《鄉村社會學》。臺北：正中。

葉至誠（1997）。《蛻變的社會──社會變遷的理論與現況》。臺北：洪葉。

葉至誠（2010）。《老人福利服務》。臺北：威仕曼。

葉至誠（2010）。《老人福利國際借鏡》。臺北：秀威資訊。

葉至誠（2012）。《高齡者社會參與》。臺北：威仕曼。

葉欣怡譯（2003），Christopher May著。《質疑資訊社會》。臺北：韋伯。

葉肅科（2000）。《一樣的婚姻、多樣的家庭》。臺北：學富。

葉雅馨總編輯（2006）。《陽光，在這一班》。自印。

董文芳譯（2007），Bill Bright著。《回家之旅，喜樂上路》。臺北：台福中心。

幕內秀夫著（2013）。《吃飯學問大：阿公阿嬤活跳跳的長壽秘訣　粗茶淡飯讓你隨便吃‧免忌口‧好健康》。臺北：台視文化。

蒼弘萃（2011）。《愛心阿嬤陳樹菊》。臺北：人類。

裴曉梅等譯（2010），James H. Schutz著。《老齡化經濟學》。北京：社會科學文獻出版社。

趙旭東等譯（2003），Anthony Giddens著。《社會學》。北京：北京大學。

齊邦媛（2003）。《巨流河》。臺北：天下。

劉秀娟譯（1997），Timothy H Brubaker著。《老年家庭》。臺北：揚智。

劉泗翰譯（1997），Rene Denfeld著。《誰背叛了女性主義》。臺北：智庫。

劉玲惠、許惠仙、陳斐虹、邱德才（1999）。《中壯年生涯規劃手冊》。臺中：中華民國幸福家庭促進協會。

劉珠利（2004）。〈社區照顧與女性照顧者〉，《社區發展季刊》。臺北：內政部，106：79-87。

劉清虔（2006）。〈照顧機構中靈性關顧的實施芻議〉，《神學與教會》。臺南：臺南神學院，35（2）：476-492。

劉清虔（2006）。「社區照顧中的靈性關顧」。美和技術學院社區工作與社區照顧國際學術研討會論文集。

劉嘉文（2002）。《家庭內老人虐待之研究》。嘉義：嘉義大學家庭教育研究所碩士論文。

樂國安、韓威、周靜譯（2008），K. W. Schaie及S. L. Willis著。《成人發展與老化》。臺北：五南。

潘英美譯（1999），James A. Thorson著。《老人與社會》。臺北：五南。

蔡文輝（2008）。《老人社會學》。臺北：五南。

蔡文輝、李紹嶸（2012）。《社會學概論》。臺北：三民。

蔡宏進（2012）。《社區工作方法與技巧》。臺北：揚智。

蔡坤章譯（1977），田立克（Paul Tillich）著。《生之勇氣》。臺南：東南亞神學院協會。

蔡承志譯（2008），Cecil Murphey著。《老的漂亮》。臺北：天恩。

蔡培村主編（1995）。《老人學習與生涯發展》。高雄：麗文。

蔡啟源（1999）。《老人福利服務：研究與實務》。臺北：五南。

蔡漢賢（2010）。〈鳥飛魚躍　怡然樂活——宏揚孝道來讓老人品享「養」與「敬」〉，《社區發展季刊》。臺北：內政部，132：15-25。

蔡繼光、李振昌、霍達文譯（2000），Thomas L. Friedman著。《了解全球化》。臺北：聯經。

鄭清榮、諶悠文譯（1997），Susan Ahern與Kent G. Balley著。《另類家庭——多樣的親情面貌》，彭懷真序〈血緣不再是最重要的緣〉。臺北：天下。

鄭舜瓏譯（2012），佐藤愛子著。《真高興我有了點年紀：讓你比年輕時更快樂的生活提議》，彭懷真序〈真高興我看了這本書〉。臺北：大是。

盧千慧譯（2011），柴田豐著。《不要氣餒》。臺北：東販。

盧家珍（2011）。《超級阿公：功學社總裁謝敬忠不一樣的經營之路》。臺北：財經傳訊。

錢峰譯（2010），Mark Earis著。《從眾效應：如何影響大眾行為》。北京：清華大學出版社。

駱紳、朱迺欣、曾思瑜、劉豐志（2012）。《創齡：銀色風暴來襲》。臺北：立緒。

薛承泰（2008）。〈臺灣家庭變遷與老人居住型態：現況與未來〉，《社區發展季刊》。臺北：內政部，121：47-56。

龍冠海（1997）。《社會學》。臺北：巨流。

謝明珊譯（2011），Mary Holmes著。《性別社會學導讀》。臺北：韋伯。

謝美娥（2004）。《老人長期照護的相關議題》。臺北：桂冠。

謝國雄主編（2008）。《群學爭鳴：臺灣社會學發展史，1945~2005》。臺北：群

學。

謝儒賢（2005）。《福利混合供給模式部門互動關係之研究：以老人安養機構為
　　例》。南投：暨南大學社會政策與社會工作研究所博士論文。

簡媜（2013）。《誰在銀閃閃的地方，等你：老年書寫與凋零幻想》。臺北：印
　　刻。

簡靜惠（2012）。《寬勉人生：國際牌阿嬤給我的十堂課》。臺北：遠流。

藍翔、馮懿有（2005）。《圖說360行》。臺北：三言社。

魏吉助（1999）。《臺灣節氣、節慶、民俗》。臺中：臺灣發展研究院。

魏惠娟（2012）。《臺灣樂齡學習》。臺北：五南。

羅秀華、張美珠主編（2007）。《社區化的福利服務》。臺北：松慧。

羅素惠（2005）。《女性參與社區的社會建構歷程——埔里鎮愛鄉關懷協會之個
　　案研究》。南投：暨南國際大學成人與繼續教育研究所碩士論文。

羅黨興、羅瓊娟（2012）。《退休後的心理調適與生活經營》。臺北：揚智。

蘇明煌（1998）。《阿嬤A拿手菜》。臺北：瑞昇。

蘇振明（2011）。《三角湧的梅樹阿公》。臺北：青林。

蘇國賢（2004）。〈社會學知識的社會生產：台灣社會學者的隱性學群〉，《臺
　　灣大學社會學刊》。臺北：臺灣大學社會學系，8：133-192。

蘇麗瓊、黃雅鈴（2005）。〈老人福利政策再出發——推動在地老化政策〉，
　　《社區發展季刊》。臺北：內政部，110：5-13。

顧美芬（2013）。《照顧父母：59分》。臺北：道聲。

二、外文部分

Abercrombie, Nicholas (2004). *Sociology: A Short Introduction.* Blackwell Publishers
　　Ltd.

Achenbaum, W. A. and Bengtson, V. L. (2008). Re-Engaging the Disengagement Theory
　　of Aging: On the History Development in Gerontology. In McDaniel, Susan (Ed.),
　　Ageing, Vol I, 237-251. SAGE Publications.

American Association of Retired Persons (2004). *Update of Attitudes and Behavior:
　　Sexuality at Middle and Beyond.*

Andersen, Margaret L. and Taylor, Howard F. (2006). *Sociology: The Essentials.*
　　Wadsworth Publishing.

Arber, S. and Ginn, J. (1994). Women and Aging, *Review in Clinical Gerontology, 4,* 349-358.

Arber, Sara, Davidson, Kate & Ginn, Jay (2007). *Gender and Ageing: Changing Roles and Relationships.* Open University Press.

Arnseth, H. C. (2008). Activity Theory and Situated Learning Theory: Contrasting views of educational practice. *Pedagogy, Culture & Society, 16(3)*, 289-302.

Ashford, J., LeCroy, Craig W., and Lortie, K. L. (1999). *Human Behavior in the Social Environment: A Multidimensional Perspective.* Brooks/Cole Publishing.

Atchley, Robert (1976). *The Sociology of Retirement.* Schenkman.

Barash, D. P. (1983). *Aging: An Exploration.* University of Washington Press.

Bengtson, VL. and Achenbaum, WA. (1993). *The Changing Contract Across Generations.* Aldine Press.

Bengtson,VL., Burgess, Elizabeth and Parrott, Tonya M. (2008). Theory, Explanation, and a Third Generation of Theoretical Development in Social Gerontology. In McDaniel, Susan (Ed.), *Ageing,* Vol I, 270-307. SAGE Publications.

Bernard, Miriam, and Scharf, Thomas (2007). *Critical Perspectives on Ageing Societies.* Polity Press.

Bernard, Miriam, Phillips, Judith, Machin, Linda, and Davis, Val Harding (2000). *Women Ageing: Changing Identities, Challenging Myths.* Routledge Publishing.

Bettelheim, Adriel. (2001). *Aging in America: A to Z.* CQ Press.

Blaikie, Andrew (1999). *Ageing and Popular Culture.* Cambridge University Press

Bond, John, Coleman, Peter, and Peace, Sheila (2000). *Aging in Society: An Introduction to Social Gerontology.* SAGE Publications.

Bowlby, J. (1969). *Attachment and Loss.* Basic Books, Inc.

Boyd, Denise and Bee, Helen (2006). *Lifespan Development.* Pearson Education, Inc.

Bradley, D. B. (2007). *Working with Older Adults in the Community.* Western Kentucky University.

Braudel, Fernand (1981). *The Structures of Everyday Life: The Limits of the Possible.* Civilization and Capitalism, 15th-18th Century. University of California Press.

Burawoy, M., Chang, M., & Hsieh, M. F (eds.) (2010). *Facing an Unequal World: Challenges for a Global Sociology.* Taipei: Institute of Sociology, Academia Sinica.

Bytheway, Bill (1995). *Ageism*. Open University Press.

Bytheway, Bill (2005). Ageism, In Johnson, Ma. L. (eds.), *The Cambridge Handbook of Age and Ageing* (338-345). Cambridge University Press.

Calasanti, Tony (2008). Feminist gerontology and old men. In McDaniel, Susan A (Ed.), *Ageing*, Vol I, 323-343. SAGE Publications.

Cann, Paul and Dean, Malcolm (2009). *Unequal Ageing: The Untold Story of Exclusion in Old Age*. Policy Press.

Cavan, R. S., Burgess, E. W., & Goldhammer, H. (1949). *Personal Adjustment in Old Age*. Science Research Associates, Inc.

Chambers, Pat (2000). Widowhood in Later Life. In Bernard, Miriam, Philips, Judith, Machin, Linda and Davis, Val Harding (2000). *Women Ageing* (127-147). Routedge.

Chambers, Pat (2005). *Older Widows and the Lifecourse: Multiple Narratives of Hidden Lives*. Burlington.

Chattopadhyay, A. and Marsh, R. (1999). Changing in Living Arrangement and Familial Support for the Elderly in Taiwan: 1963-1991, *Journal of Comparative Family Studies, 30 (3)*, 523-537.

Cohen, Gaynor (1987). *Social Change and the Life Course*. Tavistock Publications.

Coleman, Peter G. (2011). *Belief and Ageing: Spiritual Pathways in Later Life*. Policy Press.

Coleman, Peter G. and O'Hanlon, Ann (2004). *Ageing and Development: Theories and Research*, Oxford University Press.

Conn, P. Michael (2006). *Handbook of Models for Human Aging*. Elsevier Academic Press.

Cornaro, Louis (2005). *The Art of Living Long*. Springer Publishing Company.

Coyle, Jean M. (2001). *Handbook on Women and Aging*. Praeger Publishers.

Curry, R. M. and Cunningham, P. (2000). Co-learning in the Community. *New Directions for Adult and Continuing Education, 87*, 73-81.

Cutchin, Malcolm P., Kemp, Candace L. and Marshall, Victor W. (2013). *Researching Social Gerontology*. SAGE Publications.

Daatland, Svein Olay (2005). Quality of Life and Ageing. In Johnson, Ma. L.edited (2005). *The Cambridge Handbook of Age and Ageing*. Cambridge University Press.

Daatland, Svein Olay and Biggs, Simon (2004). *Ageing and Diversity: Multiple Pathways and Cultural Migrations*. Policy Press.

Danigelis, Nicholas L., and Cutler, Stephen J. (2007). Population Aging, Intracohort Aging, and Sociopolitical Attitudes. *American Sociological Review, 72*, 812-830.

Davenport, G. M. (1999). *Working with Toxic Older Adults*. Springer Publishing Co., Inc.

De Santis, Gustavo (2012). *The Family, the Market or the State?* [electronic resource]: Intergenerational Support under Pressure in Ageing Societies. Springer Netherlands.

Delamont, Sara (2001). *Changing Women, Unchanged Then?* Open University.

Denis, Ann and Devorah Kalekin-Fishman (2009). *The Handbook of Contemporary Sociology*. SAGE Publications.

Denise, Tanner. (2010). *Managing the Ageing Experience: Learning from Older People*. The Policy Press.

Eckenwiler, Lisa (2007). *Caring about Long-Term Care: An Ethical Framework for Caregiving*. Center for American Progress.

Erber, Joan T. (2005). *Aging and Older Adulthood*. Thomson/Wadsworth.

Erikson, E. H. (1976). Reflections on Dr. Borg's life cycle. *Daedalus, 105(2)*, 1-28.

Erikson, E. H., Erikson, J. M., Kivnick, H. Q. (2000). *Vital Involvement in Old Age*. Norton.

Ernie, D. S. (2004). *Sociology*. Harper Publishing Co.

Ester, E. H. et al. (1988). *Sociology and Daily Life*, Prentice-Hill Inc.

Evandrou, Maria, Glaser, Karen and Henz, Ursula (2002). *The Gerontologist, 42(6),* 781-789.

Everett, J. E., Homstead, K., & Drisko, J. (2007). Frontline Worker Perceptions of the Empowerment Process in Community-based agencies. *Social Work, 52(2)*, 161-170.

Fine, Cordelia (2010). *Delusions of Gender*. Norton.

Fu, Tsung-hsi and Rhidian Hughes. (2009). *Ageing in East Asia: Challenges and Policies for the Twenty-First Century* [electronic resource] Routledge.

Giarrusso, R., Silverstein, M., Gans, D., and Bengtson, V. L. (2005). Ageing Parents and Adult Children: New Perspectives on Intergenerational Relationships. In Johnson, Ma. L.edited (2005). *The Cambridge Handbook of Age and Ageing* (413-421). Cambridge University Press.

Giddings, Franklin Henry (2010). *The Theory of Sociology*. Nabu Press.

Giele, Janet Z. and Elder, Glen H. (1998). *Methods of Life Course Research*. SAGE Publications.

Gilleard, Chris and Higgs, Paul (2005). *Contexts of Ageing: Class, Cohort, and Community*. Polity Press.

Ginn, Jay and Abber, Sara (1991). Gender, Class and Income Inequalities in Later Life. *British Journal of Sociology, 42(3)*, 369-396.

Graebner, William (1980). *A History of Retirement: The Meaning and Function of an American Institution 1885-1978*. Yale University Press.

Guillemard, Anne-Marie (2008). *Old, Retirement, and the Social Class Structure: Toward an Analysis of the Structural Dynamics of the Later Stage of Life* (344-361).

Haber, Carole (2001). Witches, Widows, Wives and Workers: The Historiology of Elderly Women in America. in Coyle, Jean M. (2001). *Handbook on Women and Aging* (41-52). Greenwood Press.

Harper, Sarah (2006). *Ageing Societies: Myths, Challenges and Opportunities*. Oxford University Press.

Harris, Diana K. (1985). *The Sociology of Aging: An Annotated Bibliography and Sourcebook*. Garland Pub.

Harwood, Jake (2007). *Understanding Communication and Aging*, Sage Publication.

Hayflick, B. (2002). *The Old People*, Harper Publishing.

Hedda AT, Eva von S., Matti V., Bengt W., Laura F. (2001). Institutionalization in the Elderly: The Role of Chronic Diseases and Dementia. Cross-sectional and Longitudinal Data from a Population-based Study. *Journal of Clinical Epidemiology, 54*, 795-801.

Hendricks, Jon (2008). Generations and the Generation of Theory in Social Gerontology. *PubMed will Retrieve, 362-377.*

Hooyman, Nanc. R. and Kiyak, H. Asuman (2011). *Social Gerontology*. Allyn and Bacon.

Izuhara, Misa (2010). *Ageing and Intergenerational Relations: Family Reciprocity from a Global Perspective*. Polity Press.

Jamieson, Anne and Victor, Christina (2002). *Researching Ageing and Later Life: the*

Practice of Social Gerontology. Open University.

Johnson, Malcolm L. (2005). *The Cambridge Handbook of Age and Ageing.* Cambridge University Press.

Kahn, H. (1979). *World Economic Development 1979 and Beyond.* Croom Helm.

Kamo, Yoshinori and Zhou, Min (1994). Living Arrangements of Elderly Chinese and Japanese in the United States. *Journal of Marriage and the Family, 56*: 544-588.

Kaplan, Max (1975). *Leisure: Theory and Practice.* John Wiley & Sons.

Kathryn, A. S., Richard A. Dello Bueno, and Chammbliss, William J. (2002). *Social Problems, Law and Societies.* Rowman & Littlefield Publishers.

Keating, Noarh (2008). *Rural Ageing: A Good Place to Grow Old?* Policy.

Lehmann, Chris (2011). *Rich People Things: Real-life Secrets of the Predator Class.* Haymarket Books.

Lloyd-Sherlock, Peter (2010). *Population Ageing and International Development: From Generalization to Evidence.* Policy.

Machin, Linda (2000) Women's Voices in Bereavement. In Bernard, Miriam, Philips, Judith, Machin, Linda and Davis, Val Harding (2000). *Women Ageing* (110-126). Routedge.

Macionis, John J. (2008). *Sociology.* Prentice Hall.

Macionis, John. J. (2010). *Social Problems.* Prentice Hall.

Maltby T., de Vroom B., Mirabile M. L. and Øverbye E. (eds) (2004). *Ageing and the Transition to Retirement: A Comparative Analysis of European Welfare States.* Ashgate

Margolis, Richard J. (1990). *Risking Old Age in America.* Westview Press.

Markson, Elizabeth (2001). Sagacious, Sinful, or Superfluous? The Social Construction of Older Women. In Coyle, Jean M. (eds.). *Handbook on Women and Aging*, 53-71.

McDaniel, Susan A. (eds.) *Ageing*, Vol 1-4. L. A. SAGE Publications.

McDaniel, Susan and Zimmer, Zachary (2013). *A Global Ageing in the Twenty-First Century: Challenges, Opportunities and Implications.* Ashgate.

McFadden, Susan H. & Atchley, Robert C. (2001). *Aging and the Meaning of Time.* Springer Publishing Company.

McMullin, Julie Ann (2008). Diversity and the State of Sociological Aging Theory. In

老年社會學 Sociology of Aging

334

McDaniel, Susan A. (eds). *Ageing*. Vol 1, 399-424. SAGE Publications.

McMullin, Julie Ann and Marshall, Victor W. (2001). Ageism, Age Relations, and Garment Industry Work in Montreal. *The Gerontologist, 41(1)*, 111-122.

Mezey, Mathy D. (2001). *The Encyclopedia of Elder Care: The Comprehensive Resource on Geriatric and Social Care*. Springer Pub.

Miller, S. J. (1964). The Social Dilemma of the Aging. In A. M. Rose & Warren A. P. Eterson. *Older People and Their Social Word*, 77-92, Davis.

Mills, C. Wright (2006). *The Sociological Imagination*. Oxford University Press.

Moen, Phyllis (2003). Midcourse: Reconfiguring Careers and Community Service for a New Life Stage. *Contemporary Gerontology, 9(3)*, 87-94.

Molarius, A and Janson, S. (2002). Self-Rated, Chronic Disease, and Symptoms among Middle-aged and Elderly Men and Women, *Journal of Clinical Epidemiology, 55*, 364-370.

Moody, Harry R. (2010). *Aging: Concepts and Controversies*. Pine Forge Press.

Mooney, L. A., Knox, D. and Schacht, C. (2007). *Understanding Social Problems*. Thomson.

Mordini, Emilio and Hert, Paul de (2010). *Ageing and Invisibility* [electronic resource] IOS Press.

Morley Patrick (1999). *Second Wind for the Second Half*. Zondervan Publishing House.

Murdock, George Peter (1949). *Social Structure*. The MacMillan Company.

Neugarten, B. L. (1996). *The Meanings of Age*. University of Chicago Press.

Newman, David M. (1995). *Sociology: Exploring the Architecture of Everyday Life*. Prince Forge.

Nisbet, Robert (1993). *The Sociological Tradition*. Transaction Publishers.

Öberg, Britt-Marie (2004). *Changing Worlds and the Ageing Subject: Dimensions in the Study of Ageing and Later Life*. Ashgate.

Ogburn, W. F. and M. F. Nimkoff (1955). *Technology and the Changing Family*. Hongton Mifflin Company.

Palmore, Erdman B. (2001). Sexism and Ageism. In Coyle, Jean M. (2001). *Handbook on Women and Aging*, 3-13.

Parkes, C. (1972). *The Widows*. McGraw-Hill Co.

Phil, Mullan (2000). *The Imaginary Time Bomb: Why an Ageing Population is Not a Social Problem*. I. B. Tauris Publishers.

Philips, Judith (2000). Working Carers: Caring workers. In Neugarten, Bernice L., Moore, John W. and Lowe, John C. (2008). In McDaniel, Susan A. (eds.). *Ageing*, Vol I, 151-160. L. A.: SAGE Publications.

Philips, Judith and Bernard, Miriam (2000). Women Ageing: Changing Policy, Challenging Practice. In Bernard, Miriam, Philips, Judith, Machin, Linda and Davis, Val Harding (eds.). *Women Ageing* (168-178). Routedge.

Phillpson, Chris (2013). *Ageing*. Cambridge University Press.

Platman, Kerry (2003). The Self-designed Career in Later Life. *Aging and Society*, 23(3).

Ritzen, George (1989). *Sociological Tradition*. Alfred A. Knopf Inc.

Rown, J. (1990). *Gerontology*. Putnam's Son.

Santrock, J. W. (2008). *Life-Span Development*. McGraw Hill.

Schaefer, Richard T. and Lamm, Robert P. (2001). *Sociology*. McGraw-Hill.

Schaie, K. W. & Haffler, S. (2001). *The Agers*. Putnam's Son.

Schaie, K. W. & Carstensen, L. L. (2006). *Social Structures, Aging, and Self-Regulation in the Elderly*. Springer Publishing.

Schoenmaekers, Ronald C. (2004). *Active Ageing in Europe*. [electronic resource] Strasbourg: /Council of Europe.

Schulz, James H. (1985). *The Economics of Aging*. Wadsworth Publishing.

Settersten, Richard A. Jr. and Jacqueline L. Angel (2011). *Handbook of Sociology of Aging* [electronic resource] Springer Science+Business Media.

Shipler, David (2005). *The Working Poor: Invisible in America*. Vintage.

Smiley, Tavis and West, Cornel (2012). *The Rich and the Rest of U.S.* Hay House, Inc.

Smith, G., Doty, P. & O. Keeffe, J. (2000). *Supporting Informal Caregiving* (under Medicaid), National Family Caregiving Support Program.

Sontag, Susan (1972). *The Double Standard of Aging. Sexuality Today and Tomorrow: Contemporary Issues in Human Sexuality* (350-366). Jones and Barylett Publishers.

Spector, M. and Kitsuse, J. I. (2001). *Constructing Social Problems*. Transaction Publishers.

Spiro, Melford (1966). "Religion," in Banton Edited *Anthropological Approaches to the*

Study of Religion, 85-126.

Stiglitz, Joseph E. (2012). *The Price of Inequality: How Today's Divided Society Endanger Our Future*. W. W. Norton & Company.

Turner, Jonathan (1974). *The Structure of Sociological Theory*. The Dorsey.

Unruh, David (1983). *Invisible Lives: Social Worlds of the Aged*. SAGE Publications.

Victor, Christina (2005). *The Social Context of Ageing*. Routledge.

Vierck, Elizabeth & Hodges, Kris. (2005). *Aging: Lifestyles, Work, and Money*. Greenwood Press.

Walker, Alan (2000). Poverty and Inequality in Old Age. In *Aging in Society*, 280-303.

Waters, Malcolm (2000). *Modern Sociological Theory*. SAGE Publications.

Webster, Andrew (2007). *Health, Technology and Society*. Palgrave Macmillan.

Weisstub, David N. et al. (2001). *Aging: Caring for Our Elders*. Kluwer Academic Publishers.

Wenger, E. (1997). *Communities of Practice: Learning, Meaning, and Identity*. Cambridge University.

Wilkinson, Richard and Pickett, Kate (2010). *The Spirit Level: Why Greater Equality Makers Societies Stronger*. Bloomsbury.

Williams, David R. (2003). *The Health of Men: Structured Inequalities and Opportunities, 93*, 724-731. Public Health.

Zimmer, Zachary, Chayovan, Napaporn, Lin, Hui-Sheng, and Natividad, Josefina (2004). How Indicators of Socioeconomic Status Relate to Physical Functioning of Older Adults in Three Asian Societies. *Research on Aging, 26(2)*, 224-257.

Zimmerman, M. A. (1995). Psychological Empowerment: Issues and Illustration. *American Journal of Community Psychology, 23*, 581-599.

Zimmerman, M. A., & Rappaport, J. (1988). Citizen Participation, Perceived Control, and Psychological Empowerment. *American Journal of Community Psychology, 16*, 725-750.

三、重要期刊

1. *Journal of Gerontology, Social Sciences*;
2. *The Gerontologist*;
3. *Research on Aging*;
4. *Journal of Aging Studies*;
5. *International Journal of Aging and Human Development*;
6. *Aging and Society*.

四、官書及調查報告

2012 World Population Data Sheet, www.prb.org/Publications/Datasheets/2012wpds. aspx

Organization for Economic Co-operation and Development (2000). Reforms for an ageing society.

United Nations Economic & Social Affairs (2001). The world ageing situation: exploring a society for all ages.

中正大學高齡教育研究中心成人及繼續教育學系（2011）。《樂齡學習中心志工手冊》。

中研院社會學研究所（2005）。「臺灣社會變遷基本調查計畫第五期第一次調查報告」。

中研院社會學研究所（2008）。「臺灣社會變遷基本調查計畫第五期第四次調查報告」。

中研院社會學研究所（2009）。「臺灣社會變遷基本調查計畫第五期第五次調查報告」。

中研院社會學研究所（2010）。「臺灣社會變遷基本調查計畫第六期第一次調查報告」。

中研院社會學研究所（2013）。「臺灣社會變遷基本調查計畫第六期第三次調查報告」。

內政部（2008）。友善關懷老人服務方案。

內政部（2009）。內政統計年報。

內政部（2011）。「《內政統計月報》老人安養養護機構調查」。

內政部（2011）。「一〇〇年第八週內政統計通報」（我國15歲以上人口教育程度統計）。

內政部（2011）。「人口政策白皮書：針對少子女化、高齡化及移民問題對策」。http://www.ris.gov.tw/ch9/0970314.doc

內政部（2012）。「中華民國98年老人狀況調查報告」。

內政部（2012）。《平等尊重，慎終追遠——現代國民喪禮》。

內政部（2012）。「101年第4週內政統計通報」（100年居家服務使用者滿意度調查結果）。

內政部（2012）。「101年第2週內政統計通報」。（100年底人口結構分析）

內政部（2012）。「老人福利與政策」。內政部網頁。

內政部（2012）。「老人福利機構設置標準」。

內政部（2013）。「102年第25週內政統計通報」（我國離婚對數變動狀況分析）。

內政部（2013）。「102年第11週內政統計通報」（101年底我國老人長期照顧及安養機構概況）。

內政部社區發展季刊（2005）。「高齡化社會福利政策」，第110期。

內政部社區發展季刊（2009）。「高齡化與少子化」，第125期。

內政部社區發展季刊（2010）。「活躍老化」，第132期。

內政部社區發展季刊（2011）。「健康照護與社會工作」，第136期。

內政部社區發展季刊（2013）。「長期照顧」，第141期。

行政院主計處（2004）。「社會發展趨勢調查」。

行政院主計處（2004）。「臺閩地區老人居住安排與健康照護之研析——提要分析」。

行政院主計處（2012）。「100年中老年就業狀況調查統計結果綜合分析」。

行政院經濟建設委員會（2012）。「中華民國2012年至2060年人口推計」。

教育部（2013）。「長期照顧人才培育」報告，財團法人婦權基金會第7屆第7次董事監察人聯席會議報告。

勞委會（2012）。「101年勞工生活及就業狀況調查」。

經建會（2008）。中華民國97年至145年人口推計。

衛生署（2012）。「性別統計指標」。

衛生署國民健康局（2011）。「臺灣老化地圖」。

衛生福利部（2013）。「長期照顧服務法制專區」。

衛生福利部（2013）。「長照推動情形整體成效及未來規劃」，財團法人婦權基
　　金會第7屆第7次董事監察人聯席會議報告。

聯合國統計年鑑（2009）。

五、雜誌報紙

《大家健康》。

《印刻文學生活誌》，「1949年之後民國在臺灣：你和我的生命故事」。2011年9
　　月號。

《自由時報》。

《紐約時報》。

《健康世界》。

《張老師月刊》，「我的寵物朋友專題」。299期。2002年11月號。

《理財週刊》。

《臺灣光華雜誌》，「生活在雲端專題」。2013年2月。

《臺灣光華雜誌》，「彩繪銀髮人生專題」。2011年8月。

《聯合報》。

Eduardo Porter (2013/05/01). Measures Fail to Account for Technology's Benefits. http://
　　www.nytimes.com/2013/05/01/business/statistics-miss-the-benefits-of-technology.
　　html?_r=0

The Economics (2009/07/21). The End of Retirement. Special Report.

The Economics (2010/12/18). The Joy of Growing Old.

The Economics (2011/04/09). 70 or Bust: Why the retirement ago must go up.

U-paper（2013/07/17），第九版。

陳世欽譯（2013/05/01）。聯合新聞網，「科技的好處很難量化」，http://mag.udn.
　　com/mag/edu/storypage.jsp?f_ART_ID=457821

六、網站資訊

安寧療護照顧協會

老人傳播研究網

老人學整合資源網

我的E政府 銀髮館

社區大學全國促進會網站

教育部智齡聯盟

教育部樂齡學習網

銀髮福祉部落格

銀髮網

樂齡網

社會叢書

老年社會學

著　　者／彭懷真
出 版 者／揚智文化事業股份有限公司
發 行 人／葉忠賢
總 編 輯／馬琦涵
主　　編／范湘渝
地　　址／新北市深坑區北深路三段 260 號 8 樓
電　　話／(02)8662-6826　　8662-6810
傳　　真／(02)2664-7633
網　　址／http://www.ycrc.com.tw
　E-mail ／service@ycrc.com.tw
印　　刷／鼎易印刷事業股份有限公司
ＩＳＢＮ／978-986-298-129-0
初版一刷／2014 年 2 月
定　　價／平裝新臺幣 420 元

國家圖書館出版品預行編目資料

老年社會學 / 彭懷真著. -- 初版. -- 新北市：
揚智文化, 2014. 02
　　面；　公分　--（社會叢書）
ISBN　978-986-298-129-0（平裝）.

1. 老人學

544.8　　　　　　　　　　　　102028040